序－第一版

這本小冊子是為要學習醫學中文的醫生或醫務人員而編的。課文的內容主要是學習如何用中文問診，和病患對話。適合醫學院一、二年級學生使用。

課程的編排是依據一般醫學院的英文課程內容。每個醫學院教的順序也許不同，可是整體內容是大同小異。這本小冊子每一課都自成一單元，可以分開教授。中文教師可按課程的需要編排教學順序。

每一課課文都由幾個不完整的病例組成，每個病例藉著醫生和病患的對話學習如何用中文問診和常用醫學中文。這些不完整的病例只是針對每一課不同的需要而設計，譬如在<u>過去病史</u>那一課就儘量不包含<u>社會史</u>。當然，其中有幾個不完整病例是來自同一病患，讀者可以把它們連成一個完整病例。所有病例也經過仔細挑選，以便在有限的課文內包含常見病例和常用醫學中文。

當我們在西奈山醫學院學習醫學中文時，教材只有翻譯成中文的醫生問診句子和常用醫學單字。學習過程很枯燥，效果也不盡理想。讓我想起小時候在加州佛利蒙中文學校上課的幸福情景，決定編本小冊子給想學醫學中文的醫學院學生。經過一個暑假的努力，編出這本小冊子。

我特別謝謝我們一年級的中文教師陳老師，有一部分問診句子和醫學單字是他翻譯的。在編這本小冊子的過程中，我的二位中文啟蒙老師，爸爸和媽媽，扮演不同病患，提供很多常用口語，使這本小冊子更平易近人。

我的中文程度和醫學常識都還很有限，希望大家提出改進的意見，我很樂意將它改的更好。

西奈山醫學院二年級生

辜智勇

2014 暑假於加州佛利蒙

Preface to the First Edition

This reader was written for medical students and other healthcare workers who are studying Mandarin Chinese. The lessons are most beneficial for first and second year medical students, and focus on history taking and communicating.

The course is structured similarly to how schools teach students the medical interview. Although each school may teach the components of a medical history in a different sequence, the content remains the same. Each lesson in this reader can be taught independently from the others, so that Medical Mandarin course instructors can order the lessons in a way that is best for their students.

Each lesson comprises several incomplete patient histories in dialogue; through the conversation between patient and physician, students can learn how physicians ask routine questions as well as pick up important medical vocabulary. Each incomplete history is based on the lesson topic rather than a medical condition or disease; for example, dialogue suited for the social history will appear minimally in the past medical history lesson. However, there are also some patient histories spread out through several lessons that can be combined to form a more complete history. All of the patient histories presented have been selected so that students will learn the most common medical conditions and diseases and the associated vocabulary.

As I was taking Medical Mandarin at the Icahn School of Medicine at Mount Sinai, our course consisted of handouts with the sentences needed to conduct a medical interview and common medical vocabulary translated into Mandarin Chinese. It made for some very dry learning with suboptimal retention. As I thought of my childhood weekends spent at Fremont Chinese School, I resolved to write a book for every student who wished to learn Medical Mandarin. After a summer of hard work, I have accomplished my goal.

I am especially grateful to my Medical Mandarin instructor, Mr. Chen, as a significant portion of the medical interview questions and vocabulary in this reader are derived from his handouts. The dialogue in this reader would not be as engaging if it were not for my two Chinese teachers, my parents, who patiently played the roles of different patients and provided many colloquial phrases.

Both my Chinese proficiency and medical knowledge are still lacking; this reader is a work in progress that can only improve with your comments.

Lawrence Ku

M2, Icahn School of Medicine at Mount Sinai

序－第二版

這本小冊子被西奈山醫學院的醫學中文課程當作課本使用了三年。第一版修訂版已經包括西奈山醫學院的同學和老師提供的寶貴意見以及英文課文。最近，同學們要求增加醫學詞彙的難度，同時美洲中華醫學會的林韻寧醫生建議加入治療計劃的對話，使得課文更完整。

第二版將原來由病史組成的課文重組。每一課是一個相對完整的病歷，包含治療計劃。同時，增加醫療檢查與病情溝通的醫學詞彙。第二版共有三十八課，課與課之間沒有絕對的順序關係。如果中文教師選擇按照第一版的順序教學，也就是按照各種病史，可以採用第二目錄。

再此謝謝西奈山醫學院的同學和中文授課老師，他們很有耐心地使用第一版的課本，並指出很多改進的地方。更感謝林醫生，她的鼓勵，提供的很多參考資料，以及細心的審核第二版的原稿。

因為編這本小冊子，我的中文程度和醫學知識比兩年前進步很多，可是一定有不完美的地方，希望大家提出改進的意見。

西奈山醫學院

辜智勇

2017

Preface to the Second Edition

This reader has been used by the Medical Mandarin program at the Icahn School of Medicine at Mount Sinai for the past 3 years. The precious comments passed to me by peers and teachers there, as well as an English translation, have already been incorporated in the revised first edition. Recently, my peers requested that I increase the difficulty of the medical vocabulary; additionally, Dr. Wan Ling Lam of the Chinese American Medical Society suggested that I incorporate the assessment and plan into the dialogue, making each lesson more complete.

The second edition reorganizes lessons that were previously grouped by component of the medical history. Each lesson has a relatively complete medical history and includes an assessment and plan. At the same time, the medical vocabulary of both diagnostic tests and patient-physician dialogue has been enriched. There are 38 lessons in the second edition, and each lesson is independent. If the Medical Mandarin course instructor chooses to teach the class following the order presented in the first edition, which is by component of the medical history, there is a second table of contents available for use.

Once again, I'd like to thank my peers and teachers at the Icahn School of Medicine at Mount Sinai, as they patiently used the first edition of the textbook while also providing input on areas for improvement. I would also like to thank Dr. Lam for her encouragement, the wealth of reference materials she provided, as well as her careful review of the second edition manuscript.

Because of writing this reader, my Chinese proficiency and medical knowledge have improved from two years ago. However, the reader still is not perfect; your input is welcome.

Lawrence Ku

Icahn School of Medicine at Mount Sinai

Table of Contents
目錄

A. Lessons 課文 — 1

1. 57 M here to establish care
   57 歲男性，新病人初診 — 2
2. 56 F here for Diabetes and Hypertension counseling
   56 歲女性，糖尿病與高血壓諮詢 — 10
3. 52 M with fatigue
   52 歲男性，疲勞 — 16
4. 7 mo F with diarrhea
   7 個月女性，腹瀉 — 23
5. 1y M with cough, fever, and rash
   1 歲男性，咳嗽，發燒，皮疹 — 28
6. 8 F with allergic reaction
   8 歲女性，過敏 — 31
7. 13 M with anemia
   13 歲男性，貧血 — 34
8. 45 M with pneumonia
   45 歲男性，肺炎 — 41
9. 61 M with cough
   61 歲男性，咳嗽 — 44
10. 34 F here for bronchoscopy
    34 歲女性，支氣管鏡檢查 — 48
11. 49 F with palpitations
    49 歲女性，心悸 — 53
12. 59 F with shortness of breath
    59 歲女性，呼吸急促 — 57
13. 33 F with painful bowel movements
    33 歲女性，排便疼痛 — 62
14. 43 F with jaundice and abdominal pain
    43 歲女性，黃疸與腹部痛 — 67
15. 61 F with difficulty swallowing
    61 歲女性，吞嚥困難 — 74
16. 54 F with bloody stool
    54 歲女性，血便 — 78

17. 19 M with abdominal pain
19 歲男性，腹部痛 82

18. 72 M with cystitis
72 歲男性，膀胱炎 87

19. 38 M with epistaxis and hoarseness
38 歲男性，流鼻血與聲音沙啞 92

20. 44 M with rash
44 歲男性，皮疹 97

21. 70 F with osteoporosis
70 歲女性，骨質疏鬆症 102

22. 24 M with low back pain
24 歲男性，腰痛 108

23. 43 F with flu-like symptoms
43 歲女性，流感症狀 116

24. 31 M with shingles and urethritis
31 歲男性，帶狀皰症與尿道發炎 121

25. 21 F with headache
21 歲女性，頭痛 127

26. 66 M with right-sided weakness
66 歲男性，右半身癱軟無力 133

27. 67 M with worsening vision
67 歲男性，視力惡化 138

28. 42 M with alcohol dependence
42 歲男性，酗酒 143

29. 68 F with depression
68 歲女性，憂鬱症 147

30. 24 M with manic symptoms
24 歲男性，躁狂症狀 155

31. 32 F with multiple injuries
32 歲女性，多處外傷 159

32. 48 F victim of domestic violence
48 歲女性，家庭暴力 164

33. 28 F, pregnant, with stuffy nose
28 歲女性，懷孕，鼻塞 168

34. 30 F establishing prenatal care
30 歲女性，初次產前檢查 171

35. 35 F with unequal breast size
35 歲女性，乳房大小不一 176

36.	15 F with abdominal pain 15 歲女性，腹部痛	179
37.	55 F with vaginal bleeding 55 歲女性，陰道出血	185
38.	37 M with infertility 37 歲男性，不孕症	190

B. Sentence Structure 句型 — 195

C. Vocabulary Index 單字索引 — 204

D. References 參考文獻 — 230

Table of Contents (by medical history)
目錄（根據病史）

1. Introduction 醫院和人體部位簡介
   Lesson 1
2. Chief Complaint 主訴
   Lesson 4, 5, 7, 9, 11, 13, 15, 16, 17, 20, 21, 22, 23, 25, 26, 27, 29
3. History of Present Illness 現病史
   Lesson 4, 5, 9, 13, 14, 15, 16, 17, 20, 21, 22, 23, 25, 27, 29
4. Medications and Allergies 藥物與過敏史
   Lesson 6, 8, 11, 12, 16, 22, 25, 26, 33
5. Past Medical History 過去病史－內科
   Lesson 3, 7, 9, 11, 12, 14, 15, 18, 23, 25, 27
6. Past Surgical History 過去病史－外科
   Lesson 19, 28
7. Anesthesia History 麻醉科病史
   Lesson 10
8. Pediatric History (Birth, Development, Immunization, Adolescent History) 小兒科病史（出生史，發育，預防接種，青少年－精神與社會史）
   Lesson 4, 5, 7
9. Past Psychiatric History 精神病史
   Lesson 29, 30
10. Family History 家族史
    Lesson 3, 12, 14, 16, 19, 20, 25
11. Obstetric/Gynecologic History 產科與婦科史
    Lesson 34, 35, 36, 37, 38
12. Sexual History 性生活史
    Lesson 36
13. LGBTQ Sexual History 性生活史－同性、雙性、變性、酷兒
    Lesson 24
14. Social History 社會史
    Lesson 3, 9, 12, 14, 15, 18, 19, 22, 26, 27
15. Addiction Screening 成癮篩查
    Lesson 28
16. Domestic Violence Screening 家庭暴力篩查
    Lesson 31, 32
17. Chronic Illness and Counseling 慢性病諮詢
    Lesson 2

A. Lessons
课文

Lesson 1: 57 M here to establish care
57歲男性，新病人初診

Introduction

P: 請問醫生，你說普通話嗎？
P: 请问医生，你说普通话吗？
P: qǐngwèn yīshēng, nǐ shuō pǔtōnghuà ma?
P: Hi, Doctor. Do you speak Mandarin?

D: 說的不是很好，我是<u>實習醫生</u>，有甚麼我可以幫你的？
D: 说的不是很好，我是<u>实习医生</u>，有甚么我可以帮你的？
D: shuō de búshi hěn hǎo, wǒ shì shíxí yīshēng, yǒu shénme wǒ kěyǐ bāng nǐde?
D: It's not very good; I am an <u>intern</u>. How can I help you?

P: 請問門診的<u>掛號處</u>在哪裡？
P: 请问门诊的<u>挂号处</u>在哪里？
P: qǐngwèn ménzhěn de guàhào chǔzài nǎlǐ?
P: Where is the outpatient <u>patient registration</u> office?

D: 在前面右轉，先經過<u>藥局</u>，<u>護理室</u>，再通過<u>化驗室</u>和<u>放射科</u>，你會看到大廳，就在大廳的右邊。我帶你去，你帶了<u>身分證</u>和<u>保險卡</u>嗎？
D: 在前面右转，先经过<u>药局</u>，<u>护理室</u>，再通过<u>化验室</u>和<u>放射科</u>，你会看到大厅，就在大厅的右边。我带你去，你带了<u>身分证</u>和<u>保险卡</u>吗？
D: zài qiánmiàn yòu zhuǎn, xiān jīngguò yàojú, hùlǐshì, zài tōngguò huàyànshì hé fàngshèkē, nǐ huì kàndào dàtīng, jiù zài dàtīng de yòubian. wǒ dài nǐ qù, nǐ dài le shēnfènzhèng hé bǎoxiǎnkǎ ma?
D: Just make a right turn over there. You will pass the <u>pharmacy</u>, <u>nursing unit</u>, and then the <u>Diagnostic Lab</u> and <u>Radiology Lab</u>. After, you will see a hall; it is on the right hand side of the hall. I can take you there. Did you bring your <u>ID</u> and <u>insurance card</u>?

P: 都帶了。
P: 都带了。
P: dōu dài le.
P: Yes, I have both with me.

D: 你聽得懂我的普通話嗎？
D: 你听得懂我的普通话吗？
D: nǐ tīng dé dǒng wǒde pǔtōnghuà ma?
D: Do you understand my Mandarin?

P: 沒問題，我好像走錯<u>入口</u>，剛才不小心還走到<u>太平間</u>附近。
P: 没问题，我好像走错<u>入口</u>，刚才不小心还走到<u>太平间</u>附近。
P: méi wèntí, wǒ hǎoxiàng zǒu cuò rùkǒu, gāngcái bù xiǎoxīn hái zǒu dào tàipíngjiān fùjìn.
P: I understand. It looks like I was in the wrong <u>entrance</u>; I think I passed the <u>morgue</u> earlier.

D: 我猜你是從住院部的大門進來，門診部有另一個入口．
D: 我猜你是从住院部的大门进来，门诊部有另一个入口．
D: wǒ cāi nǐ shì cóng zhùyuànbù de dàmén jìnlái, ménzhěn bù yǒu lìngyīgè rùkǒu.
D: I guess that you arrived at the entrance of the inpatient unit; the outpatient unit has another entrance.

P: 我掛完號了，請問內科在哪裡？
P: 我挂完号了，请问内科在哪里？
P: wǒ guà wán hào le, qǐngwèn nèikē zài nǎlǐ?
P: I completed the registration. Where is the Department of Internal Medicine located?

D: 內科和小兒科在二樓，三樓是外科和婦產科，其他專科在四樓，我正好要去小兒科，請跟我來．
D: 内科和小儿科在二楼，三楼是外科和妇产科，其他专科在四楼，我正好要去小儿科，请跟我来．
D: nèikē hé xiǎoérkē zài èrlóu, sānlóu shì wàikē hé fùchǎnkē, qítā zhuānkē zài sìlóu, wǒ zhènghǎo yào qù xiǎoérkē, qǐng gēn wǒ lái.
D: Both Internal Medicine and Pediatrics are on the 2nd floor. Surgery and Obstetrics/Gynecology are on the 3rd floor. Other specialties are on the 4th floor. I am going to the Pediatrics department; please follow me.

P: 謝謝，我可以問你一些問題嗎？請問醫院有翻譯嗎？
P: 谢谢，我可以问你一些问题吗？请问医院有翻译吗？
P: xièxie, wǒ kěyǐ wèn nǐ yīxiē wèntí ma? qǐngwèn yīyuàn yǒu fānyì ma?
P: Thank you. Can I ask you some questions? Are there interpreters at this hospital?

D: 今天正好只有會廣東話的翻譯，不過有會說普通話的醫學院學生當義工，請問你今天要見的家庭醫生是誰？
D: 今天正好只有会广东话的翻译，不过有会说普通话的医学院学生当义工，请问你今天要见的家庭医生是谁？
D: jīntiān zhènghǎo zhǐyǒu huì guǎngdōnghuà de fānyì, bùguò yǒu huì shuō pǔtōnghuà de yīxuéyuàn xuéshēng dāng yìgōng, qǐngwèn nǐ jīntiān yào jiàn de jiātíng yīshēng shì shéi?
D: Today, only a Cantonese speaking interpreter is available. However, we have medical student volunteers who speak Mandarin. Which family doctor are you visiting today?

P: 是內科馬醫生．
P: 是内科马医生．
P: shì nèikē mǎ yīshēng.
P: Doctor Ma from Internal Medicine.

D: 哦，馬醫生的普通話和廣東話都很棒，你應該不需要翻譯．
D: 哦，马医生的普通话和广东话都很棒，你应该不需要翻译．
D: é, mǎ yīshēng de pǔtōnghuà hé guǎngdōng huà dōu hěn bang, nǐ yīnggāi bù xūyào fānyì.
D: Dr. Ma speaks fluent Mandarin and Cantonese; you probably do not need an interpreter.

D: 周護士，他是馬醫生的新病人，馬醫生是他的家庭醫生．

問診手冊

D: 周护士，他是马医生的新病人，马医生是他的家庭医生。
D: zhōu hùshi, tā shì mǎ yīshēng de xīn bìngrén, mǎ yīshēng shì tāde jiātíng yīshēng.
D: Nurse Chou, he is Dr. Ma's new patient; Dr. Ma is his family doctor.

N: 你好，请问你叫什麼名字？今年幾歲？你的生日是哪天？
N: 你好，请问你叫什么名字？今年几岁？你的生日是哪天？
N: nǐhǎo, qǐngwèn nǐ jiào shénme míngzi? jīnnián jǐ suì? nǐde shēngrì shì nǎ tiān?
N: How are you? Can you tell me you name, age, and date of birth?

P: 我叫王鈞，今年五十七歲，生日是八月十九號，一九五七年。
P: 我叫王钧，今年五十七岁，生日是八月十九号，一九五七年。
P: wǒ jiào wáng jūn, jīnnián wǔshíqī suì, shēngrì shì bāyuè shíjiǔ hào yījiǔwǔqī nián.
P: My name is Jung Wang. I am 57 years old. My date of birth is August 19, 1957.

N: 你的預約是兩點半，我先幫你量身高和體重。
N: 你的预约是两点半，我先帮你量身高和体重。
N: nǐde yùyuē shì liǎngdiǎnbàn, wǒ xiān bāng nǐ liáng shēngāo hé tǐzhòng.
N: Your appointment is scheduled for 2:30. Let me take your height and weight right now.

P: 要脫鞋嗎？
P: 要脱鞋吗？
P: yào tuō xié ma?
P: Do I have to take off my shoes?

N: 不用，現在幫你量血壓，脈搏和體溫。
N: 不用，现在帮你量血压，脉搏和体温。
N: bùyòng, xiànzài bāng nǐ liáng xuěyā, màibó hé tǐwēn.
N: No. Let me take your blood pressure, pulse, and body temperature.

N: 请跟我到五號診療室。等一下，请你把衣服和褲子脱下，只留內褲，穿上這件檢查用的袍子，開口向後，馬醫生等一會兒會來。
N: 请跟我到五号诊疗室。等一下，请你把衣服和裤子脱下，只留内裤，穿上这件检查用的袍子，开口向后，马医生等一会儿会来。
N: qǐng gēn wǒ dào wǔhào zhěnliáoshì. děng yīxià qǐng nǐ bǎ yīfu hé kùzi tuō xià, zhī liú nèikù, chuān shàng zhè jiàn jiǎnchá yòng de páozi, kāikǒu xiàng hòu, mǎ yīshēng děng yīhuìr huì lái.
N: Please follow me to treatment room #5. Please remove all of your clothing except your underwear and wear this gown, with the opening in the back. Dr. Ma will be here in a moment.

D: 你好，我是馬醫生，请問你說甚麼語言，普通話，廣東話還是英語？
D: 你好，我是马医生，请问你说甚么语言，普通话，广东话还是英语？
D: nǐhǎo, wǒ shì mǎ yīshēng, qǐngwèn nǐ shuō shénme yǔyán, pǔtōnghuà, guǎngdōnghuà, háishi yīngyǔ?
D: Hi, I am Dr. Ma. Are you more comfortable speaking Mandarin, Cantonese, or English?

P: 普通話。

P: 普通话．
P: pǔtōnghuà.
P: Mandarin.

D: 第一次見面，請問你今天哪裡不舒服？
D: 第一次见面，请问你今天哪里不舒服？
D: dìyīcì jiànmiàn, qǐngwèn nǐ jīntiān nǎlǐ bù shūfu?
D: Nice to meet you. What brings you to the clinic today?

P: 我沒有哪裡特別不舒服，我是來做健康檢查的．
P: 我没有哪里特别不舒服，我是来做健康检查的．
P: wǒ méiyǒu nǎlǐ tèbié bù shūfu, wǒ shì lái zuò jiànkāng jiǎnchá de.
P: There is nothing wrong. I am just here for a physical exam.

Physical Exam

D: 那我們開始吧．請抬起你的頭．請你的眼睛跟著筆尖動，但是脖子不要轉．
D: 那我们开始吧．请抬起你的头．请你的眼睛跟着笔尖动，但是脖子不要转．
D: nà wǒmen kāishǐ bā. qǐng táiqǐ nǐde tóu. qǐng nǐde yǎnjing gēnzhe bǐjiān dòng, dànshì bózi bùyào zhuàn.
D: Great, let's start. Please lift up your head. Please follow the tip of my pen with your eyes without moving your neck.

D: 現在我要用耳鏡檢查你的耳朵，如果哪裡不舒服請跟我講．
D: 现在我要用耳镜检查你的耳朵，如果哪里不舒服请跟我讲．
D: xiànzài wǒ yào yòng ěr jìng jiǎnchá nǐde ěrduo, rúguǒ nǎlǐ bù shūfu qǐng gēn wǒ jiǎng.
D: Now I am going to check your ear using an otoscope; if anything feels uncomfortable, please let me know.

D: 現在張開嘴，伸出舌頭，說「啊」．讓我看看你的喉嚨．
D: 现在张开嘴，伸出舌头，说「啊」．让我看看你的喉咙．
D: xiànzài zhāngkāi zuǐ, shēnchū shétou, shuō ā. ràng wǒ kànkan nǐde hóulóng.
D: Now, please open your mouth, stick out your tongue, and say "ah", so I can examine your throat.

D: 你頸部的淋巴腺摸起來有一點點腫．下面跟著我做，聳肩膀，舉起手臂，彎腰，背打直，彎腿，抬起腳．現在請把腳趾指向天花板．
D: 你颈部的淋巴腺摸起来有一点点肿．下面跟着我做，耸肩膀，举起手臂，弯腰，背打直，弯腿，抬起脚．现在请把脚趾指向天花板．
D: nǐ jǐngbù de línbāxiàn mō qǐlai yǒu yīdiǎndiǎn zhǒng. xiàmian gēnzhe wǒ zuò, sǒng jiānbǎng, jǔqǐ shǒubì, wān yāo, bèi dǎzhí, wān tuǐ, táiqǐ jiǎo. xiànzài qǐng bǎ jiǎozhǐ zhǐxiàng tiānhuābǎn.
D: The lymph nodes in your neck are a bit swollen. Please follow my lead- shrug your shoulders, lift your arms, bend your waist, straighten your back, bend your legs, raise your feet, and point your toes toward the ceiling.

P: 我的右膝蓋不太靈活，右腿肌肉比較弱．

P: 我的右膝盖不太灵活，右腿肌肉比较弱。
P: wǒde yòu xīgài bù tài línghuó, yòu tuǐ jīròu bǐjiào ruò.
P: My right knee is not very flexible, and my right leg muscles are weaker.

D: 沒問題，接下來我要用聽診器檢查你的胸腔，主要是檢查心和肺的功能。請用嘴巴呼吸，不要用鼻子。
D: 没问题，接下来我要用听诊器检查你的胸腔，主要是检查心和肺的功能。请用嘴巴呼吸，不要用鼻子。
D: méi wèntí, jiēxiàlái wǒ yào yòng tīngzhěnqì jiǎnchá nǐde xiōngqiāng, zhǔyào shì jiǎnchá xīn hé fèi de gōngnéng. qǐng yòng zuǐba hūxī, búyào yòng bízi.
D: No problem. Next, I am going to listen to your chest using a stethoscope to check your heart and lungs. Please breathe with your mouth and not with your nose.

D: 接下來我要檢查你的腹部，主要是檢查腸和胃的功能。
D: 接下来我要检查你的腹部，主要是检查肠和胃的功能。
D: jiēxiàlái wǒ yào jiǎnchá nǐde fùbù, zhǔyào shì jiǎnchá cháng hé wèi de gōngnéng.
D: Next I am going to examine your abdomen, which includes the intestines and stomach.

P: 我的闌尾已經割掉了。肝和腎也檢查嗎？
P: 我的阑尾已经割掉了。肝和肾也检查吗？
P: wǒde lánwěi yǐjīng gē diào le. gān hé shèn yě jiǎnchá ma?
P: My appendix has been removed. Are you going to check my liver and kidneys, too?

D: 那要驗血，接下來我要檢查你的攝護（前列）腺和肛門，我的手指會伸進去，會有一些不舒服，請忍耐一下。
D: 那要验血，接下来我要检查你的摄护（前列）腺和肛门，我的手指会伸进去，会有一些不舒服，请忍耐一下。
D: nà yào yànxuě, jiēxiàlái wǒ yào jiǎnchá nǐde shè hù (qiánliè) xiàn hé gāngmén, wǒde shǒuzhǐ huì shēn jìnqù, huì yǒu yīxiē bù shūfu, qǐng rěnnài yīxià.
D: Kidney and liver function can be assessed by blood tests. Next, I am going to check your prostate and anus. You're going to feel my fingers; it may be a bit uncomfortable, but please bear with me.

D: 我檢查完了。
D: 我检查完了。
D: wǒ jiǎnchá wánle.
D: OK, we are done with the exam.

P: 這個檢查醫療保險會包括嗎？病人的自付部分是多少？
P: 这个检查医疗保险会包括吗？病人的自付部分是多少？
P: zhège jiǎnchá yīliáobǎoxiǎn huì bāokuò ma? bìngrén de zìfù bùfen shì duōshǎo?
P: Does my medical insurance cover this exam? What is the co-pay?

D: 這是疾病預防檢查，醫療保險應該包括，病人可能不需自付，不過每家醫療保險的制度都不一樣，如果你沒有醫療保險，或者不能負擔費用的話，有一些社會服務的項目會幫你的。如果你不放心，我請社工幫你查一下。

D: 这是<u>疾病预防检查</u>，医疗保险应该包括，病人可能不需自付，不过每家医疗保险的制度都不一样，如果你没有医疗保险，或者不能负担费用的话，有一些<u>社会服务</u>的项目会帮你的。如果你不放心，我请<u>社工</u>帮你查一下。

D: zhè shì jíbìng yùfáng jiǎnchá, yīliáobǎoxiǎn yīnggāi bāokuò, bìngrén kěnéng bù xū zìfù, bùguò měi jiā yīliáobǎoxiǎn de zhìdù dōu bù yīyàng, rúguǒ nǐ méiyǒu yīliáobǎoxiǎn huòzhě bùnéng fùdān fèiyòng de huà, yǒu yīxiē shèhuìfúwù de xiàngmù huì bāng nǐde. rúguǒ nǐ bù fàngxīn wǒ qǐng shègōng bāng nǐ chá yīxià.

D: This is a <u>preventive screening</u>; most medical insurances cover this, so patients probably do not have to pay anything. However, every insurance plan is different. If you do not have insurance or cannot afford to pay, there are some <u>social service</u> programs that can help you. If you feel unsure, I will ask a <u>social worker</u> to help you.

D: 你還有什麼別的問題嗎？
D: 你还有什么别的问题吗？
D: nǐ háiyǒu shénme biéde wèntí ma?
D: Do you have any other questions for me?

Vocabulary 單字單詞

實習醫生	实习医生	shíxíyīshēng	Intern
掛號處	挂号处	guàhàochù	Patient registration
藥局	药局	yàojú	Pharmacy
藥房	药房	yàofáng	Pharmacy
護理室	护理室	hùlǐshì	Nursing unit
化驗室	化验室	huàyànshì	Diagnostic Lab
放射科	放射科	fàngshèke	Radiology Room
身分證	身分证	shēnfēnzhèng	ID card
保險卡	保险卡	bǎoxiǎnkǎ	Insurance card
入口	入口	rùkǒu	Entrance
太平間	太平间	tàipíngjiān	Morgue
住院部	住院部	zhùyuànbù	Inpatient unit
門診部	门诊部	ménzhěnbù	Outpatient unit
內科	内科	nèikē	Internal Medicine
小兒科	小儿科	xiǎoérkē	Pediatrics
外科	外科	wàikē	Surgery
婦產科	妇产科	fùchǎnkē	Obstetrics/Gynecology
專科	专科	zhuānkē	Specialty
翻譯	翻译	fānyì	Interpreter
醫學院學生	医学院学生	yīxuéyuànxuésheng	Medical Student
義工	义工	yìgōng	Volunteer
家庭醫生	家庭医生	jiātíngyīshēng	Family doctor
護士	护士	hùshì	Nurse
預約	预约	yùyuē	Appointment
身高	身高	shēngāo	Height

體重	体重	tǐzhòng	Weight
血壓	血压	xuěyā	Blood pressure
脈搏	脉搏	màibó	Pulse
體溫	体温	tǐwēn	Body temperature
診療室	诊疗室	zhěnliáoshì	Treatment Room
健康檢查	健康检查	jiànkāngjiǎnchá	Physical exam
頭	头	tóu	Head
眼睛	眼睛	yǎnjing	Eye
脖子	脖子	bózi	Neck
耳鏡	耳镜	ěrjìng	Otoscope
耳朵	耳朵	ěrduo	Ear
嘴	嘴	zuǐ	Mouth
舌頭	舌头	shétóu	Tongue
喉嚨	喉咙	hóulóng	Throat
淋巴腺	淋巴腺	línbāxiàn	Lymph node
頸部	颈部	jǐngbù	Neck
腫	肿	zhǒng	Swollen
肩膀	肩膀	jiānbǎng	Shoulder
手臂	手臂	shǒubì	Arm
腰	腰	yāo	Waist
背	背	bèi	Back
腿	腿	tuǐ	Leg
腳	脚	jiǎo	Foot
腳趾	脚趾	jiǎozhǐ	Toe
膝蓋	膝盖	xīgài	Knee
肌肉	肌肉	jīròu	Muscle
胸腔	胸腔	xiōngqiāng	Chest, Thorax
聽診器	听诊器	tīngzhěnqì	Stethoscope
心	心	xīn	Heart
肺	肺	fèi	Lung
鼻子	鼻子	bízi	Nose
腹腔	腹腔	fùqiāng	Abdomen
腸	肠	cháng	Intestine
胃	胃	wèi	Stomach
闌尾	阑尾	lánwěi	Appendix
肝	肝	gān	Liver
腎	肾	shèn	Kidney
驗血	验血	yànxuě	Blood test
攝護腺	摄护腺	shèhùxiàn	Prostate
前列腺	前列腺	qiánlièxiàn	Prostate
肛門	肛门	gāngmén	Anus
手指	手指	shǒuzhǐ	Finger

檢查	检查	jiǎnchá	Exam
醫療保險	医疗保险	yīliáobǎoxiǎn	Medical insurance
病人自付	病人自付	bìngrénzìfù	Co-pay
疾病預防檢查	疾病预防检查	jíbìngyùfángjiǎnchá	Preventive screening
社會服務	社会服务	shèhuìfúwù	Social services
社工	社工	shègōng	Social Worker

Supplemental Vocabulary 未出現相關單字

問診	问诊	wènzhěn	Patient interview
無痛檢查	无痛检查	wútòngjiǎnchá	Painless examination
護士站	护士站	hùshìzhàn	Nurses station
筆式電筒	笔式电筒	bǐshìdiàntǒng	Penlight
醫護人員	医护人员	yīhùrényuán	Health care personnel
醫師助理	医师助理	yīshī zhùlǐ	Physician Assistant (PA)
執業護士	执业护士	zhíyè hùshi	Nurse Practitioner (NP)

Lesson 2:   56 F here for Diabetes and Hypertension counseling
56歲女性，糖尿病與高血壓諮詢

D: 你好，我是內分泌科賈醫生。我今天請你來複診主要是想討論你的糖尿病和高血壓。
D: 你好，我是内分泌科贾医生。我今天请你来复诊主要是想讨论你的糖尿病和高血压。
D: nǐhǎo, wǒ shì nèifēnmì kē gǔ yīshēng. wǒ jīntiān qǐng nǐ lái fùzhěn zhǔyào shì xiǎng tǎolùn nǐde tángniàobìng hé gāoxuěyā.
D: Hi, I am Dr. Jia from Endocrinology. I asked you to come for a return visit because I wanted to talk to you about your diabetes and high blood pressure.

P: 我以為用藥物就可以控制了，我對現在吃的藥都還滿意。
P: 我以为用药物就可以控制了，我对现在吃的药都还满意。
P: wǒ yǐwéi yòng yàowù jiù kěyǐ kòngzhì le, wǒ duì xiànzài chī de yào dōu huán mǎnyì.
P: I thought that both could be controlled using medication, which I am happy with.

D: 其實，一些慢性病像糖尿病和高血壓的發生和病人的飲食，運動，年齡，家庭，生活方式和工作環境有密切關係。
D: 其实，一些慢性病像糖尿病和高血压的发生和病人的饮食，运动，年龄，家庭，生活方式和工作环境有密切关系。
D: qíshí, yīxiē mànxìngbìng xiàng tángniàobìng hé gāoxuěyā de fāshēng hé bìngrén de yǐnshí, yùndòng, niánlíng, jiātíng, shēnghuófāngshì, hé gōngzuò huánjìng yǒu mìqiè guānxi.
D: Actually, chronic illnesses, including diabetes and high blood pressure, are closely tied to your diet, exercise levels, age, family, lifestyle, and working environment.

P: 對我來說，有哪些事情需要特別注意？
P: 对我来说，有哪些事情需要特别注意？
P: duì wǒ láishuō, yǒu nǎxiē shìqing xūyào tèbié zhùyì?
P: For me, what is most important to pay attention to?

D: 營養均衡的飲食是最重要的，很多慢性病和飲食習慣有關，譬如說糖尿病，高血脂，痛風，慢性肝病，慢性腎病，高血壓，冠心病和腦血管疾病。基本飲食要求是：
D: 营养均衡的饮食是最重要的，很多慢性病和饮食习惯有关，譬如说糖尿病，高血脂，痛风，慢性肝病，慢性肾病，高血压，冠心病和脑血管疾病。基本饮食要求是：
D: yíngyǎng jūnhéng de yǐnshí shì zuì zhòngyào de, hěnduō mànxìngbìng hé yǐnshí xíguàn yǒuguān, pìrúshuō tángniàobìng, gāoxuězhī, tòngfēng, mànxìng gānbìng, mànxìng shènbìng, gāoxuěyā, guānxīnbìng hé nǎoxuěguǎn jíbìng. jīběn yǐnshí yào qiúshì:
D: Having a balanced diet is most important. Many chronic illnesses are related to your diet, such as diabetes, hyperlipidemia, gout, chronic liver disease, chronic kidney disease, high blood pressure, coronary artery disease, and cerebrovascular disease. Basic dietary considerations include:

1. 多喝水，少喝含糖多的飲料，譬如汽水、蘇打
1. 多喝水，少喝含糖多的饮料，譬如汽水、苏打
1. duōhēshuǐ, shǎohē hán tángduō de yǐnliào, pìrú qìshuǐ, sūdá
1. Choose water over sugary drinks, such as soda

2. 用無脂或低脂牛奶代替高脂牛奶
2. 用无脂或低脂牛奶代替高脂牛奶
2. yòng wúzhī huò dīzhī niúnǎi dàitì gāozhī niúnǎi
2. Replace whole milk with low fat or nonfat milk

3. 吃各種顏色的新鮮青菜，以新鮮水果代替果汁
3. 吃各种颜色的新鲜青菜，以新鲜水果代替果汁
3. chī gèzhǒng yánsè de xīnxiān qīngcài, yǐ xīnxiān shuǐguǒ dàitì guǒzhī
3. Eat fresh vegetables of multiple colors, and eat fresh fruit instead of drinking juice

4. 吃高纖維或含全麥的食物
4. 吃高纤维或含全麦的食物
4. chī gāoxiānwéi huò hán quánmài de shíwù
4. Eat foods high in fiber or containing whole grains

5. 不吃過量的碳水化合物，譬如米飯和麵
5. 不吃过量的碳水化合物，譬如米饭和面
5. bù chī guòliàng de tànshuǐhuàhéwù, pìrú mǐfàn huómiàn
5. Don't consume too many carbohydrates, such as rice or noodles

6. 少吃紅肉，特別是肥肉
6. 少吃红肉，特别是肥肉
6. shǎo chī hóngròu, tèbié shì féiròu
6. Eat less red meat, especially fatty meat

7. 避免油炸或加工過的食物
7. 避免油炸或加工过的食物
7. bìmiǎn yóuzhá huò jiāgōng guò de shíwù
7. Avoid fried or processed foods

8. 用植物油代替動物油或黃油，奶油
8. 用植物油代替动物油或黄油，奶油
8. yòng zhíwùyóu dàitì dòngwùyóu huò huángyóu, nǎiyóu
8. Use vegetable oil instead of lard or butter

9. 注意食物標籤，選低糖，低鹽的食物
9. 注意食物标签，选低糖，低盐的食物
9. zhùyì shíwù biāoqiān, xuǎn dītáng, dīyán de shíwù
9. Pay attention to the nutritional labels on food. Choose those with less sugar and salt

10. 每餐保持適量的卡路里
10. 每餐保持适量的卡路里
10. měi cān bǎochí shìliàng de kǎlùlǐ
10. Moderate your caloric intake each meal

問診手冊

D: 除此之外，長期食用高脂，醃製物，油炸，燒烤，燙，刺激食物，以及菸和酒，有較高的比例患癌症．
D: 除此之外，长期食用高脂，腌制物，油炸，烧烤，烫，刺激食物，以及烟和酒，有较高的比例患癌症．
D: chúcǐzhīwài, chángqī shíyòng gāozhī, yānzhìwù, yóuzhá, shāokǎo, tàng, cìjīshíwù, yǐjí yān hé jiǔ, yǒu jiàogāo de bǐlì huàn áizhèng.
D: Besides these steps, long term consumption of high fat, cured, fried, grilled, hot, and spicy foods, as well as smoking and using alcohol, puts you at a higher risk of developing cancer.

P: 除了飲食，還有別的生活習慣要注意嗎？
P: 除了饮食，还有别的生活习惯要注意吗？
P: chúle yǐnshí, háiyǒu biéde shēnghuó xíguàn yào zhùyì ma?
P: Besides diet, what other lifestyle habits should I pay attention to?

D: 適量的有氧運動可以降低血脂和血壓，有助於體重和血糖的控制及增加心肺功能．
D: 适量的有氧运动可以降低血脂和血压，有助于体重和血糖的控制及增加心肺功能．
D: shìliàng de yǒuyǎngyùndòng kěyǐ jiàngdī xuèzhī hé xuèyā, yǒuzhùyú tǐzhòng hé xuètáng de kòngzhì jí zēngjiā xīn fèi gōngnéng.
D: Maintaining a regular amount of moderate intensity aerobic exercise can lead to lowered blood lipids and blood pressure, which helps in controlling your weight and blood sugar levels as well as strengthening your heart and lungs.

D: 還有，每晚充足的睡眠可以幫助身體恢復，並且緩解壓力．無論你是不是慢性病患者，飲食，運動，睡眠，這三項是影響你健康的重要生活習慣．
D: 还有，每晚充足的睡眠可以帮助身体恢复，并且缓解压力．无论你是不是慢性病患者，饮食，运动，睡眠，这三项是影响你健康的重要生活习惯．
D: háiyǒu, měi wǎn chōngzú de shuìmián kěyǐ bāngzhù shēntǐ huīfù, bìngqiě huǎnjiě yālì wúlùn nǐ shìbùshì mànxìngbìng huànzhě, yǐnshí, yùndòng, shuìmián, zhè sān xiàng shì yǐngxiǎng nǐ jiànkāng de zhòngyào shēnghuó xíguàn.
D: In addition, getting enough sleep each night will give your body enough time to rest and relieve stress levels. Whether or not you have a chronic illness, diet, exercise, and sleep are important lifestyle habits that can affect your health.

P: 好像都很容易了解．
P: 好像都很容易了解．
P: hǎoxiàng dōu hěn róngyì liǎojiě.
P: This seems very straightforward.

D: 你說的一點也沒錯，問題是連最簡單的道理，大部分的人到老都沒辦法做到，更別說從年輕時就做起．
D: 你说的一点也没错，问题是连最简单的道理，大部分的人到老都没办法做到，更别说从年轻时就做起．
D: nǐ shuō de yīdiǎn yě méicuò, wèntí shì lián zuì jiǎndān de dàoli, dàbùfen de rén dào lǎo dōu méi bànfǎ zuòdào, gèng bié shuō cóng niánqīng shí jiù zuò qǐ.
D: You are right. However, most people cannot follow these principles as they grow older, not to mention starting from their youth.

P: 醫生，還有比較難的嗎？
P: 医生，还有比较难的吗？
P: yīshēng, háiyǒu bǐjiào nán de ma?
P: Doctor, are there other lifestyle changes that are harder to implement?

D: 難的？沒有所謂簡單的或難的，只有你想做或不想做的．
D: 难的？没有所谓简单的或难的，只有你想做或不想做的．
D: nán de? méiyǒu suǒwèi jiǎndān de huò nán de, zhǐyǒu nǐ xiǎng zuò huò bùxiǎng zuò de.
D: Well, nothing can be considered hard; it's a matter of whether or not you are committed to doing it.

D: 譬如說，經常到室外呼吸新鮮空氣，曬太陽，補充維生素D，可以減少糖尿病和心臟病的機率．
D: 譬如说，经常到室外呼吸新鲜空气，晒太阳，补充维生素D，可以减少糖尿病和心脏病的机率．
D: pìrúshuō, jīngcháng dào shìwài hūxī xīnxiān kōngqì, shài tàiyang, bǔchōng wéishēngsù D, kěyǐ jiǎnshǎo tángniàobìng hé xīnzàngbìng de jīlǜ.
D: For example, going outside frequently for fresh air and exposing yourself to sunlight to boost Vitamin D levels can reduce the risk of developing diabetes and heart disease.

P: 有沒有心理上要注意的？
P: 有没有心理上要注意的？
P: yǒu méi yǒu xīn lǐ shàng yào zhùyì de?
P: How about anything in terms of the mind and soul?

D: 當然有，經常保持心情愉快，它可以降低血壓，促進免疫系統功能，和舒解壓力，別忘了壓力也會導致各種慢性病的發生．
D: 当然有，经常保持心情愉快，它可以降低血压，促进免疫系统功能，和舒解压力，别忘了压力也会导致各种慢性病的发生．
D: dāngrán yǒu, jīngcháng bǎochí xīnqíng yúkuài, tā kěyǐ jiàngdī xuěyā, cùjìn miǎnyìxìtǒng gōngnéng hé shūjiěyālì, bié wàng le yālì yě huì dǎozhì gèzhǒng mànxìngbìng de fāshēng.
D: Of course. Maintaining a pleasant attitude can lower your blood pressure, improve your immune function, and reduce stress. Don't forget that stress can trigger many chronic illnesses.

D: 另外，有煩惱要與朋友分享，讓心理的壓力得到釋放．我們討論了這麼多，你能總結一下嗎？
D: 另外，有烦恼要与朋友分享，让心理的压力得到释放．我们讨论了这么多，你能总结一下吗？
D: lìngwài, yǒu fánnǎo yào yǔ péngyou fēnxiǎng, ràng xīnlǐ de yālì dédào shìfàng. wǒmen tǎolùn le zhème duō, nǐ néng zǒngjié yīxià ma?
D: Also, don't be afraid to share your worries with friends to alleviate built up stress. Can you summarize what we have discussed today?

P: 養成健康的生活習慣，保持心情愉快，定期做身體檢查．
P: 养成健康的生活习惯，保持心情愉快，定期做身体检查．
P: yǎngchéng jiànkāng de shēnghuó xíguàn, bǎochí xīnqíng yúkuài, dìngqī zuò shēntǐ jiǎnchá.
P: Establishing healthy lifestyle habits, maintaining a pleasant attitude, and getting regular physical exams.

D: 差一點忘了，家屬的支持和鼓勵也是非常重要．
D: 差一点忘了，家属的支持和鼓励也是非常重要．
D: chàyīdiǎn wàng le, jiāshǔ de zhīchí hé gǔlì yě shì fēicháng zhòngyào.
D: I almost forgot, your family's support and encouragement is also very important.

P: 有沒有醫生可以幫忙的？
P: 有没有医生可以帮忙的？
P: yǒu méiyǒu yīshēng kěyǐ bāngmáng de?
P: Is there anything that a doctor can help me with?

D: 透過定期身體檢查，醫生可以幫助你追蹤自己身體的各項指數，譬如說，血壓，膽固醇，三酸甘油脂，空腹血糖和糖化血紅素．如果發現哪項指數不理想，醫生會趁早提出建議．作為糖尿病綜合防治的一部分，我們也會提醒你定期做眼科檢查和足部檢查．
D: 透过定期身体检查，医生可以帮助你追踪自己身体的各项指数，譬如说，血压，胆固醇，三酸甘油脂，空腹血糖和糖化血红素．如果发现哪项指数不理想，医生会趁早提出建议．作为糖尿病综合防治的一部分，我们也会提醒你定期做眼科检查和足部检查．
D: tòuguò dìngqī shēntǐ jiǎnchá, yīshēng kěyǐ bāngzhù nǐ zhuīzōng zìjǐ shēntǐ de gè xiàng zhǐshù, pìrúshuō, xuěyā, dǎngùchún, sānsuāngānyóuzhī, kōngfù xuètáng, hé tánghuà xuěhóngsù. rúguǒ fāxiàn nǎ xiàng zhǐshù bù lǐxiǎng, yīshēng huì chènzǎo tíchū jiànyì. zuòwéi tángniàobìng zōnghé fángzhì de yībùfen, wǒmen yě huì tíxǐng nǐ dìngqī zuò yǎnkē jiǎnchá hé zúbù jiǎnchá.
D: Doctors can help if you come regularly for physical exams and lab tests to monitor values such as blood pressure, cholesterol, triglycerides, fasting glucose, and Hemoglobin A1c. If we find that any values are less than ideal, we can provide advice before it is too late. We will also remind you to get regular eye exams and foot exams as part of your comprehensive diabetes care.

Vocabulary 單字單詞

內分泌科	内分泌科	nèifēnmìkē	Endocrinology
複診	复诊	fùzhěn	Return visit, follow-up
糖尿病	糖尿病	tángniàobìng	Diabetes mellitus
高血壓	高血压	gāoxuěyā	Hypertension
慢性病	慢性病	mànxìngbìng	Chronic illness
飲食	饮食	yǐnshí	Diet
運動	运动	yùndòng	Exercise
工作環境	工作环境	gōngzuò huánjìng	Working environment
營養均衡	营养均衡	yíngyǎngjūnhéng	Nutritional balance
高脂血	高脂血	gāozhīxuě	Hyperlipidemia, high cholesterol
痛風	痛风	tòngfēng	Gout
慢性肝病	慢性肝病	mànxìnggānbìng	Chronic liver disease
慢性腎病	慢性肾病	mànxìngshènbìng	Chronic kidney disease
冠心病	冠心病	guànxīnbìng	Coronary heart disease

腦血管疾病	脑血管疾病	nǎoxuěguǎnjíbìng	Cerebrovascular disease
無脂牛奶	无脂牛奶	wúzhīniúnǎi	Fat free milk
低脂牛奶	低脂牛奶	dīzhīniúnǎi	Low fat milk
高脂牛奶	高脂牛奶	gāozhīniúnǎi	Whole milk
纖維	纤维	xiānwéi	Fiber
全麥食物	全麦食物	quánmàishíwù	Whole wheat food
碳水化合物	碳水化合物	tànshuǐhuàhéwù	Carbohydrates
肥肉	肥肉	féiròu	Fatty meat
油炸	油炸	yóuzhá	Fried
加工過食物	加工过食物	jiāgōngguòshíwù	Processed food
植物油	植物油	zhíwùyóu	Vegetable oil
動物油	动物油	dòngwùyóu	Lard
黃油	黄油	huángyóu	Butter
奶油	奶油	nǎiyóu	Butter
食物標籤	食物标签	shíwùbiāoqiān	Food label
低糖食物	低糖食物	dītángshíwù	Low sugar food
低鹽食物	低盐食物	dīyánshíwù	Low salt food
卡路里	卡路里	kǎlùlǐ	Calories
高脂食物	高脂食物	gāozhīshíwù	High fat food
醃製物	腌制物	yānzhìwù	Cured food
燒烤食物	烧烤食物	shāokǎoshíwù	Grilled food
燙食物	烫食物	tàngshíwù	Hot food
刺激食物	刺激食物	cìjīshíwù	Spicy food
生活習慣	生活习惯	shēnghuó xíguàn	Lifestyle habit
有氧運動	有氧运动	yǒuyǎng yùndòng	Aerobic exercise
血脂	血脂	xuězhī	Blood lipids
血壓	血压	xuěyā	Blood pressure
血糖	血糖	xuětáng	Blood sugar
緩解壓力	缓解压力	huǎnjiěyālì	Relieve stress
維生素D	维生素D	wéishēngsù D	Vitamin D
心臟病	心脏病	xīnzàngbìng	Heart disease
機率	机率	jīlǜ	Risk
免疫系統功能	免疫系统功能	miǎnyìxìtǒng gōngnéng	Immune function
膽固醇	胆固醇	dǎngùchún	Cholesterol
甘油三酸酯	甘油三酸酯	gānyóusānsuānzhī	Triglyceride
空腹血糖	空腹血糖	kōngfùxuětáng	Fasting blood sugar
糖化血紅素	糖化血红素	tánghuā xuèhóngsù	Hemoglobin A1c
眼科檢查	眼科检查	yǎnkē jiǎnchá	Eye exam
足部檢查	足部检查	zúbù jiǎnchá	Foot exam
綜合防治	综合防治	zōnghé fángzhì	Comprehensive care

Lesson 3:   52 year old male with fatigue
52歲男性，疲勞

D: 你好，我是肠胃科陳醫生，請問你今天為什麼來醫院？
D: 你好，我是肠胃科陈医生，请问你今天为什么来医院？
D: nǐhǎo wǒ shì chángwèi kē chén yīshēng qǐngwèn nǐ jīntiān wèishénme lái yīyuàn
D: Hi, I am Dr. Chen from Gastroenterology. Why did you come to the hospital today?

P: 我最近感覺十分疲勞，常常下班開車都想打瞌睡，我的家庭醫生發現我的膽固醇，空腹血糖和甘油三酸酯的指數都超標很高。他建議我來見你，做更進一步的諮詢或檢查。他已經把我的病歷傳給你了。
P: 我最近感觉十分疲劳，常常下班开车都想打瞌睡，我的家庭医生发现我的胆固醇，空腹血糖和甘油三酸酯的指数都超标很高。他建议我来见你，做更进一步的咨询或检查。他已经把我的病历传给你了。
P: wǒ zuìjìn gǎnjué shífēn píláo, chángcháng xiàbān kāichē dōu xiǎng dǎkēshuì, wǒde jiātíng yīshēng fāxiàn wǒde dǎngùchún, kōngfù xuètáng hé gānyóusānsuānzhǐ de zhǐshù dōu chāobiāo hěn gāo. tā jiànyì wǒ lái jiàn nǐ, zuò gèng jìnyībù de zīxún huò jiǎnchá. tā yǐjīng bǎ wǒde bìnglì chuángei nǐ le.
P: I have been feeling fatigued recently. Often, I feel like falling asleep while driving home from work. My family doctor found that my cholesterol, fasting blood sugar, and triglyceride levels are way above the normal range, and he suggested that I visit you for counseling or more exams. He has already forwarded my medical record to you.

Past Medical History

D: 你的病歷我看過了，不過有幾個地方我想了解得更詳細。你以前有沒有得過慢性病？
D: 你的病历我看过了，不过有几个地方我想了解得更详细。你以前有没有得过慢性病？
D: nǐde bìnglì wǒ kàn guò, le bùguò yǒu jǐ gè dìfāng wǒ xiǎng liǎojiě dé gèng xiángxì. nǐ yǐqián yǒu méiyǒu dé guò mànxìngbìng?
D: I have seen your medical record, but I still have questions about a few things. Have you had any chronic diseases?

D: 譬如說糖尿病？腎臟病？心血管疾病？腦血管疾病？肝病？
D: 譬如说糖尿病？肾脏病？心血管疾病？脑血管疾病？肝病？
D: pìrúshuō tángniàobìng? shènzàng bìng? xīnxuěguǎn jíbìng? nǎoxuěguǎn jíbìng? gānbìng?
D: Such as diabetes? Kidney disease? Cardiovascular disease? Cerebrovascular disease? Liver disease?

P: 唸初中時發現自己是乙肝病毒攜帶者。除此之外，我都沒有得過你說的那些疾病。
P: 念初中时发现自己是乙肝病毒携带者。除此之外，我都没有得过你说的那些疾病。
P: niàn chūzhōng shí fāxiàn zìjǐ shì yǐgān bìngdú xiédàizhě, chúcǐzhīwài, wǒ dōu méiyǒu dé guò nǐ shuō de nàxiē jíbìng.
P: I found out that I was a Hepatitis B carrier when I was in junior high. Besides that, I don't have any of those medical conditions you mentioned.

D: 可以講得詳細一些嗎？怎麼被診斷出的？有住院治療嗎？

16   Mastering Clinical Conversation

D: 可以讲得详细一些吗？怎么被诊断出的？有住院治疗吗？
D: kěyǐ jiǎng dé xiángxì yīxiē ma? zěnme bèi zhěnduàn chū de? yǒu zhùyuàn zhìliáo ma?
D: Can you give me more details? How was it diagnosed? Have you ever been hospitalized for treatment?

P: 因為捐血才發現自己是乙肝病毒攜帶者，記憶中沒有得過乙肝或因此感到不舒服，更沒有治療過．
P: 因为捐血才发现自己是乙肝病毒携带者，记忆中没有得过乙肝或因此感到不舒服，更没有治疗过．
P: yīnwèi juānxuě cái fāxiàn zìjǐ shì yǐgān bìngdú xiédàizhě, jìyì zhōng méiyǒu dé guò yǐgān huò yīncǐ gǎndào bù shūfu, gèng méiyǒu zhìliáo guò.
P: I found out that I was a Hepatitis B carrier when I donated blood. However, I cannot remember ever having Hepatitis B or being sick because of it, let alone receiving any treatment.

D: 你有因為任何原因被送進急診室或住過醫院嗎？
D: 你有因为任何原因被送进急诊室或住过医院吗？
D: nǐ yǒu yīnwèi rènhé yuányīn bèi sòng jìn jízhěnshì huò zhù guò yīyuàn ma?
D: Have you ever been to the emergency room or been hospitalized for any reason?

P: 三年前因膽結石住過醫院，後來經過藥物治療好了．
P: 三年前因胆结石住过医院，后来经过药物治疗好了．
P: sān niánqián yīn dǎnjiéshí zhù guò yīyuàn, hòulái jīngguò yàowù zhìliáo hǎo le.
P: Three years ago, I was in hospital due to gallstones, which were cured by medication.

Family History

D: 請問你的父母還健在嗎？他們身體好嗎？
D: 请问你的父母还健在吗？他们身体好吗？
D: qǐngwèn nǐde fùmǔ huán jiàn zài ma? tāmen shēntǐ hǎo ma?
D: Are your parents still living? How is their health?

P: 我父親二十多年前過世，母親今年七十五歲，身體還不錯．
P: 我父亲二十多年前过世，母亲今年七十五岁，身体还不错．
P: wǒ fùqīn èrshí duōnián qián guòshì, mǔqīn jīnnián qīshíwǔ suì, shēntǐ hái bùcuò.
P: My father passed away 20 years ago. My mother is 75 years old and is doing fine.

D: 父親幾歲過世？得什麼病過世？
D: 父亲几岁过世？得什么病过世？
D: fùqīn jǐ suì guòshì dé? shénme bìng guòshì?
D: How old was your father when he passed away? How did he pass away?

P: 六十歲得肝病過世，我不知道是不是肝癌．
P: 六十岁得肝病过世，我不知道是不是肝癌．
P: liùshí suì dé gānbìng guòshì, wǒ bù zhīdào shìbùshì gānái.
P: He died at 60 years old due to liver disease; I am unsure if it was liver cancer.

D: 有其他人得肝炎嗎？攜帶乙肝的母親在生產過程中通過垂直傳染把病毒傳染給新生兒是常見的現象．
D: 有其他人得肝炎吗？携带乙肝的母亲在生产过程中通过垂直传染把病毒传染给新生儿是常见的现象．
D: yǒu qítā rén dé gānyán ma? xiédài yǐgān de mǔqīn zài shēngchǎn guòchéngzhōng tōngguò chuízhí chuánrǎn bǎ bìngdú chuánrǎn gěi xīnshēngér shì chángjiàn de xiànxiàng.
D: Do you have other family members who have hepatitis? It's very common for Hepatitis B to be vertically transmitted from an affected mother to her newborn during birth.

P: 妹妹和弟弟都沒有，其他人我不知道．
P: 妹妹和弟弟都没有，其他人我不知道．
P: mèimei hé dìdi dōu méiyǒu, qítā rén wǒ bù zhīdào.
P: My younger sister and brother don't have hepatitis; I am not sure about the rest of my family.

D: 你有幾個兄弟姐妹？他們健康狀況如何？
D: 你有几个兄弟姐妹？他们健康状况如何？
D: nǐ yǒu jǐ gè xiōngdì jiěmèi? tāmen jiànkāng zhuàngkuàng rúhé?
D: How many brothers and sisters do you have? How is their health?

P: 一個妹妹和弟弟，四十多歲都很健康．
P: 一个妹妹和弟弟，四十多岁都很健康．
P: yīgè mèimei hé dìdi, sìshíduō suì dōu hěn jiànkāng.
P: One younger sister and brother, they are in their 40s and in good health.

D: 有小孩嗎？有健康問題嗎？
D: 有小孩吗？有健康问题吗？
D: yǒu xiǎohái ma? yǒu jiànkāng wèntí ma?
D: Do you have children? Are they healthy?

P: 一個兒子二十歲，身體很健康．
P: 一个儿子二十岁，身体很健康．
P: yīgè érzi èrshí suì, shēntǐ hěn jiànkāng.
P: One son who is 20 years old; he is very healthy.

D: 你所有的親戚，有沒有得過遺傳病或是比較嚴重的病？譬如說心臟病？
D: 你所有的亲戚，有没有得过遗传病或是比较严重的病？譬如说心脏病？
D: nǐ suǒyǒu de qīnqi, yǒu méiyǒu dé guò yíchuánbìng huòshì bǐjiào yánzhòng de bìng? pìrúshuō xīnzàngbìng?
D: Do you have any relatives who have genetic disorders or serious illnesses, such as heart disease?

P: 祖父母很早過世，我不知道是什麼病，外祖父母都是自然死亡．其他人都沒有心臟病．
P: 祖父母很早过世，我不知道是什么病，外祖父母都是自然死亡．其他人都没有心脏病．
P: zǔfùmǔ hěn zǎo guòshì, wǒ bù zhīdào shì shénme bìng, wàizǔfùmǔ dōushì zìrán sǐwáng. qítā rén dōu méiyǒu xīnzàngbìng.

P: My paternal grandparents passed away a long time ago, and I do not know from what. My maternal grandparents <u>died from natural causes</u>. No family member has heart disease.

D: <u>高血壓</u>呢？
D: <u>高血压</u>呢？
D: gāoxuěyā ne?
D: How about <u>high blood pressure</u>?

P: 一個姨媽有高血壓。
P: 一个姨妈有高血压。
P: yīgè yímā yǒu gāoxuěyā.
P: One of my aunts has high blood pressure.

D: 糖尿病呢？
D: 糖尿病呢？
D: tángniàobìng ne?
D: How about diabetes?

P: 沒有。
P: 没有。
P: méiyǒu.
P: No.

D: <u>癌症</u>呢？
D: <u>癌症</u>呢？
D: áizhèng ne?
D: How about <u>cancer</u>?

P: 一個伯父得胰臟癌，一個姑姑得<u>子宮癌</u>，兩個舅舅得<u>肺癌</u>。
P: 一个伯父得胰脏癌，一个姑姑得<u>子宫癌</u>，两个舅舅得<u>肺癌</u>。
P: yīgè bófù dé yízāngái, yīgè gūgu dé zǐgōngái, liǎnggè jiùjiu dé fèiái.
P: One uncle had <u>pancreatic cancer</u>, two uncles had <u>lung cancer</u>, and one aunt had <u>uterine cancer</u>.

Social History

D: 請問你每天三餐都怎麼吃？
D: 请问你每天三餐都怎么吃？
D: qǐngwèn nǐ měitiān sān cān dōu zěnme chī?
D: What do you eat every day for breakfast, lunch, and dinner?

P: 我不吃早餐，中午和晚上大都和客戶應酬。
P: 我不吃早餐，中午和晚上大都和客户应酬。
P: wǒ bù chī zǎocān, zhōngwǔ hé wǎnshang dàdōu hé kèhù yìngchou.
P: I do not eat breakfast, and I usually have lunch and dinner with my customers.

D: 常喝飲料嗎？汽水，咖啡，或是茶？

問診手冊

D: 常喝饮料吗？汽水，咖啡，或是茶？
D: cháng hē yǐnliào ma? qìshuǐ, kāfēi, huòshì chá?
D: Do you drink coke, coffee, or tea?

P: 我早上喝咖啡，工作時咖啡和可樂都不能少．不喝茶．
P: 我早上喝咖啡，工作时咖啡和可乐都不能少．不喝茶．
P: wǒ zǎoshang hē kāfēi, gōngzuò shí kāfēi hé kě lèdū bùnéng shǎo. bù hēchá.
P: I drink coffee in the morning, and I always drink coke and coffee during work. I do not drink tea.

D: 你多久運動一次？都做甚麼運動？
D: 你多久运动一次？都做甚么运动？
D: nǐ duōjiǔ yùndòng yīcì? dōu zuò shénme yùndòng?
D: How often do you exercise? What kind of exercises do you do?

P: 我哪有時間運動，頂多在辦公室之間走動．
P: 我哪有时间运动，顶多在办公室之间走动．
P: wǒ nǎ yǒu shíjiān yùndòng, dǐngduō zài bàngōngshì zhījiān zǒudòng.
P: I have no time to exercise, unless walking from office to office counts.

D: 可以談談你的工作嗎？工作壓力很大嗎？
D: 可以谈谈你的工作吗？工作压力很大吗？
D: kěyǐ tántán nǐde gōngzuò ma? gōngzuò yālì hěndà ma?
D: Can we discuss your job? Do you feel lots of pressure from your job?

P: 我是半導體公司的銷售主管，每個月幾乎都要飛一次亞洲，每天工作十二小時以上，你覺得壓力會小嗎？
P: 我是半导体公司的销售主管，每个月几乎都要飞一次亚洲，每天工作十二小时以上，你觉得压力会小吗？
P: wǒ shì bàndǎotǐ gōngsī de xiāoshòu zhǔguǎn, měi gè yuè jīhū dōu yào fēi yīcì yàzhōu, měitiān gōngzuò shíèr xiǎoshí yǐshàng, nǐ juéde yālì huì xiǎo ma?
P: I am a sales manager in a semiconductor company. I fly to Asia almost once a month. I have to work more than 12 hours a day. Do you think that my work would not be stressful?

D: 你對你的工作滿意嗎？
D: 你对你的工作满意吗？
D: nǐ duì nǐde gōngzuò mǎnyì ma?
D: Are you satisfied with your current job?

P: 只有把業績做更大老闆才滿意．
P: 只有把业绩做更大老板才满意．
P: zhǐyǒu bǎ yèjì zuò gèng dà lǎobǎn cái mǎnyì.
P: The boss will be happy only when sales increase.

D: 體重呢？
D: 体重呢？
D: tǐzhòng ne?

D: How about your weight?

P: 哈哈,體重當然不滿意.
P: 哈哈,体重当然不满意.
P: hāhā, tǐzhòng dāngrán bù mǎnyì.
P: Haha, I am definitely not satisfied with my weight.

D: 為了確定你B型肝炎是否被控制,我建議你做個<u>肝功能檢查</u>,<u>B肝的化驗和病毒基因量</u>,和<u>腹腔超音波檢查</u>.
D: 为了确定你B型肝炎是否被控制,我建议你做个<u>肝功能检查</u>,<u>B肝的化验和病毒基因量</u>,和<u>腹腔超音波检查</u>.
D: wèile quèdìng nǐ B xíng gānyán shìfǒu bèi kòngzhì, wǒ jiànyì nǐ zuò gè gān gōngnéng jiǎnchá, B gān de huàyàn hé bìngdú jīyīn liáng, hé fùqiāng chāoyīnbō jiǎnchá.
D: I suggest getting <u>liver function tests</u>, a <u>Hepatitis B viral panel</u> and <u>viral load</u>, and an <u>abdominal ultrasound</u> done to ensure your Hepatitis B is adequately controlled.

Vocabulary 單字單詞

腸胃科	肠胃科	chángwèikē	Gastroenterology
疲勞	疲劳	píláo	Fatigue
膽固醇	胆固醇	dǎngùchún	Cholesterol
空腹血糖	空腹血糖	kōngfùxuètáng	Fasting blood sugar
甘油三酸酯	甘油三酸酯	gānyóusānsuānzhī	Triglyceride
超標	超标	chāobiāo	Above normal range
諮詢	咨询	zīxún	Counseling
病歷	病历	bìnglì	Medical record
慢性病	慢性病	mànxìngbìng	Chronic disease
糖尿病	糖尿病	tángniàobìng	Diabetes mellitus
腎臟病	肾脏病	shènzàngbìng	Kidney disease
心血管疾病	心血管疾病	xīnxuěguǎnjíbìng	Cardiovascular disease
腦血管疾病	脑血管疾病	nǎoxuěguǎnjíbìng	Cerebrovascular disease
肝病	肝病	gānbìng	Liver disease
乙肝病毒攜帶者	乙肝病毒携带者	Yǐgānbìngdú xiédàizhě	Hepatitis B carrier
B肝	B肝	B gān	Hepatitis B
乙肝	乙肝	yǐgān	Hepatitis B
乙型肝炎	乙型肝炎	yǐxínggānyán	Hepatitis B
B型肝炎	B型肝炎	B xínggānyán	Hepatitis B
疾病	疾病	jíbìng	Medical condition
診斷	诊断	zhěnduàn	Diagnose
住院治療	住院治疗	zhùyuànzhìliáo	Hospitalization
捐血	捐血	juānxuè	Blood donation
急診室	急诊室	jízhěnshì	Emergency room, emergency department

膽結石	胆结石	dǎnjiéshí	Gallstone
肝癌	肝癌	gān'ái	Liver cancer
肝炎	肝炎	gānyán	Hepatitis
垂直傳染	垂直传染	chuízhí chuánrǎn	Vertical transmission
遺傳病	遗传病	yíchuánbìng	Genetic disease
心臟病	心脏病	xīnzàngbìng	Heart disease
自然死亡	自然死亡	zìránsǐwáng	Natural death
高血壓	高血压	gāoxuěyā	Hypertension
癌症	癌症	áizhèng	Cancer
胰臟癌	胰脏癌	yízàngái	Pancreatic cancer
子宮癌	子宫癌	zǐgōngái	Uterine cancer
肺癌	肺癌	fèi'ái	Lung cancer
肝功能檢查	肝功能检查	gāngōngnéng jiǎnchá	Liver function test
B肝的化驗	B肝的化验	B gān de huàyàn	Hepatitis B viral panel
病毒基因量	病毒基因量	bìngdú jīyīn liáng	Viral load
腹腔超音波	腹腔超音波	fùqiāngchāoyīnbō	Abdominal ultrasound
超音波	超音波	chāoyīnbō	Ultrasound
超聲波	超声波	chāoshēngbō	Ultrasound

Lesson 4: 7mo year old female with diarrhea
7個月女性，腹瀉

Chief Complaint

D: 妳好，我是小兒科吳醫生，請問妳的女兒今天哪裡不舒服？
D: 妳好，我是小儿科吴医生，请问妳的女儿今天哪里不舒服？
D: nǐhǎo, wǒ shì xiǎoérkē wú yīshēng, qǐngwèn nǐde nǚér jīntiān nǎlǐ bù shūfu?
D: Hi, I am Dr. Wu from Pediatrics. Why is your daughter here today?

P: 醫生，她從昨天下午開始拉肚子、發燒。
P: 医生，她从昨天下午开始拉肚子、发烧。
P: yīshēng, tā cóng zuótiān xiàwǔ kāishǐ lādùzi, fāshāo.
P: Doctor, she started having diarrhea and fever yesterday afternoon.

History of Present Illness

D: 妳有量她的體溫嗎？怎麼量的？
D: 妳有量她的体温吗？怎么量的？
D: nǐ yǒu liáng tāde tǐwēn ma? zěnme liáng de?
D: Did you measure her temperature? How did you measure it?

P: 一百度，我用肛門溫度計量的。
P: 一百度，我用肛门温度计量的。
P: yī bǎidù, wǒ yòng gāngmén wēndù jìliàng de.
P: It was 100 degrees. I measured it with a rectal thermometer.

D: 妳有餵她吃藥嗎？
D: 妳有喂她吃药吗？
D: nǐ yǒu wéi tā chīyào ma?
D: Did you give her any medications?

P: 我給了她一些泰諾，之後她就退燒了。
P: 我给了她一些泰诺，之后她就退烧了。
P: wǒ gěi le tā yīxiē tàinuò, zhīhòu tā jiù tuìshāo le.
P: I gave her some Tylenol, and her fever subsided.

D: 妳幫她換了幾次尿布？
D: 妳帮她换了几次尿布？
D: nǐ bāng tā huàn le jǐ cì niàobù?
D: How many wet diapers did she have yesterday?

P: 從昨天下午到現在拉了八次。
P: 从昨天下午到现在拉了八次。
P: cóng zuótiān xiàwǔ dào xiànzài lā le bā cì.
P: Eight times since yesterday afternoon.

問診手冊

D: 都是什麼顏色？
D: 都是什么颜色？
D: dōu shì shénme yánsè?
D: What color was it?

P: 開始是淡黃色，後來像水一樣．
P: 开始是淡黄色，后来像水一样．
P: kāishǐ shì dàn huángsè, hòulái xiàng shuǐ yīyàng.
P: At the beginning, it was light yellow; later it was like water.

D: 她的胃口怎麼樣？
D: 她的胃口怎么样？
D: tāde wèikǒu zěnmeyàng?
D: How has her appetite been?

P: 早上和中午各六盎斯奶，開始拉肚子以後只餵了蘋果汁．
P: 早上和中午各六盎斯奶，开始拉肚子以后只喂了苹果汁．
P: zǎoshang hé zhōngwǔ gè liù àngsī nǎi, kāishǐ lādùzi yǐhòu zhī wéi le píngguǒzhī.
P: Six ounce of milk both in the morning and afternoon, but only apple juice after she started having the diarrhea.

D: 你餵母乳還是奶粉，還是兩種都用？
D: 你喂母乳还是奶粉，还是两种都用？
D: nǐ wéi mǔrǔ háishi nǎifěn, háishi liǎng zhòng dōu yòng?
D: Were you breastfeeding, using formula, or both?

P: 通常是母乳，不夠時才用奶粉，昨天都是母乳．
P: 通常是母乳，不够时才用奶粉，昨天都是母乳．
P: tōngcháng shì mǔrǔ, bùgòu shí cái yòng nǎifěn, zuótiān dōu shì mǔrǔ.
P: I am breastfeeding; if it is not enough, I will give her formula. She was breastfed yesterday.

D: 她還有甚麼其他的症狀？有嘔吐嗎？精神好嗎？
D: 她还有甚么其他的症状？有呕吐吗？精神好吗？
D: tā háiyǒu shénme qítāde zhèngzhuàng? yǒu ǒutù ma? jīngshén hǎo ma?
D: Does she have any other symptoms? Vomiting? How are her energy levels?

P: 昨天吐了一兩次奶，精神不是很好，睡得很多．
P: 昨天吐了一两次奶，精神不是很好，睡得很多．
P: zuótiān tǔle yī liǎng cì nǎi, jīngshén búshi hěn hǎo, shuì dé hěnduō.
P: She vomited a couple of times yesterday. She was not energetic and was sleeping most of the time.

D: 她周圍有人生病嗎？譬如說在托兒所．
D: 她周围有人生病吗？譬如说在托儿所．
D: tā zhōuwéi yǒurén shēngbìng ma? pìrúshuō zài tuōérsuǒ.
D: Has anyone around her been sick, for example at a daycare?

P: 托兒所有小孩也生病了，不過我不清楚他們都有些什麼症狀。
P: 托儿所有小孩也生病了，不过我不清楚他们都有些什么症状。
P: tuōér suǒyǒu xiǎohái yě shēngbìng le, bùguò wǒ bù qīngchu tāmen dōu yǒuxiē shénme zhèngzhuàng.
P: Some of the other children in daycare have been sick as well, but I don't know what their symptoms are.

Pediatric History: Birth, Development, Immunization

D: 她有兄弟姊妹嗎？他們都健康嗎？有沒有<u>遺傳性疾病</u>？
D: 她有兄弟姊妹吗？他们都健康吗？有没有<u>遗传性疾病</u>？
D: tā yǒu xiōngdì zǐmèi ma? tāmen dōu jiànkāng ma? yǒu méiyǒu yíchuánxìng jíbìng?
D: Does she have any siblings? Are they all healthy, and do any of them have any <u>genetic diseases</u>?

P: 她有個三歲的哥哥，他都很健康。
P: 她有个三岁的哥哥，他都很健康。
P: tā yǒu gè sānsuì de gēge, tā dōu hěn jiànkāng.
P: She has a brother who is 3 years old. He has been healthy.

D: 妳懷孕期間有任何<u>併發症</u>嗎？生產時呢？她是<u>足月</u>寶寶嗎？是<u>自然產</u>嗎？
D: 妳怀孕期间有任何<u>并发症</u>吗？生产时呢？她是<u>足月</u>宝宝吗？是<u>自然产</u>吗？
D: nǐ huáiyùn qījiān yǒu rènhé bìngfāzhèng ma? shēngchǎn shí ne? tā shì zúyuè bǎobǎo ma? shì zìránchǎn ma?
D: Did you have any <u>complications</u> during pregnancy? How about delivery? Was she <u>full term</u>? Was it a <u>vaginal delivery</u>?

P: 懷孕和生產期間都沒有併發症。她是足月兒，是自然產的。
P: 怀孕和生产期间都没有并发症。她是足月儿，是自然产的。
P: huáiyùn hé shēngchǎn qījiān dōu méiyǒu bìngfāzhèng. tā shì zúyuè ér, shì zìrán chǎn de.
P: There were no complications during pregnancy or delivery. She was a full term vaginal delivery.

D: 她出生時的<u>身高</u>、<u>體重</u>、<u>頭圍</u>都在正常範圍裡嗎？她的成長和預期的一樣嗎？
D: 她出生时的<u>身高</u>、<u>体重</u>、<u>头围</u>都在正常范围里吗？她的成长和预期的一样吗？
D: tā chūshēng shí de shēngāo, tǐzhòng, tóuwéi dōu zài zhèngcháng fànwéi lǐ ma? tāde chéngzhǎng hé yùqī de yīyàng ma?
D: Were her birth <u>weight</u>, <u>length</u>, and <u>head circumference</u> normal? Has her growth been as anticipated?

P: 這些指標出生時和在健康檢查時全部都正常。
P: 这些指标出生时和在健康检查时全部都正常。
P: zhèxiē zhǐbiāo chūshēng shí hé zài jiànkāng jiǎnchá shí quánbù dōu zhèngcháng.
P: All of these measurements have been normal at birth and her regular checkups.

D: 她最後一個<u>健康檢查</u>是什麼時候？她有定期施打疫苗嗎？她都有達到<u>嬰兒發展里程碑</u>嗎？

D: 她最后一个健康检查是什么时候？她有定期施打疫苗吗？她都有达到婴儿发展里程碑吗？
D: tā zuìhòu yīgè jiànkāng jiǎnchá shì shénme shíhou? tā yǒu dìngqī shīdǎ yìmiáo ma? tā dōu yǒu dádào yīngér fāzhǎn lǐchéngbēi ma?
D: When was her last regular checkup with her pediatrician? Has she been getting all of her vaccinations? Has she met all of her milestones?

P: 我們才去六個月的健康檢查。她都有打疫苗，也達成了嬰兒發展里程碑。
P: 我们才去六个月的健康检查。她都有打疫苗，也达成了婴儿发展里程碑。
P: wǒmen cái qù liù gè yuè de jiànkāng jiǎnchá. tā dōu yǒu dǎ yìmiáo, yě dáchéng le yīngér fāzhǎn lǐchéngbēi.
P: We just went to her six month checkup. She has been getting all of her vaccinations and meeting her milestones.

D: 這很有可能是胃炎。因為她的胃口不錯，我能放心的讓她回家。如果她開始發高燒，無法控制拉肚子，胃口不好，或者沒精神，請給我們打個電話或去急診室。
D: 这很有可能是胃炎。因为她的胃口不错，我能放心的让她回家。如果她开始发高烧，无法控制拉肚子，胃口不好，或者没精神，请给我们打个电话或去急诊室。
D: zhè hěn yǒu kěnéng shì wèiyán. yīnwèi tāde wèikǒu bùcuò, wǒ néng fàngxīn de ràng tā huíjiā. rúguǒ tā kāishǐ fā gāoshāo, wúfǎ kòngzhì lādùzi, wèikǒu bùhǎo, huòzhě méi jīngshén, qǐng gěi wǒmen dǎ gè diànhuà huò qù jízhěnshì.
D: This sounds like enteritis. I feel comfortable letting her go home as long as she continues to feed well. If she develops a high fever, has uncontrollable diarrhea, is not feeding well, or becomes less active, please give us a call or go to the emergency room.

Vocabulary 單字單詞

小兒科	小儿科	xiǎoérkē	Pediatrics
拉肚子	拉肚子	lādùzi	Diarrhea
發燒	发烧	fāshāo	Fever
肛門溫度計	肛门温度计	gāngmén wēndùjì	Rectal thermometer
退燒	退烧	tuìshāo	Bring down a fever
換了幾次尿布	换尿布	huànniàobù	Wet diaper
餵母乳	喂母乳	wèimǔrǔ	Breastfeeding
奶粉	奶粉	nǎifěn	Formula
嘔吐	呕吐	ǒutù	Vomit, emesis
托兒所	托儿所	tuōérsuǒ	Daycare
遺傳性疾病	遗传性疾病	yíchuánxìng jíbìng	Genetic disease
併發症	并发症	bìngfāzhèng	Complication
足月	足月	zúyuè	Full term pregnancy
自然產	自然产	zìránchǎn	Vaginal delivery
體重	体重	tǐzhòng	Weight
身高	身高	shēngāo	Height, Length (Peds)
頭圍	头围	tóuwéi	Head circumference
健康檢查	健康检查	jiànkāng jiǎnchá	Regular checkup

嬰兒發展里程碑	婴儿发展里程碑	yīngér fāzhǎn lǐchéngbēi	Developmental milestones
疫苗	疫苗	yìmiáo	Vaccine
胃炎	胃炎	wèiyán	Enteritis
高燒	高烧	gāoshāo	High fever
無法控制	无法控制	wúfǎ kòngzhì	Uncontrollable
急診室	急诊室	jízhěnshì	Emergency room, emergency department

Supplemental Vocabulary 未出現相關單字

腋下	腋下	yìxià	Armpit, axilla
核黃疸	核黄疸	héhuángdǎn	Kernicterus

Lesson 5: 1 year old male with cough, fever, and rash
1歲男性，咳嗽，發燒，皮疹

Chief Complaint

D: 你好，我是小兒科鄭醫生，請問妳的小寶寶哪裡不舒服？
D: 你好，我是小儿科郑医生，请问妳的小宝宝哪里不舒服？
D: nǐhǎo, wǒ shì xiǎoérkē zhèng yīshēng, qǐngwèn nǐde xiǎo bǎobǎo nǎlǐ bù shūfu?
D: Hi, I am Dr. Cheng from Pediatrics. What brings your baby here today?

P: 他大前天開始發高燒，咳嗽，流鼻涕，紅眼症，胃口也不好。剛開始我以為是感冒，今天早上身體開始出疹子。
P: 他大前天开始发高烧，咳嗽，流鼻涕，红眼症，胃口也不好。刚开始我以为是感冒，今天早上身体开始出疹子。
P: tā dàqiántiān kāishǐ fā gāoshāo, késou, liú bítì, hóngyǎnzhèng, wèikǒu yě bùhǎo. gāng kāishǐ wǒ yǐwéi shì gǎnmào, jīntiān zǎoshang shēntǐ kāishǐ chū zhěnzi.
P: He has had a high fever, cough, runny nose, red eye, and a poor appetite since two days ago. I thought he caught a cold, but this morning I also saw a rash.

History of Present Illness

D: 疹子都在哪裡？
D: 疹子都在哪里？
D: zhěnzi dōu zài nǎlǐ?
D: Where is his rash?

P: 只在他的臉部，頸部，和胸腔的上半部。
P: 只在他的脸部，颈部，和胸腔的上半部。
P: zhī zài tāde liǎnbù, jǐngbù, hé xiōngqiāng de shàngbàn bù.
P: It is only on his face, neck, and upper trunk.

D: 最近有沒有旅行？
D: 最近有没有旅行？
D: zuìjìn yǒu méiyǒu lǚxíng?
D: Has he traveled recently?

P: 最近沒有，只去過紐約皇后區親戚家。
P: 最近没有，只去过纽约皇后区亲戚家。
P: zuìjìn méiyǒu, zhī qù guò niǔyuē huánghòuqū qīnqi jiā.
P: Not recently; we've only visited our relatives in Queens.

D: 他周圍的小朋友有沒有人生病？育兒園有人生病嗎？
D: 他周围的小朋友有没有人生病？育儿园有人生病吗？
D: tā zhōuwéi de xiǎopéngyǒu yǒu méiyǒu rén shēngbìng? yùéryuán yǒurén shēngbìng ma?
D: Are any of the children around him sick? How about anyone at his daycare center?

P: 托兒所有兩三個小朋友好幾天沒來了，大概也是生病了．
P: 托儿所有两三个小朋友好几天没来了，大概也是生病了．
P: tuōérsuǒ yǒu liǎng sān gè xiǎopéngyǒu hǎojǐ tiān méi lái le, dàgài yě shì shēngbìng le.
P: At the daycare center, there are a few kids who have not showed up for a few days. Maybe they are sick, too.

Pediatric History: Development, Immunization

D: 請把他的疫苗接種記錄卡給我看一下．最近打了什麼疫苗？
D: 请把他的疫苗接种记录卡给我看一下．最近打了什么疫苗？
D: qǐng bǎ tāde yìmiáo jiēzhòng jìlù kǎ gěi wǒ kàn yīxià. zuìjìn dǎ le shénme yìmiáo?
D: Please show me his immunization record. What vaccines has he received recently?

P: 小兒麻痺，白百破，乙肝，等．所有該打的疫苗他都有按時打，最近打了水痘疫苗．
P: 小儿麻痹，白百破，乙肝，等．所有该打的疫苗他都有按时打，最近打了水痘疫苗．
P: xiǎoérmábì, bái bǎi pò, yǐgān, děng. suǒyǒu gāi dǎdī yìmiáo tā dōu yǒu ànshí dǎ, zuìjìn dǎ le shuǐdòu yìmiáo.
P: He has gotten all of his vaccines on time, including the Polio, DTaP, and Hepatitis B vaccines. Recently he got the chickenpox vaccine.

D: 他有去小兒科醫生那裡做一歲的健康檢查嗎？他有達成發展里程碑嗎？
D: 他有去小儿科医生那里做一岁的健康检查吗？他有达成发展里程碑吗？
D: tā yǒu qù xiǎoérkē yīshēng nàli zuò yīsuì de jiànkāng jiǎnchá ma? tā yǒu dáchéng fāzhǎn lǐchéngbēi ma?
D: Did he go to his 1 year checkup with his pediatrician? Has he been meeting all of his developmental milestones?

P: 有，他近期的疫苗都是在一歲的健康檢查打的．他都有達成嬰兒發展里程碑．
P: 有，他近期的疫苗都是在一岁的健康检查打的．他都有达成婴儿发展里程碑．
P: yǒu, tā jìnqī de yìmiáo dōu shì zài yīsuì de jiànkāng jiǎnchá dǎdī. tā dōu yǒu dáchéng yīngér fāzhǎn lǐchéngbēi.
P: Yes, that's when he got his most recent vaccinations. He has been meeting all of his milestones.

D: 他確實有發燒，我也看到了疹子和結膜炎．加上妳描述的症狀，我擔心他得了麻疹．他必須被隔離，我得抽血，驗尿，和做咽喉拭子來測試他有沒有得麻疹．
D: 他确实有发烧，我也看到了疹子和结膜炎．加上妳描述的症状，我担心他得了麻疹．他必须被隔离，我得抽血，验尿，和做咽喉拭子来测试他有没有得麻疹．
D: tā quèshí yǒu fāshāo, wǒ yě kàndào le zhěnzi hé jiémóyán. jiāshàng nǐ miáoshù de zhèngzhuàng, wǒ dānxīn tā déle mázhěn. tā bìxū bèi gélí, wǒ dé chōuxuě, yàn niào, hé zuò yānhóu shìzǐ lái cèshì tā yǒu méiyǒu dé mázhěn.
D: He does have a fever, and I am seeing the rash and conjunctivitis. Along with your description of his symptoms, I am worried that he might have measles. He will need to be isolated, and I will need to obtain blood, urine, and a throat swab to test for measles.

Vocabulary 單字單詞

繁體	简体	Pinyin	English
小兒科	小儿科	xiǎoérkē	Pediatrics
發燒	发烧	fāshāo	Fever
咳嗽	咳嗽	késòu	Cough
流鼻涕	流鼻涕	liúbítì	Runny nose
紅眼症	红眼症	hóngyǎnzhèng	Red eye
胃口不好	胃口不好	wèikǒubùhǎo	Poor appetite
感冒	感冒	gǎnmào	Common cold
疹子	疹子	zhěnzi	Rash
臉部	脸部	liǎnbù	Face
頸部	颈部	jǐngbù	Neck
胸腔的上半部	胸腔的上半部	xiōngqiāng de shàngbànbù	Upper trunk
旅行	旅行	lǚxíng	Travel
育兒園	育儿园	yùéryuán	Daycare center
疫苗接種記錄卡	疫苗接种记录卡	yìmiáojiēzhòng jìlùkǎ	Immunization record card
疫苗	疫苗	yìmiáo	Vaccine
小兒麻痺	小儿麻痺	xiǎoérmábì	Polio
白百破	白百破	báibǎipò	DTaP, DPT
B肝	B肝	B gān	Hepatitis B
乙肝	乙肝	yǐgān	Hepatitis B
乙型肝炎	乙型肝炎	yǐxínggānyán	Hepatitis B
B型肝炎	B型肝炎	B xínggānyán	Hepatitis B
水痘	水痘	shuǐdòu	Chickenpox
健康檢查	健康检查	jiànkāng jiǎnchá	Checkup
發展里程碑	发展里程碑	fāzhǎn lǐchéngbēi	Developmental milestones
結膜炎	结膜炎	jiémóyán	Conjunctivitis
麻疹	麻疹	mázhěn	Measles
隔離	隔离	gélí	Isolation
抽血	抽血	chōuxuě	Blood test
驗尿	验尿	yànniào	Urine test
咽喉拭子	咽喉拭子	yānhóu shìzi	Throat swab

Supplemental Vocabulary 未出現相關單字

繁體	简体	Pinyin	English
破傷風	破伤风	pòshāngfēng	Tetanus
白喉	白喉	báihóu	Diphtheria
百日咳	百日咳	bǎirìké	Pertussis

Lesson 6: 8 year old female with allergic reaction
8歲女性，過敏

D: 妳好，我是急診室值班醫生郭醫生，請問她哪裡不舒服？
D: 妳好，我是急诊室值班医生郭医生，请问她哪里不舒服？
D: nǐhǎo, wǒ shì jízhěnshì zhíbān yīshēng guō yīshēng, qǐngwèn tā nǎlǐ bù shūfu?
D: Hi, I am Dr. Kuo, the on-call doctor from the Emergency Department. What brings you here today?

P: 我女兒去參加同學生日聚會，不知道吃了甚麼，不久就開始全身紅腫，不停的流鼻水和流眼淚。
P: 我女儿去参加同学生日聚会，不知道吃了甚么，不久就开始全身红肿，不停的流鼻水和流眼泪。
P: wǒ nǚér qù cānjiā tóngxué shēngrì jùhuì, bù zhīdào chī le shénme, bùjiǔ jiù kāishǐ quánshēn hóngzhǒng, bùtíng de liúbíshuǐ hé liúyǎnlèi.
P: My daughter went to a birthday party; after eating some unknown food, her whole body was flushed and swollen, and she had a runny nose and watery eyes.

D: 這是多久以前的事？
D: 这是多久以前的事？
D: zhè shì duōjiǔ yǐqián de shì?
D: When did this happen?

P: 大約半小時以前。
P: 大约半小时以前。
P: dàyuē bàn xiǎoshí yǐqián.
P: About half an hour ago.

D: 她有沒有呼吸困難或氣喘？
D: 她有没有呼吸困难或气喘？
D: tā yǒuméiyǒu hūxī kùnnan huò qìchuǎn?
D: Did she have any difficulty breathing or wheezing?

P: 沒有。
P: 没有。
P: méiyǒu.
P: No.

D: 以前有過這種情況嗎？她有哮喘嗎？
D: 以前有过这种情况吗？她有哮喘吗？
D: yǐqián yǒu guò zhèzhǒng qíngkuàng ma? tā yǒu xiàochuǎn ma?
D: Has this happened before? Does she have asthma?

P: 她沒有哮喘，一年以前有類似情況，也是送到急診室，才診斷出她對花生類食物過敏，不過上一次全身沒有腫成這樣。

P: 她没有哮喘，一年以前有类似情况，也是送到急诊室，才诊断出她对花生类食物过敏，不过上一次全身没有肿成这样．

P: tā méiyǒu xiàochuǎn, yīnián yǐqián yǒu lèisì qíngkuàng, yě shì sòng dào jízhěnshì cái zhěnduàn chū tā duì huāshēng lèi shíwù guòmǐn, bùguò shàng yīcì quánshēn méiyǒu zhǒng chéng zhèyàng.

P: She does not have asthma. She had similar symptoms before, and I brought her to the emergency room one year ago, but her body was not swollen like this. They found out that she was allergic to peanuts.

D: 她對任何其他食物過敏嗎？
D: 她对任何其他食物过敏吗？
D: tā duì rènhé qítā shíwù guòmǐn ma?
D: Is she allergic to any other food?

P: 她只對花生類食物過敏，我也特別交代參加聚會的家長，她自己平時也很小心．
P: 她只对花生类食物过敏，我也特别交代参加聚会的家长，她自己平时也很小心．
P: tā zhī duì huāshēng lèi shíwù guòmǐn, wǒ yě tèbié jiāodài cānjiā jùhuì de jiāzhǎng, tā zìjǐ píngshí yě hěn xiǎoxīn.
P: She is only allergic to peanuts. I specifically reminded the parents at the party, and she is very careful about her food.

D: 她有沒有隨身帶著腎上腺素注射劑？
D: 她有没有随身带着肾上腺素注射剂？
D: tā yǒu méiyǒu suíshēn dài zhe shènshàngxiànsù zhùshèjì?
D: Does she carry an Epi-pen with her?

P: 平常有，可是今天沒有．
P: 平常有，可是今天没有．
P: píngcháng yǒu, kěshì jīntiān méiyǒu.
P: Usually she carries it, but she didn't bring one with her today.

D: 她的生命徵象穩定，包括血氧飽和度和血壓．她呼吸時沒使用呼吸輔助肌，我也沒聽到喘鳴或哮鳴．她需要氧療，激素，和抗組織胺藥，然後留在急診室觀察一段時間．
D: 她的生命征象稳定，包括血氧饱和度和血压．她呼吸时没使用呼吸辅助肌，我也没听到喘鸣或哮鸣．她需要氧疗，激素，和抗组织胺药，然后留在急诊室观察一段时间．
D: tāde shēngmìng zhēngxiàng wěndìng, bāokuò xuěyǎng bǎohédù hé xuěyā. tā hūxī shí méi shǐyòng hūxī fǔzhù jī, wǒ yě méi tīngdào chuǎnmíng huò xiàomíng. tā xūyào yǎngliáo, jīsù, hé kàng zǔzhīàn yào, ránhòu liú zài jízhěnshì guānchá yīduàn shíjiān.
D: Her vital signs are stable, including her oxygen saturation and blood pressure. She is not using accessory muscles to breathe, and I hear no stridor or wheezing. I will give her some oxygen, steroids, and antihistamines, and observe her for some time in the emergency room.

Vocabulary 單字單詞

| 值班醫生 | 值班医生 | zhíbānyīshēng | On-call doctor |

急診室	急诊室	jízhěnshì	Emergency room, emergency department
全身紅腫	全身红肿	quánshēnhóngzhǒng	Whole body flushed and swollen
流眼淚	流眼泪	liúyǎnlèi	Watery eyes
流鼻水	流鼻水	liúbíshuǐ	Runny nose
呼吸困難	呼吸困难	hūxīkùnnán	Difficulty breathing
氣喘	气喘	qìchuǎn	Wheezing (verb)
哮喘	哮喘	xiàochuǎn	Asthma
過敏	过敏	guòmǐn	Allergy
腎上腺素注射劑	肾上腺素注射剂	shènshàngxiànsù zhùshèjì	Epi-pen
生命徵象	生命征象	shēngmìng zhēngxiàng	Vital signs
穩定	稳定	wěndìng	Stable
血氧飽和度	血氧饱和度	xuěyǎng bǎohédù	Oxygen saturation
血壓	血压	xuěyā	Blood pressure
呼吸輔助肌	呼吸辅助肌	hūxī fǔzhù jī	Accessory muscles
喘鳴	喘鸣	chuǎnmíng	Stridor
哮鳴	哮鸣	xiàomíng	Wheezing (noun)
氧療	氧疗	yǎngliáo	Supplemental oxygen
激素	激素	jīsù	Steroid
抗組織胺藥	抗组织胺药	kàng zǔzhīàn yào	Antihistamine
觀察	观察	guānchá	Observation

Supplemental Vocabulary 未出現相關單字

血壓低	血压低	xuěyādī	Low blood pressure
造影劑	造影剂	zàoyǐngjì	Contrast agent

Lesson 7:   13 year old male with anemia
13歲男性，貧血

Chief Complaint

D: 我是小兒科魏醫生，請問你今天為什麼來這裡？
D: 我是小儿科魏医生，请问你今天为什么来这里？
D: wǒ shì xiǎoérkē wèi yīshēng. qǐngwèn nǐ jīntiān wèishénme lái zhèlǐ?
D: I am Dr. Wei from Pediatrics. What brings you here today?

M: 我們一個月前才從芝加哥搬過來的，我在幫我的兒子找一個新的小兒科醫生。我們搬家前，我兒子才驗過血，報告顯示他有輕微貧血。他小時候得過地中海貧血，後來治好了。除了這以外，他都很好，只是在學校註冊之前有一些表格需要簽名。
M: 我们一个月前才从芝加哥搬过来的，我在帮我的儿子找一个新的小儿科医生。我们搬家前，我儿子才验过血，报告显示他有轻微贫血。他小时候得过地中海贫血，后来治好了。除了这以外，他都很好，只是在学校注册之前有一些表格需要签名。
M: wǒmen yīgè yuè qián cái cóng zhījiāgē bān guòlái de, wǒ zài bāng wǒde érzi zhǎo yīgè xīn de xiǎoérkē yīshēng. wǒmen bānjiā qián, wǒ érzi cái yàn guò xuě, bàogào xiǎnshì tā yǒu qīngwēi pínxuě. tā xiǎoshíhou dé guò dìzhōnghǎi pínxuě, hòulái zhì hǎo le. chúle zhè yǐwài, tā dōu hěn hǎo, zhǐshì zài xuéxiào zhùcè zhīqián yǒu yīxiē biǎogé xūyào qiānmíng.
M: We just moved here from Chicago a month ago and were looking for a new pediatrician for my son. Right before we moved, he had a blood test that showed he is mildly anemic. He had Thalassemia when he was a child but was cured later. Otherwise, he is feeling fine, and just needs to get some forms signed before he can enroll in school.

D: 沒問題！歡迎來到紐約！我一定會把妳需要的文件簽好名。我可以和妳的兒子單獨談幾分鐘並問些問題嗎？好了之後會請妳回來。
D: 没问题！欢迎来到纽约！我一定会把妳需要的文件签好名。我可以和妳的儿子单独谈几分钟并问些问题吗？好了之后会请妳回来。
D: méi wèntí! huānyíng láidào niǔyuē! wǒ yīdìng huì bǎ nǐ xūyào de wénjiàn qiān hǎo míng. wǒ kěyǐ hé nǐde érzi dāndú tán jǐ fēnzhōng, bìng wèn xiē wèntí ma? hǎo le zhīhòu huì qǐng nǐ huílai.
D: Sure! Welcome to New York! I'll definitely get all of the paperwork you need signed. Can I have a few minutes alone with your son and ask him some questions? I'll call you back when we are finished.

M: 好。
M: 好。
M: hǎo.
M: OK.

Pediatric History: Adolescent HEADSS assessment

D: 你現在住哪裡？住在什麼樣的建築裡？
D: 你现在住哪里？住在什么样的建筑里？
D: nǐ xiànzài zhù nǎlǐ? zhù zài shénmeyàng de jiànzhù lǐ?

Mastering Clinical Conversation

D: Where do you live? In what type of building do you live? (Home)

P: 我和我爸爸媽媽住在布朗克斯區的一個公寓裡．
P: 我和我爸爸妈妈住在布朗克斯区的一个公寓里．
P: wǒ hé wǒ bàba māma zhù zài bùlǎng kè sī qū de yīgè gōngyù lǐ.
P: I live in the Bronx in an apartment with my mom and dad.

D: 你打算到哪裡上學，要上幾年級？你學校成績怎麼樣？你有沒有<u>個性化教育計劃</u>？畢業以後有什麼打算？
D: 你打算到哪里上学，要上几年级？你学校成绩怎么样？你有没有<u>个性化教育计划</u>？毕业以后有什么打算？
D: nǐ dǎsuàn dào nǎlǐ, shàngxué yào shàng jǐ niánjí? nǐ xuéxiào chéngjì zěnmeyàng? nǐ yǒu méiyǒu gèxìnghuà jiàoyù jìhuà? bìyè yǐhòu yǒu shénme dǎsuàn?
D: Where are you planning on going to school, and what grade will you be in? How have you been doing in school? Do you have an <u>individualized education plan</u>? What are your plans after finishing school? (Education)

P: 我將在公立初中上七年級．我在普通班，成績通常都是Ａ或Ｂ．我將來想當個工程師．
P: 我将在公立初中上七年级．我在普通班，成绩通常都是Ａ或Ｂ．我将来想当个工程师．
P: wǒ jiāng zài gōnglì chūzhōng shàng qī niánjí. wǒ zài pǔtōng bān chéngjì tōngcháng dōu shì A huò B. wǒ jiānglái xiǎng dāng gè gōngchéngshī.
P: I am starting 7th grade in public middle school. I am in regular classes. I usually get A's and B's. I want to become an engineer in the future.

D: 你有些什麼嗜好？你和朋友都做些什麼？你參加任何社團活動嗎？你參加體育活動嗎？你有沒有打工？
D: 你有些什么嗜好？你和朋友都做些什么？你参加任何社团活动吗？你参加体育活动吗？你有没有打工？
D: nǐ yǒuxiē shénme shìhào? nǐ hé péngyou dōu zuò xiē shénme? nǐ cānjiā rènhé shètuán huódòng ma? nǐ cānjiā tǐyù huódòng ma? nǐ yǒu méiyǒu dǎgōng?
D: What are your hobbies? What do you do with your friends? Are you in any clubs? Do you play sports? Do you have a job? (Activities)

P: 我喜歡打乒乓球．小學時我參加乒乓球社團，我大部分的朋友都是在那裡認識的．我們有時候會一起去看電影．我的父母不讓我打工．
P: 我喜欢打乒乓球．小学时我参加乒乓球社团，我大部分的朋友都是在那里认识的．我们有时候会一起去看电影．我的父母不让我打工．
P: wǒ xǐhuan dǎ pīngpāngqiú. xiǎoxué shí wǒ cānjiā pīngpāngqiú shètuán, wǒ dàbùfen de péngyou dōu shì zài nàli rènshi de. wǒmen yǒushíhou huì yīqǐ qù kàn diànyǐng. wǒde fùmǔ bù ràng wǒ dǎgōng.
P: I enjoy playing ping pong. In elementary school, I was in the ping pong club, where I made most of my friends. Sometimes, we go out to watch movies. My parents won't let me work.

D: 你覺得家裡和附近都安全嗎？家裡有沒有槍？
D: 你觉得家里和附近都安全吗？家里有没有枪？
D: nǐ juéde jiālǐ hé fùjìn dōu ānquán ma? jiālǐ yǒuméiyǒu qiāng?

問診手冊

D: Do you feel safe at home and in your neighborhood, and are there any guns at home? (Home)

P: 我覺得很安全。家裡沒槍。
P: 我觉得很安全。家里没枪。
P: wǒ juéde hěn ānquán. jiālǐ méi qiāng.
P: I feel safe. There are no guns at home.

D: 你的朋友裡有沒有人<u>吸菸</u>或<u>喝酒</u>？你認識吸菸或喝酒的同學嗎？你自己有試過嗎？試過<u>毒品</u>嗎？
D: 你的朋友里有没有人<u>吸烟</u>或<u>喝酒</u>？你认识吸烟或喝酒的同学吗？你自己有试过吗？试过<u>毒品</u>吗？
D: nǐde péngyou lǐ yǒuméiyǒu rén xīyān huò hējiǔ? nǐ rènshi xīyān huò hējiǔ de tóngxué ma nǐ zìjǐ yǒu shì guò ma shì guò dúpǐn ma?
D: Do any of your friends <u>smoke</u> or <u>drink</u>? Do you know anyone who smokes or drinks? Have you ever tried? Have you ever used <u>drugs</u>? (Drugs)

P: 我的朋友裡沒有人抽菸，喝酒，或用毒品。可是我聽說在我前一所學校有同學做這些事。我自己絕不會試這些事。因為我做過骨髓移植，我會特別注意我的身體，不想要做任何傷害自己的事。
P: 我的朋友里没有人抽烟，喝酒，或用毒品。可是我听说在我前一所学校有同学做这些事。我自己绝不会试这些事。因为我做过骨髓移植，我会特别注意我的身体，不想要做任何伤害自己的事。
P: wǒde péngyou lǐ méi yǒurén chōuyān, hējiǔ, huò yòng dúpǐn. kěshì wǒ tīngshuō zài wǒ qián yī suǒ xuéxiào yǒu tóngxué zuò zhèxiē shì. wǒ zìjǐ juébù huìshì zhèxiē shì. yīnwèi wǒ zuò guò gǔsuǐyízhí, wǒ huì tèbié zhùyì wǒde shēntǐ bù xiǎngyào zuò rènhé shānghài zìjǐ de shì.
P: I didn't have any friends who smoked, drank, or used drugs, although I heard some people at my previous school did. I have never tried any of that. Because of my <u>bone marrow transplant</u> I pay extra attention to my body and don't want to do anything that would hurt it.

D: 你曾經離家出走過嗎？你有沒有傷心到想要傷害自己？你曾經試過<u>傷害自己</u>嗎？你現在有<u>不開心</u>嗎？
D: 你曾经离家出走过吗？你有没有伤心到想要伤害自己？你曾经试过<u>伤害自己</u>吗？你现在有<u>不开心</u>吗？
D: nǐ céngjīng lí jiā chū zǒuguò ma? nǐ yǒuméiyǒu shāngxīn dào xiǎngyào shānghài zìjǐ? nǐ céngjīng shì guò shānghài zìjǐ ma? nǐ xiànzài yǒu bù kāixīn ma?
D: Have you ever run away from home? Have you ever been so sad you thought about <u>hurting yourself</u>? Have you ever tried? Do you feel <u>sad</u> now? (Suicide)

P: 我沒離家出走過。我通常都很<u>快樂</u>，不會想傷害自己。
P: 我没离家出走过。我通常都很<u>快乐</u>，不会想伤害自己。
P: wǒ méi líjiāchūzǒu guò. wǒ tōngcháng dōu hěnkuài lè, bùhuì xiǎng shānghài zìjǐ.
P: No, I've never run away. I also am generally <u>happy</u> and wouldn't try to hurt myself.

D: 你約會過嗎？和男生，女生，還是兩者都有？你現在有交往對象嗎？你接吻過嗎？你曾經發生過<u>性</u>關係嗎？你有沒有做過<u>性</u>病或<u>愛滋</u>病的檢查？

Mastering Clinical Conversation

D: 你约会过吗？和男生，女生，还是两者都有？你现在有交往对象吗？你接吻过吗？你曾经发生过性关系吗？你有没有做过性病或爱滋病的检查？

D: nǐ yuēhuì guò ma? hé nánshēng, nǚshēng, háishi liǎngzhě dōu yǒu? nǐ xiànzài yǒu jiāowǎng duìxiàng ma? nǐ jiēwěn guò ma? nǐ céngjīng fāshēng guò xìngguānxi ma? nǐ yǒu méiyǒu zuò guò xìngbìng huò àizībìng de jiǎnchá?

D: Have you ever dated anyone? Boys, girls, or both? Are you dating anyone now? Have you ever kissed anyone? Have you ever had sex? Have you been tested for a sexually transmitted infection or HIV before? (Sex)

P: 我以前只和女生約會過，我們有接吻不過沒有發生性關係。我現在沒女朋友，不過也許我在新學校將會有一個。我從來沒做過性病的檢查。

P: 我以前只和女生约会过，我们有接吻不过没有发生性关系。我现在没女朋友，不过也许我在新学校将会有一个。我从来没做过性病的检查。

P: wǒ yǐqián zhī hé nǚshēng yuēhuì guò. wǒmen yǒu jiēwěn bùguò méiyǒu fāshēng xìngguānxi. wǒ xiànzài méi nǚpéngyou, bùguò yěxǔ wǒ zài xīn xuéxiào jiāng huì yǒu yīgè. wǒ cónglái méi zuò guò xìngbìng de jiǎnchá.

P: I have dated girls only in the past, and we kissed but didn't have sex. I don't have a girlfriend right now although maybe I will at my new school. I haven't been tested for any sexually transmitted diseases before.

D: 你有任何問題想問我嗎？如果沒有，我就要請你的母親回來了。
D: 你有任何问题想问我吗？如果没有，我就要请你的母亲回来了。
D: nǐ yǒu rènhé wèntí xiǎng wèn wǒ ma? rúguǒ méiyǒu wǒ jiùyào qǐng nǐde mǔqīn huílai le.
D: Do you have any questions for me? If not, I'm going to call your mom back in now.

P: 好。
P: 好。
P: hǎo.
P: OK.

D: 姜女士，我要把你的兒子推薦給血液腫瘤專科的彭醫生。他應該過幾天就能看您的兒子。
D: 姜女士，我要把你的儿子推荐给血液肿瘤专科的彭医生。他应该过几天就能看您的儿子。
D: jiāng nǚshì, wǒ yào bǎ nǐde érzi tuījiàn gěi xuěyì zhǒngliú zhuānkē de péng yīshēng. tā yīnggāi guò jǐ tiān jiù néng kàn nín de érzi.
D: Mrs. Jiang, I will refer your son to Dr. Peng, who is a Hematology/Oncology specialist, who should be able to see him in a few days.

Past Medical History

D: 嗨年輕人，我是血液腫瘤科彭醫生，請問你今天哪裡不舒服？
D: 嗨年轻人，我是血液肿瘤科彭医生，请问你今天哪里不舒服？
D: hāi niánqīngrén, wǒ shì xuěyì zhǒngliú kē péng yīshēng, qǐngwèn nǐ jīntiān nǎlǐ bù shūfu?
D: Hi, young man, I am Dr. Peng from Hematology/Oncology. What brings you here today?

M: 醫生，我兒子最近的驗血報告顯示他有輕微貧血，因為他小時候得過地中海貧血，後來治好了。為了慎重，他的小兒科醫生魏醫生建議我們來見你。

問診手冊

M: 医生，我儿子最近的验血报告显示他有轻微贫血，因为他小时候得过地中海贫血，后来治好了．为了慎重，他的小儿科医生魏医生建议我们来见你．
M: yīshēng, wǒ érzi zuìjìn de yànxuě bàogào xiǎnshì tā yǒu qīngwēi pínxuě, yīnwèi tā xiǎoshíhou dé guò dìzhōnghǎi pínxuě, hòulái zhì hǎo le. wèile shènzhòng, tāde xiǎoérkē yīshēng wèi yīshēng jiànyì wǒmen lái jiàn nǐ.
M: Hi, Doctor, My son's latest blood test report indicates that he is mildly anemic. He had Thalassemia when he was a child but later recovered. His pediatrician Dr. Wei recommended that we visit a specialist to make sure that there is nothing wrong.

D: 請你多講一點，他的病是怎麼痊癒的？
D: 请你多讲一点，他的病是怎么痊愈的？
D: qǐng nǐ duō jiǎng yīdiǎn, tāde bìng shì zěnme quányù de?
D: Please tell me more. Specifically, how did your son recover?

M: 三年前做了骨髓移植後，就逐漸康復，現在定期驗血追蹤．
M: 三年前做了骨髓移植后，就逐渐康复，现在定期验血追踪．
M: sān niánqián zuò le gǔsuǐyízhí hòu, jiù zhújiàn kāngfù, xiànzài dìngqī yànxuě zhuīzōng.
M: After he received a bone marrow transplant three years ago, he gradually recovered. Now he gets regular blood tests.

D: 骨髓是從哪裡來的？移植在哪家醫院做的？
D: 骨髓是从哪里来的？移植在哪家医院做的？
D: gǔsuǐ shì cóng nǎlǐ lái de? yízhí zài nǎ jiā yīyuàn zuò de?
D: From whom did the bone marrow come from? Where was the transplant done?

M: 骨髓是從哥哥身上來的，很幸運他們血型都是Ｏ負ＲＨ型，配對也成功．移植在芝加哥大學醫院做的．
M: 骨髓是从哥哥身上来的，很幸运他们血型都是Ｏ负ＲＨ型，配对也成功．移植在芝加哥大学医院做的．
M: gǔsuǐ shì cóng gēge shēnshang lái de, hěn xìngyùn tāmen xuěxíng dōu shì O fù RH xíng, pèiduì yě chénggōng. yízhí zài zhījiāgēdàxué yīyuàn zuò de.
M: The bone marrow came from his elder brother; luckily, they share the same blood type of O negative and were a good match. The transplant was done at the University of Chicago Medical Center.

D: 移植過程中或移植後有併發症嗎？譬如說，感染或植體對抗宿主反應疾病？
D: 移植过程中或移植后有并发症吗？譬如说，感染或植体对抗宿主反应疾病？
D: yízhí guòchéng zhōng huò yízhí hòu yǒu bìngfāzhèng ma? pìrúshuō, gǎnrǎn huò zhí tǐ duìkàng sùzhǔ fǎnyìng jíbìng?
D: Did he encounter any complications during or after the transplant, such as infection or Graft Versus Host Disease?

M: 移植過程都正常，移植後還是免不了有感染，他得了敗血症因為細菌是抗藥性的．經過醫療團隊的努力，兩星期後脫險．
M: 移植过程都正常，移植后还是免不了有感染，他得了败血症因为细菌是抗药性的．经过医疗团队的努力，两星期后脱险．

M: yízhí guòchéng dōu zhèngcháng, yízhí hòu háishi miǎnbùliǎo yǒu gǎnrǎn, tā déle báixuězhèng yīnwèi xìjūn shì kàngyàoxìng de. jīngguò yīliáo tuánduì de nǔlì, liǎng xīngqī hòu tuōxiǎn.

M: The transplant proceeded normally. There were some infections after the transplant, which became <u>sepsis</u> because the <u>bacteria</u> were <u>resistant to antibiotics</u>, but the <u>medical team</u> worked very hard for two weeks to help him <u>past the critical period</u>.

D: 他有在服用任何<u>免疫抑制劑</u>嗎？
D: 他有在服用任何<u>免疫抑制剂</u>吗？
D: tā yǒu zài fúyòng rènhé miǎnyì yìzhìjì ma?
D: Is he taking any <u>immunosuppressants</u>?

M: 沒有．
M: 没有．
M: méiyǒu.
M: No.

D: 有一位在骨髓移植<u>中心</u>就職的血液腫瘤科醫生<u>追蹤</u>您兒子的病情是很重要的，譬如說在我們的醫院．我很樂意當他的醫生，做<u>例行檢查</u>．我要請您簽這份<u>同意書</u>，這樣我可以向芝加哥大學醫院申請他的<u>病歷</u>．這應該幾天內就能完成，我看過他的病歷後會和您聯絡．

D: 有一位在骨髓移植<u>中心</u>就职的血液肿瘤科医生<u>追踪</u>您儿子的病情是很重要的，譬如说在我们的医院．我很乐意当他的医生，做<u>例行检查</u>．我要请您签这份<u>同意书</u>，这样我可以向芝加哥大学医院申请他的<u>病历</u>．这应该几天内就能完成，我看过他的病历后会和您联络．

D: yǒu yī wèi zài gǔsuǐyízhí zhōngxīn jiùzhí de xuěyì zhǒngliú kē yīshēng zhuīzōng nín érzi de bìngqíng shì hěn zhòngyào de, pìrúshuō zài wǒmen de yīyuàn. wǒ hěn lèyì dāng tāde yīshēng, zuò lìxíng jiǎnchá. wǒ yào qǐng nín qiān zhè fèn tóngyìshū, zhèyàng wǒ kěyǐ xiàng zhījiāgēdàxué yīyuàn shēnqǐng tāde bìnglì. zhè yīnggāi jǐ tiān nèi jiù néng wánchéng, wǒ kàn guò tāde bìnglì hòu huì hé nín liánluò.

D: It is important for your son to be <u>followed</u> by a Hematologist/Oncologist at a Bone Marrow Transplant <u>center</u> such as ours, and I'd be happy to see him for <u>routine checkups</u>. I am going to ask you to sign this <u>consent form</u> so that I can request all of your son's <u>medical records</u> from the University of Chicago Medical Center. This should be done in the next few days. I will review the records and be in contact with you soon.

Vocabulary 單字單詞

小兒科	小儿科	xiǎoérkē	Pediatrics
驗血	验血	yànxuě	Blood test
貧血	贫血	pínxiě	Anemia
地中海貧血	地中海贫血	dìzhōnghǎipínxiě	Thalassemia
治好	治好	zhìhǎo	Cured
個性化教育計劃	个性化教育计划	gèxìnghuà jiàoyù jìhuà	Individualized Education Plan
吸菸	吸烟	xīyān	Smoke
喝酒	喝酒	hējiǔ	Drink (alcohol)
毒品	毒品	dúpǐn	Drugs

骨髓移植	骨髓移植	gǔsuǐyízhí	Bone marrow transplant
傷害自己	伤害自己	shānghài zìjǐ	Hurt yourself
不開心	不开心	bùkāixīn	Unhappy
快樂	快乐	kuàilè	Happy
性關係	性关系	xìngguānxi	Sexual relations
性病	性病	xìngbìng	Sexually transmitted infection
愛滋病	艾滋病	àizībìng	HIV/AIDS
推薦	推荐	tuījiàn	Refer
血液科	血液科	xuěyèkē	Hematology
腫瘤科	肿瘤科	zhǒngliúkē	Oncology
腫瘤	肿瘤	zhǒngliú	Tumor
專科	专科	zhuānkē	Specialty
痊癒	痊愈	quányù	Fully recover
逐漸康復	逐渐康复	zhújiàn kāngfù	Gradually recover
定期驗血追蹤	定期验血追踪	dìngqíyànxuězhuīzōng	Regular blood testing
骨髓	骨髓	gǔsuǐ	Bone marrow
移植	移植	yízhí	Transplant
血型	血型	xuěxíng	Blood type
配對	配对	pèiduì	Match
併發症	并发症	bìngfāzhèng	Complication
感染	感染	gǎnrǎn	Infection
植體對抗宿主反應疾病	植体对抗宿主反应疾病	zhítǐ duìkàng sùzhǔ fǎnyìng jíbìng	Graft Versus Host Disease
敗血症	败血症	bàixuězhèng	Sepsis
細菌	细菌	xìjūn	Bacteria
抗藥性	抗药性	kàngyàoxìng	Resistant to antibiotics
醫療團隊	医疗团队	yīliáotuánduì	Medical team
脫險	脱险	tuōxiǎn	Pass the critical period
免疫抑制劑	免疫抑制剂	miǎnyì yìzhì jì	Immunosuppressant
追蹤	追踪	zhuīzōng	Follow
中心	中心	zhōngxīn	Center
例行檢查	例行检查	lìxíng jiǎnchá	Routine checkup
同意書	同意书	tóngyìshū	Consent form
病歷	病历	bìnglì	Medical record

Supplemental Vocabulary 未出現相關單字

血友病	血友病	xuěyǒubìng	Hemophilia
血源	血源	xuěyuán	Source of blood
溶血	溶血	róngxuě	Hemolysis

Lesson 8:   45 M with pneumonia
45 歲男性，肺炎

D: 你好，我是過敏免疫專科馮醫生，請問你今天哪裡不舒服？
D: 你好，我是过敏免疫专科冯医生，请问你今天哪里不舒服？
D: nǐhǎo, wǒ shì guòmǐn miǎnyì zhuānkē féng yīshēng, qǐngwèn nǐ jīntiān nǎlǐ bù shūfu?
D: Hi, I am Dr. Feng from Allergy and Immunology. What brings you here today?

P: 我上星期在國外時因為長期感冒，咳嗽，發燒都不好，去了急診室，經過診斷是輕微肺炎。那裡的醫生給我開藥並讓我回家，吃了藥頭三天病情是有好轉，不再發燒，咳嗽也好很多，可是昨天下午開始感到胸口有一點悶，氣也不是很順。今天開始頭痛還有點頭暈，也開始起疹子。
P: 我上星期在国外时因为长期感冒，咳嗽，发烧都不好，去了急诊室，经过诊断是轻微肺炎。那里的医生给我开药并让我回家，吃了药头三天病情是有好转，不再发烧，咳嗽也好很多，可是昨天下午开始感到胸口有一点闷，气也不是很顺。今天开始头痛还有点头晕，也开始起疹子。
P: wǒ shàngxīngqī zài guówài shí yīnwèi chángqī gǎnmào, késou, fāshāo, dōu bùhǎo, qù le jízhěnshì, jīngguò zhěnduàn shì qīngwēi fèiyán. nàli de yīshēng gěi wǒ kāiyào bìng ràng wǒ huíjiā, chī le yào tóu sān tiān bìngqíng shì yǒu hǎozhuǎn, bùzài fāshāo, késou yě hǎo hěnduō, kěshì zuótiān xiàwǔ kāishǐ gǎndào xiōngkǒu yǒu yīdiǎn mēn, qì yě búshi hěn shun. jīntiān kāishǐ tóutòng háiyǒu diǎn tóuyūn, yě kāishǐ qǐ zhěnzi.
P: Last week, I went to the emergency room while abroad because I had a cold, cough, and fever for a long time. The doctor there diagnosed me with pneumonia; he said it wasn't serious and sent me home with a prescription. My symptoms were relieved after I took the medicine for three days. I no longer had a fever, and the cough was much better. However, my chest has felt tight since yesterday afternoon, and my breathing has been erratic. Today I have a headache, feel dizzy, and am starting to have a rash.

D: 你有沒有呼吸困難或氣喘？全身有沒有任何地方變得紅腫？
D: 你有没有呼吸困难或气喘？全身有没有任何地方变得红肿？
D: nǐ yǒu méiyǒu hūxī kùnnan huò qìchuǎn? quánshēn yǒu méiyǒu rènhé dìfāng biànde hóngzhǒng?
D: Do you have any difficulty breathing or wheezing? Has anywhere in your body become swollen or flushed?

P: 沒有。
P: 没有。
P: méiyǒu.
P: No.

D: 醫生給你開了什麼抗生素？
D: 医生给你开了什么抗生素？
D: yīshēng gěi nǐ kāi le shénme kàngshēngsù?
D: What antibiotic did the doctor prescribe?

P: 口服的阿莫西林。

問診手冊   41

P: 口服的阿莫西林．
P: kǒufú de āmòxīlín.
P: Oral amoxicillin.

D: 你以前有對甚麼藥過敏嗎？譬如說青黴素．
D: 你以前有对甚么药过敏吗？譬如说青霉素．
D: nǐ yǐqián yǒu duì shénme yào guòmǐn ma? pìrúshuō qīngméisù.
D: Do you have any allergies to medications? For example to penicillin.

P: 那裡的醫生也問過，這好像是第一次．
P: 那里的医生也问过，这好像是第一次．
P: nàli de yīshēng yě wèn guò, zhè hǎoxiàng shì dìyīcì.
P: The doctors there asked the same question. This seems to be the first time.

D: 你以前服過或注射過青黴素嗎？
D: 你以前服过或注射过青霉素吗？
D: nǐ yǐqián fú guò huò zhùshè guò qīngméisù ma?
D: Have you used oral or intravenous penicillin before?

P: 印象中都沒有．
P: 印象中都没有．
P: yìnxiàng zhōng dōu méiyǒu.
P: Not that I recall.

D: 最近兩星期還有沒有服用別的藥？
D: 最近两星期还有没有服用别的药？
D: zuìjìn liǎng xīngqī háiyǒu méiyǒu fúyòng biéde yào?
D: Have you taken any other medicines in the past two weeks?

P: 去急診室前吃了一星期泰諾．
P: 去急诊室前吃了一星期泰诺．
P: qù jízhěnshì qián chī le yī xīngqī tàinuò.
P: I took Tylenol for one week before visiting the emergency room.

D: 有吃中藥或補藥嗎？
D: 有吃中药或补药吗？
D: yǒu chī zhōngyào huò bǔyào ma?
D: Have you taken any Chinese medicine or tonic?

P: 沒有吃中藥．補的藥酒倒是喝了兩年．
P: 没有吃中药．补的药酒倒是喝了两年．
P: méiyǒu chī zhōngyào. bǔ de yào jiǔ dàoshi hē le liǎng nián.
P: I have not taken Chinese medicine, but I drank medicinal liquor for two years.

D: 為了確診你沒有對青黴素類過敏，你得做皮下測試．
D: 为了确诊你没有对青霉素类过敏，你得做皮下测试．
D: wèile quèzhěn nǐ méiyǒu duì qīngméisù lèi guòmǐn, nǐ dé zuò píxià cèshì.

D: To make sure you don't have an allergy to penicillins, we will do a <u>subcutaneous test</u>.

Vocabulary 單字單詞

過敏免疫科	过敏免疫科	guòmǐn miǎnyì kē	Allergy and Immunology
急診室	急诊室	jízhěnshì	Emergency room, emergency department
感冒	感冒	gǎnmào	Common cold
咳嗽	咳嗽	késòu	Cough
發燒	发烧	fāshāo	Fever
診斷	诊断	zhěnduàn	Diagnose
肺炎	肺炎	fèiyán	Pneumonia
開藥	开药	kāiyào	Write a prescription
胸口悶	胸口闷	xiōngkǒu mēn	Chest tightness
氣不順	气不顺	qì búshùn	Erratic breathing
頭痛	头痛	tóutòng	Headache
頭暈	头晕	tóuyūn	Dizziness
疹子	疹子	zhěnzi	Rash
呼吸困難	呼吸困难	hūxīkùnnán	Difficulty breathing
氣喘	气喘	qìchuǎn	Wheezing
紅腫	红肿	hóngzhǒng	Swollen or flushed
抗生素	抗生素	kàngshēngsù	Antibiotic
口服	口服	kǒufú	Oral medication
阿莫西林	阿莫西林	āmòxīlín	Amoxicillin
藥物過敏	药物过敏	yàowùguòmǐn	Drug allergy
青黴素	青霉素	qīngméisù	Penicillin
注射	注射	zhùshè	Inject
泰諾	泰诺	tàinuò	Tylenol
中藥	中药	zhōngyào	Chinese medicine
補藥	补药	bǔyào	Tonic
藥酒	药酒	yàojiǔ	Medicinal liquor
皮下測試	皮下测试	píxiàcèshì	Subcutaneous test

Lesson 9: 61 M with cough
61 歲男性，咳嗽

Chief Complaint

D: 你好，我是胸腔（呼吸）內科沈醫生，請問你今天為什麼來醫院？
D: 你好，我是胸腔（呼吸）内科沈医生，请问你今天为什么来医院？
D: nǐhǎo, wǒ shì xiōngqiāng (hūxī) nèikē shěn yīshēng, qǐngwèn nǐ jīntiān wèishénme lái yīyuàn?
D: Hi, I am Dr. Shen from Pulmonology. Why did you come to the hospital today?

P: 最近幾天我咳嗽的很厲害，而且感覺呼吸有一些急促．
P: 最近几天我咳嗽的很厉害，而且感觉呼吸有一些急促．
P: zuìjìn jǐ tiān wǒ késou de hěn lìhai, érqiě gǎnjué hūxī yǒu yīxiē jícù.
P: I have had a serious cough for a few days; I also have had some shortness of breath.

History of Present Illness

D: 咳嗽怎麼開始的？
D: 咳嗽怎么开始的？
D: késou zěnme kāishǐ de?
D: How did the cough start?

P: 我兩天前感冒，後來開始咳嗽．昨天開始呼吸有一點點困難，很怕我的慢性阻塞性肺病惡化了．
P: 我两天前感冒，后来开始咳嗽．昨天开始呼吸有一点点困难，很怕我的慢性阻塞性肺病恶化了．
P: wǒ liǎng tiān qián gǎnmào, hòulái kāishǐ késou zuótiān kāishǐ hūxī yǒu yīdiǎndiǎn kùnnan, hěn pà wǒde mànxìng zǔsè xìng fèibìng èhuà le.
P: I had a cold starting two days ago, and later I started to cough. I had difficulty breathing since yesterday and I am afraid my COPD is worsening.

D: 有發燒嗎？
D: 有发烧吗？
D: yǒu fāshāo ma?
D: Do you have a fever?

P: 沒有發燒．
P: 没有发烧．
P: méiyǒu fāshāo.
P: I have no fever.

D: 咳嗽時有痰嗎？
D: 咳嗽时有痰吗？
D: késou shí yǒu tán ma?
D: Is the cough productive?

P: 咳嗽有黃綠色很黏的痰。
P: 咳嗽有黄绿色很黏的痰。
P: késou yǒu huánglǜsè hěn nián de tán.
P: Yes, it was thick sputum and yellowish-green in color.

D: 痰裡有血嗎？
D: 痰里有血吗？
D: tán lǐ yǒu xuě ma?
D: Did you see blood in your sputum?

P: 痰裡應該沒有血。
P: 痰里应该没有血。
P: tán lǐ yīnggāi méiyǒu xuě.
P: I don't think so.

D: 胸會不會痛？
D: 胸会不会痛？
D: xiōng huì bùhuì tòng?
D: Do you feel chest pain?

P: 胸口很悶，有一點痛。
P: 胸口很闷，有一点痛。
P: xiōngkǒu hěn mēn, yǒu yīdiǎn tòng.
P: I felt tightness and a little bit of pain in my chest.

Past Medical History

D: 你有用家居氧療嗎？
D: 你有用家居氧疗吗？
D: nǐ yǒuyòng jiājū yǎngliáo ma?
D: Do you use supplemental oxygen at home?

P: 沒有。
P: 没有。
P: méiyǒu.
P: No.

D: 你是怎麼診斷出有慢性阻塞性肺病？
D: 你是怎么诊断出有慢性阻塞性肺病？
D: nǐ shì zěnme zhěnduàn chū yǒu mànxìng zǔsèxìng fèibìng?
D: How were you diagnosed with COPD?

P: 我八年前去看胸腔科的醫生，做了肺功能檢查後才診斷出來的。
P: 我八年前去看胸腔科的医生，做了肺功能检查后才诊断出来的。
P: wǒ bā niánqián qù kàn xiōngqiāng kē de yīshēng, zuò le fèi gōngnéng jiǎnchá hòu cái zhěnduàn chūlái de.

P: I went to a pulmonologist 8 years ago who diagnosed me after performing <u>pulmonary function tests</u>.

D: 你的慢性阻塞性肺病有沒有惡化過，而造成你要住院？
D: 你的慢性阻塞性肺病有没有恶化过，而造成你要住院？
D: nǐde mànxìng zǔsè xìng fèibìng yǒu méiyǒu èhuà guò, ér zàochéng nǐ yào zhùyuàn?
D: Has your COPD ever worsened in the past, requiring you to be hospitalized?

P: 從來沒有．
P: 从来没有．
P: cónglái méiyǒu.
P: Never.

D: 你今年有打<u>流感疫苗</u>嗎？
D: 你今年有打<u>流感疫苗</u>吗？
D: nǐ jīnnián yǒu dǎ liúgǎn yìmiáo ma?
D: Have you received your <u>flu shot</u> this year?

P: 打過了．
P: 打过了．
P: dǎ guò le.
P: Yes, I have.

Social History

D: 你現在有沒有<u>吸菸</u>？以前呢？如果有的話，吸多少菸？
D: 你现在有没有<u>吸烟</u>？以前呢？如果有的话，吸多少烟？
D: nǐ xiànzài yǒu méiyǒu xīyān? yǐqián ne? rúguǒ yǒude huà, xī duōshǎo yān?
D: Do you currently <u>smoke</u>? How about in the past, and if so, how much?

P: 我五年前<u>戒菸</u>，以前每天抽一包菸，抽了三十年．
P: 我五年前<u>戒烟</u>，以前每天抽一包烟，抽了三十年．
P: wǒ wǔ niánqián jièyān, yǐqián měitiān chōu yī bāo yān, chōu le sān shí nián.
P: I <u>quit smoking</u> 5 years ago. I smoked about 1 pack per day for 30 years.

D: 你的<u>血氧飽和度</u>是91%，有些偏低，我們可以通過氧療增加飽和度，讓你覺得舒服些．我幾乎確定這是慢性阻塞性肺病的<u>急性發作</u>．為了排除肺炎的可能性，我安排你<u>驗血</u>和照<u>胸部X光</u>．你可能必須<u>住院</u>幾天，讓身體康復．
D: 你的<u>血氧饱和度</u>是91%，有些偏低，我们可以通过氧疗增加饱和度，让你觉得舒服些．我几乎确定这是慢性阻塞性肺病的<u>急性发作</u>．为了排除肺炎的可能性，我安排你<u>验血</u>和照<u>胸部X光</u>．你可能必须<u>住院</u>几天，让身体康复．
D: nǐde xuěyǎng bǎohédù shì 91%, yǒuxiē piān dī, wǒmen kěyǐ tōngguò yǎngliáo zēngjiā bǎohédù, ràng nǐ juéde shūfu xiē. wǒ jīhū quèdìng zhè shì mànxìng zǔsèxìng fèibìng de jíxìng fāzuò. wèile páichú fèiyán de kěnéngxìng, wǒ ānpái nǐ yànxuě hé zhào xiōngbù X guāng. nǐ kěnéng bìxū zhùyuàn jǐ tiān, ràng shēntǐ kāngfù.
D: Your <u>oxygen saturation</u> is a bit low at 91%, so we can give you some oxygen which will improve the percentage and make you feel more comfortable. I am quite sure that this is a

COPD <u>exacerbation</u>. To confirm it is not something else like pneumonia, I will order some <u>blood tests</u> and also get a <u>chest x-ray</u>. We will likely have to <u>admit</u> you for a few days while you recover.

Vocabulary 單字單詞

胸腔內科	胸腔内科	xiōngqiāngnèikē	Pulmonology
呼吸內科	呼吸内科	hūxīnèikē	Pulmonology
咳嗽	咳嗽	késòu	Cough
呼吸急促	呼吸急促	hūxījícù	Shortness of breath, dyspnea
感冒	感冒	gǎnmào	Common cold
呼吸困難	呼吸困难	hūxīkùnnán	Difficulty breathing
慢性阻塞性肺病	慢性阻塞性肺病	mànxìngzǔsèxìng fèibìng	Chronic Obstructive Pulmonary Disease
發燒	发烧	fāshāo	Fever
有痰	有痰	yǒután	Productive
痰	痰	tán	Sputum
胸口痛	胸口痛	xiōngkǒu tòng	Chest pain
胸口悶	胸口闷	xiōngkǒu mēn	Chest tightness
氧療	氧疗	yǎngliáo	Supplemental oxygen
家居氧療	家居氧疗	jiājū yǎngliáo	Home oxygen
診斷	诊断	zhěnduàn	Diagnose
肺功能檢查	肺功能检查	fèigōngnéng jiǎnchá	Pulmonary Function Test
流感疫苗	流感疫苗	liúgǎnyìmiáo	Flu shot, flu vaccine
吸菸	吸烟	xīyān	Smoke
戒菸	戒烟	jièyān	Quit smoking
血氧飽和度	血氧饱和度	xuěyǎng bǎohédù	Oxygen saturation
急性發作	急性发作	jíxìng fāzuò	Acute exacerbation
驗血	验血	yànxuě	Blood test
胸部 X 光	胸部 X 光	xiōngbù X guāng	Chest X-ray
住院	住院	zhùyuàn	Admit

Supplemental Vocabulary 未出現相關單字

慢性支氣管炎	慢性支气管炎	mànxìngzhīqìguǎnyán	Chronic bronchitis
肺氣腫	肺气肿	fèiqìzhǒng	Emphysema
支氣管擴張症	支气管扩张症	zhīqìguǎn kuòzhāngzhèng	Bronchiectasis

Lesson 10: 34 F here for bronchoscopy
34 歲女性，支氣管鏡檢查

D: 妳好，我是麻醉科的錢醫生．妳今天為什麼來這裡？
D: 妳好，我是麻醉科的钱医生．妳今天为什么来这里？
D: nǐhǎo, wǒ shì mázuì kē de qián yīshēng, nǐ jīntiān wèishénme lái zhèlǐ?
D: Hi, I am Dr. Qian from Anesthesiology. Do you know why you are here today?

P: 你好錢醫生．我被診斷出患有肺腺癌一期，今天是來做切片檢查的．
P: 你好钱医生．我被诊断出患有肺腺癌一期，今天是来做切片检查的．
P: nǐhǎo qián yīshēng. wǒ bèi zhěnduàn chū huànyǒu fèi xiànái yī qī, jīntiān shì lái zuò qiēpiàn jiǎnchá de.
P: Hi Dr. Qian. I am here today to get a biopsy because I was recently diagnosed with stage one lung adenocarcinoma.

D: 妳最後一次進食是什麼時候？
D: 妳最后一次进食是什么时候？
D: nǐ zuìhòu yīcì jìnshí shì shénme shíhou?
D: When was the last time you had anything to eat or drink?

P: 昨晚之後我就沒有進食．
P: 昨晚之后我就没有进食．
P: zuówǎn zhīhòu wǒ jiù méiyǒu jìnshí.
P: I haven't had anything since last night.

D: 妳有沒有鬆動的牙齒或牙套？
D: 妳有没有松动的牙齿或牙套？
D: nǐ yǒu méiyǒu sōngdòng de yáchǐ huò yátào?
D: Do you have loose teeth or dentures?

P: 沒有．
P: 没有．
P: méiyǒu.
P: No.

D: 妳有沒有困難把嘴巴完全張開或把頭往後仰？
D: 妳有没有困难把嘴巴完全张开或把头往后仰？
D: nǐ yǒu méiyǒu kùnnan bǎ zuǐba wánquán zhāngkāi huò bǎtóu wǎnghòu yǎng?
D: Do you have problems opening your mouth fully or tilting your head backwards?

P: 沒有．
P: 没有．
P: méiyǒu.
P: No.

D: 妳有沒有在吃任何藥？

D: 妳有沒有在吃任何藥?
D: nǐ yǒu méiyǒu zài chī rènhé yào?
D: Do you take any medications?

P: 現在沒有.
P: 现在没有.
P: xiànzài méiyǒu.
P: Not currently.

D: 妳有對什麼藥過敏嗎?
D: 妳有对什么药过敏吗?
D: nǐ yǒu duì shénme yào guòmǐn ma?
D: Do you have any allergies to medications?

P: 沒有,可是我對花粉過敏.
P: 没有,可是我对花粉过敏.
P: méiyǒu, kěshì wǒ duì huāfěn guòmǐn.
P: No, but I have hay fever.

D: 妳的病歷上寫,妳幼年曾經得過哮喘,都完全康復了?
D: 妳的病历上写,妳幼年曾经得过哮喘,都完全康复了?
D: nǐde bìnglì shàng xiě, nǐ yòunián céngjīng dé guò xiàochuǎn, dōu wánquán kāngfù le?
D: Your medical record shows that you had asthma when you were young. Do you still have symptoms?

P: 應該完全好了,過去十年沒有複發.
P: 应该完全好了,过去十年没有复发.
P: yīnggāi wánquán hǎo le, guòqù shínián méiyǒu fùfā.
P: No, there have been no recurrences for the past ten years.

D: 妳以前有沒有開過刀,包括眼科手術?
D: 妳以前有没有开过刀,包括眼科手术?
D: nǐ yǐqián yǒu méiyǒu kāi guò dāo, bāokuò yǎnkē shǒushù?
D: Have you had any surgeries done in the past, including eye surgeries?

P: 年輕時因為車禍,右肩鎖骨斷裂,開刀治療.
P: 年轻时因为车祸,右肩锁骨断裂,开刀治疗.
P: niánqīng shí yīnwèi chēhuò, yòu jiān suǒgǔ duànliè, kāidāo zhìliáo.
P: I had surgery when I was young on a right clavicle fracture caused by a car accident.

D: 那是什麼時候的事?在哪家醫院做的?
D: 那是什么时候的事?在哪家医院做的?
D: nà shì shénme shíhou de shì? zài nǎ jiā yīyuàn zuò de?
D: When did that happen? Where was it done?

P: 嗯,大概不到二十歲吧,在舊金山市立醫院.
P: 嗯,大概不到二十岁吧,在旧金山市立医院.

P: ēn, dàgài bùdào èrshí suì bā, zài jiùjīnshān shìlì yīyuàn.
P: It happened before I was 20 years old, at the San Francisco General Hospital.

D: 妳還記得手術過程都順利嗎？有沒有<u>併發症</u>呢？
D: 妳还记得手术过程都顺利吗？有没有<u>并发症</u>呢？
D: nǐ hái jìde shǒushù guòchéng dōu shùnlì ma? yǒu méiyǒu bìngfāzhèng ne?
D: Do you still remember how the surgery went? Were there any <u>complications</u>?

P: 手術沒問題，也沒有併發症，可是<u>麻醉醫生</u>告訴我，我的<u>全身麻醉</u>過程不是很順利。
P: 手术没问题，也没有并发症，可是<u>麻醉医生</u>告诉我，我的<u>全身麻醉</u>过程不是很顺利。
P: shǒushù méi wèntí, yě méiyǒu bìngfāzhèng, kěshì mázuì yīshēng gàosu wǒ, wǒde quánshēn mázuì guòchéng búshi hěn shùnlì.
P: The surgery went well, and there were no complications. However, my <u>anesthesiologist</u> told me that the <u>general anesthesia</u> did not go that smoothly.

D: 醫生告訴妳原因了嗎？
D: 医生告诉妳原因了吗？
D: yīshēng gàosu nǐ yuányīn le ma?
D: Did the doctor tell you why?

P: 告訴了，我記不清楚。噢，我想起來了。我的哮喘那時候還沒完全康復，醫生費了點勁才把麻醉做好。
P: 告诉了，我记不清楚。噢，我想起来了。我的哮喘那时候还没完全康复，医生费了点劲才把麻醉做好。
P: gàosu le, wǒ jì bù qīngchu, ō, wǒ xiǎngqǐ lái le. wǒde xiàochuǎn nà shíhou hái méi wánquán kāngfù, yīshēng fèi le diǎn jìn cái bǎ mázuì zuò hǎo.
P: Yes, but I do not remember. Actually, I think I had some symptoms due to my asthma at that time, so my anesthesiologist had some problems with the general anesthesia.

D: 妳<u>麻醉</u>醒後有沒有<u>噁心</u>或<u>嘔吐</u>？
D: 妳<u>麻醉</u>醒后有没有<u>恶心</u>或<u>呕吐</u>？
D: nǐ mázuì xǐng hòu yǒu méiyǒu èxīn huò ǒutù?
D: Did you have any <u>post-operative nausea</u> or <u>vomiting</u>?

P: 沒有，我醒後除了有痛的感覺其它都很好。
P: 没有，我醒后除了有痛的感觉其它都很好。
P: méiyǒu, wǒ xǐng hòu chúle yǒu tòng de gǎnjué qítā dōu hěn hǎo.
P: No, I remember feeling quite comfortable besides the pain when I woke up.

D: 妳有<u>抽菸</u>，<u>喝酒</u>，或用其他的<u>毒品</u>嗎？
D: 妳有<u>抽烟</u>，<u>喝酒</u>，或用其他的<u>毒品</u>吗？
D: nǐ yǒu chōuyān, hējiǔ, huò yòng qítāde dúpǐn ma?
D: Do you <u>smoke</u>, <u>drink</u>, or use any other <u>drugs</u>?

P: 我從來沒抽過菸。我只在<u>社交場合</u>喝酒，不用毒品。
P: 我从来没抽过烟。我只在<u>社交场合</u>喝酒，不用毒品。
P: wǒ cónglái méi chōu guò yān. wǒ zhī zài shèjiāo chǎnghé hējiǔ, bùyòng dúpǐn.

P: I've never smoked before. I <u>drink socially</u> and don't use other drugs.

D: 妳有沒有家人有過麻醉的併發症？
D: 妳有没有家人有过麻醉的并发症？
D: nǐ yǒu méiyǒu jiārén yǒu guò mázuì de bìngfāzhèng?
D: Has anyone else in your family had any complications with anesthesia?

P: 好像沒有．
P: 好像没有．
P: hǎoxiàng méiyǒu.
P: Not that I know of.

D: 妳有任何問題嗎？如果沒有，我就去準備今天早上<u>胸腔外科</u>趙醫生要為妳做的<u>支氣管鏡檢查</u>．
D: 妳有任何问题吗？如果没有，我就去准备今天早上<u>胸腔外科</u>赵医生要为妳做的<u>支气管镜检查</u>．
D: nǐ yǒu rènhé wèntí ma? rúguǒ méiyǒu, wǒ jiù qù zhǔnbèi jīntiān zǎoshang xiōngqiāng wàikē zhào yīshēng yào wèi nǐ zuò de zhīqìguǎnjìng jiǎnchá.
D: Do you have any questions? If not, I am going to go ahead and prepare for your <u>bronchoscopy</u> with Dr. Zhao from <u>Thoracic Surgery</u> this morning.

Vocabulary 單字單詞

麻醉科	麻醉科	mázuìkē	Anesthesiology
肺腺癌	肺腺癌	fèixiànái	Lung adenocarcinoma
期	期	qī	Stage (cancer)
肺癌	肺癌	fèi'ái	Lung cancer
切片檢查	切片检查	qiēpiàn jiǎnchá	Biopsy
進食	进食	jìnshí	Eat or drink
鬆動的牙齒	松动的牙齿	sōngdòng de yáchǐ	Loose teeth
牙套	牙套	yátào	Dentures
藥物過敏	药物过敏	yàowùguòmǐn	Drug allergy
花粉過敏	花粉过敏	huāfěn guòmǐn	Hay Fever
哮喘	哮喘	xiàochuǎn	Asthma
複發	复发	fùfā	Recurrence
開刀	开刀	kāidāo	Surgery
鎖骨	锁骨	suǒgǔ	Clavicle
斷裂	断裂	duànliè	Fracture
併發症	并发症	bìngfāzhèng	Complication
麻醉醫生	麻醉医生	mázuìyīshēng	Anesthesiologist
全身麻醉	全身麻醉	quánshēnmázuì	General anesthesia
麻醉醒後	麻醉醒后	mázuì xǐnghòu	Post-operative
噁心	恶心	ěxīn	Nausea
嘔吐	呕吐	ǒutù	Vomit, emesis
抽菸	抽烟	chōuyān	Smoke
喝酒	喝酒	hējiǔ	Drink (alcohol)

毒品	毒品	dúpǐn	Drugs
社交場合喝酒	社交场合喝酒	shèjiāochǎnghé hējiǔ	Drink socially
胸腔外科	胸腔外科	xiōngqiāngwàikē	Thoracic Surgery
支氣管鏡檢查	支气管镜检查	zhīqìguǎnjìng jiǎnchá	Bronchoscopy

Supplemental Vocabulary 未出現相關單字

肺積水	肺积水	fèijīshuǐ	Pleural fluid
氣胸	气胸	qìxiōng	Pneumothorax
麻藥	麻药	máyào	Anesthetic

Lesson 11: 49 F with palpitations
49 歲女性，心悸

Chief Complaint

D: 妳好，我是心臟內科蘇醫生，請問我今天可以怎麼幫妳？
D: 妳好，我是心脏内科苏医生，请问我今天可以怎么帮妳？
D: nǐhǎo, wǒ shì xīnzàng nèikē sū yīshēng, qǐngwèn wǒ jīntiān kěyǐ zěnme bāng nǐ?
D: Hi, I am Dr. Su from Cardiology. How can I help you today?

P: 我昨天開始胸口悶，頭昏，今天感覺呼吸急促，並有間歇的心悸．
P: 我昨天开始胸口闷，头昏，今天感觉呼吸急促，并有间歇的心悸．
P: wǒ zuótiān kāishǐ xiōngkǒu mēn, tóuhūn, jīntiān gǎnjué hūxī jícù, bìng yǒu jiànxiē de xīnjì.
P: I have had chest tightness and dizziness since yesterday. Today, I feel short of breath and also have had palpitations in my chest intermittently.

History of Present Illness

D: 妳的舒張壓正常，可是收縮壓很高，脈搏也很不規律．請問妳的收縮壓一直都是這麼高嗎？
D: 妳的舒张压正常，可是收缩压很高，脉搏也很不规律．请问妳的收缩压一直都是这么高吗？
D: nǐde shūzhāng yā zhèngcháng, kěshì shōusuōyā hěn gāo, màibó yě hěn bù guīlǜ. qǐngwèn nǐde shōusuōyā yīzhí dōu shì zhème gāo ma?
D: Your diastolic blood pressure is normal, but your systolic blood pressure is high and your pulse is irregular. Is your systolic blood pressure always this high?

P: 不是一直都很高，只是偶爾高．
P: 不是一直都很高，只是偶尔高．
P: búshi yīzhí dōu hěn gāo, zhǐshì ǒuěr gāo.
P: It isn't always this high– just occasionally.

D: 妳以前有心悸嗎？
D: 妳以前有心悸吗？
D: nǐ yǐqián yǒu xīnjì ma?
D: Have you experienced palpitations in the past?

P: 我第一次感覺到是幾個星期前．
P: 我第一次感觉到是几个星期前．
P: wǒ dìyīcì gǎnjué dào shì jǐgè xīngqī qián.
P: I first felt them several weeks ago.

Past Medical History

D: 有沒有因為血壓高就診的記錄？
D: 有没有因为血压高就诊的记录？
D: yǒu méiyǒu yīnwèi xuěyā gāo jiùzhěn de jìlù?
D: Did you ever visit the doctor because of your high blood pressure?

P: 兩年前在中國有一次因昏迷被救護車送進急診室．
P: 两年前在中国有一次因昏迷被救护车送进急诊室．
P: liǎng niánqián zài zhōngguó yǒu yīcì yīn hūnmí bèi jiùhùchē sòng jìn jízhěnshì.
P: Two years ago in China, I lost consciousness and was brought to an emergency room by ambulance.

D: 請問診斷的結果是什麼？
D: 请问诊断的结果是什么？
D: qǐngwèn zhěnduàn de jiēguǒ shì shénme?
D: What was the diagnosis?

P: 被診斷出左心室肥大，動脈粥樣硬化，醫生開了降血壓的藥．
P: 被诊断出左心室肥大，动脉粥样硬化，医生开了降血压的药．
P: bèi zhěnduàn chū zuǒxīnshì féidà, dòngmài zhōuyàng yìnghuà, yīshēng kāi le jiàng xuěyā de yào.
P: I had left ventricular hypertrophy and atherosclerosis. The doctor gave me a prescription to lower my blood pressure.

D: 妳的脈搏以前有不規律嗎？
D: 妳的脉搏以前有不规律吗？
D: nǐde màibó yǐqián yǒu bù guīlǜ ma?
D: Has your pulse ever been irregular in the past?

P: 應該沒有．
P: 应该没有．
P: yīnggāi méiyǒu.
P: Not that I know of.

D: 妳小時候有得過什麼病嗎？
D: 妳小时候有得过什么病吗？
D: nǐ xiǎoshíhou yǒu dé guò shénme bìng ma?
D: Did you suffer from any illnesses as a kid?

P: 我小時候得過風濕熱．
P: 我小时候得过风湿热．
P: wǒ xiǎoshíhou dé guò fēngshīrè.
P: I had rheumatic fever when I was a child.

Medications and Allergies

D: 一直有按時吃藥嗎？
D: 一直有按时吃药吗？
D: yīzhí yǒu ànshí chīyào ma?
D: Have you been taking your medicine as prescribed?

P: 一直有按時吃．
P: 一直有按时吃．

P: yīzhí yǒu ànshí chī.
P: Yes, I have been taking the medications as prescribed.

D: 藥有沒有帶來？我可以看一下嗎？
D: 药有没有带来？我可以看一下吗？
D: yào yǒu méiyǒu dàilái? wǒ kěyǐ kàn yīxià ma?
D: Did you bring your medicine? Can I take a look?

D: 妳需要進一步檢查，包括心電圖和心臟超音波，來診斷有沒有心房顫動。我也安排抽血檢查來找出妳心律不整的原因。
D: 妳需要进一步检查，包括心电图和心脏超音波，来诊断有没有心房颤动。我也安排抽血检查来找出妳心律不整的原因。
D: nǐ xūyào jìnyībù jiǎnchá, bāokuò xīndiàntú hé xīnzàng chāoyīnbō, lái zhěnduàn yǒu méiyǒu xīnfáng chàndòng. wǒ yě ānpái chōuxuě jiǎnchá lái zhǎochū nǐ xīn lǜ bù zhěng de yuányīn.
D: I need to do more exams, including an electrocardiogram and echocardiogram, to see if you have atrial fibrillation. I will also order some blood tests to figure out what is causing your arrhythmia.

Vocabulary 單字單詞

心臟內科	心脏内科	xīnzàngnèikē	Cardiology
胸口悶	胸口闷	xiōngkǒu mèn	Chest tightness
頭昏	头昏	tóuhūn	Dizziness
呼吸急促	呼吸急促	hūxījícù	Shortness of breath, dyspnea
間歇	间歇	jiànxiē	Intermittent
心悸	心悸	xīnjì	Palpitations
舒張壓	舒张压	shūzhāngyā	Diastolic blood pressure
收縮壓	收缩压	shōusuōyā	Systolic blood pressure
脈搏不規律	脉搏不规律	màibóbùguīlǜ	Irregular pulse
就診	就诊	jiùzhěn	Visit the doctor
昏迷	昏迷	hūnmí	Coma
救護車	救护车	jiùhùchē	Ambulance
急診室	急诊室	jízhěnshì	Emergency room, emergency department
診斷	诊断	zhěnduàn	Diagnose
左心室肥大	左心室肥大	zuǒxīnshìféidà	Left Ventricular Hypertrophy
動脈粥樣硬化	动脉粥样硬化	dòngmàizhōuyàng yìnghuà	Atherosclerosis
風濕熱	风湿热	fēngshīrè	Rheumatic fever
心電圖	心电图	xīndiàntú	Electrocardiogram
心臟超音波	心脏超音波	xīnzàng chāoyīnbō	Echocardiogram
超聲心動圖	超声心动图	chāoshēng xīndòngtú	Echocardiogram

心房顫動	心房颤动	xīnfáng chàndòng	Atrial fibrillation
抽血檢查	抽血检查	chōuxuě jiǎnchá	Blood test
心律不整	心律不整	xīnlǜ bùzhěng	Arrhythmia
心率	心率	xīnlǜ	Heart rate

Supplemental Vocabulary 未出現相關單字

心跳	心跳	xīntiào	Heartbeat
心肌病	心肌病	xīnjībìng	Cardiomyopathy
除顫器	除颤器	chúchànqì	Automatic Implantable Cardioverter Defibrillator (AICD)
起搏器	起搏器	qǐbóqì	Pacemaker
疼痛跛行	疼痛跛行	téngtòng bǒxíng	Claudication

Lesson 12: 59 F with shortness of breath
59 歲女性，呼吸急促

D: 妳好，我是急診科宋醫生，請問妳今天為什麼來醫院？
D: 妳好，我是急诊科宋医生，请问妳今天为什么来医院？
D: nǐhǎo, wǒ shì jízhěn kē sòng yīshēng, qǐngwèn nǐ jīntiān wèishénme lái yīyuàn?
D: Hi, I am Dr. Song from Emergency Medicine. Why are you here today?

P: 因為我覺得喘不過氣來所以我打了電話給緊急醫療服務。這幾天越來越嚴重，尤其是走路時。我也覺得很疲勞，而且食慾很差。我不確定有沒有噁心的感覺。
P: 因为我觉得喘不过气来所以我打了电话给紧急医疗服务。这几天越来越严重，尤其是走路时。我也觉得很疲劳，而且食欲很差。我不确定有没有恶心的感觉。
P: yīnwèi wǒ juéde chuǎn bù guòqì lái suǒyǐ wǒ dǎ le diànhuà gěi jǐnjí yīliáo fúwù. zhè jǐ tiān yuèláiyuè yánzhòng, yóuqí shì zǒulù shí. wǒ yě juéde hěn píláo, érqiě shíyù hěn chà, wǒ bù quèdìng yǒu méiyǒu èxīn de gǎnjué.
P: I called Emergency Medical Services because I have been feeling short of breath. This has been going on for several days and worsens when I walk around. I have also been feeling fatigued and have had poor appetite. I am not sure if I've been feeling nauseous.

D: 胸會不會痛？
D: 胸会不会痛？
D: xiōng huì bùhuì tòng?
D: Do have any chest pain?

P: 不會。
P: 不会。
P: bùhuì.
P: No.

Past Medical History

D: 你有沒有其他的內科疾病，包括糖尿病，高血脂，高血壓？有沒有心臟問題或症狀，譬如說心絞痛？
D: 你有没有其他的内科疾病，包括糖尿病，高血脂，高血压？有没有心脏问题或症状，譬如说心绞痛？
D: nǐ yǒu méiyǒu qítāde nèikē jíbìng, bāokuò tángniàobìng, gāoxuězhī, gāoxuěyā? yǒu méiyǒu xīnzàng wèntí huò zhèngzhuàng, pìrúshuō xīnjiǎotòng?
D: Do you have any other medical conditions, including diabetes, high cholesterol, or high blood pressure? How about heart problems or symptoms such as angina?

P: 我有糖尿病和高血脂。我不覺得有心絞痛。
P: 我有糖尿病和高血脂。我不觉得有心绞痛。
P: wǒ yǒu tángniàobìng hé gāoxuězhī. wǒ bù juéde yǒuxīn jiǎotòng.
P: I have diabetes and high cholesterol. I don't think I've had any angina.

Family History

問診手冊

D: 你有任何家人有心血管疾病嗎？
D: 你有任何家人有心血管疾病吗？
D: nǐ yǒu rènhé jiārén yǒu xīnxuèguǎn jíbìng ma?
D: Does anyone in your family have cardiovascular disease?

P: 我的母親在六十多歲時因為心臟病發作而過世．
P: 我的母亲在六十多岁时因为心脏病发作而过世．
P: wǒde mǔqīn zài liùshíduō suì shí yīnwèi xīnzàngbìng fāzuò ér guòshì.
P: My mother passed away from a heart attack in her 60s.

Social History

D: 你有抽菸或喝酒嗎？
D: 你有抽烟或喝酒吗？
D: nǐ yǒu chōuyān huò hējiǔ ma?
D: Do you smoke or drink alcohol?

P: 我以前每天抽半包菸抽了十年，多年前戒菸了．我不喝酒．
P: 我以前每天抽半包烟抽了十年，多年前戒烟了．我不喝酒．
P: wǒ yǐqián měitiān chōu bàn bāo yān chōu le shínián, duōnián qián jièyān le. wǒ bù hējiǔ.
P: I smoked half a pack of cigarettes a day for 10 years. I quit smoking many years ago. I don't drink.

Medications and Allergies

D: 你有沒有用抗凝血劑或抗血小板藥品？
D: 你有没有用抗凝血剂或抗血小板药品？
D: nǐ yǒu méi yǒuyòng kàng níngxuè jì huò kàng xuěxiǎobǎn yàopǐn?
D: Do you use any anticoagulants or antiplatelet drugs?

P: 都沒有．
P: 都没有．
P: dōu méiyǒu.
P: No.

D: 妳的心電圖是正常的，不過我還是擔心妳心臟裡的血管有阻塞．這會造成急性冠狀動脈綜合症，這包括不穩定型心絞痛和心肌梗塞．妳得做驗血檢查，包括心肌旋轉蛋白和胸腔X光．在等待時，我們也會給妳阿斯匹林．
D: 妳的心电图是正常的，不过我还是担心妳心脏里的血管有阻塞．这会造成急性冠状动脉综合症，这包括不稳定型心绞痛和心肌梗塞．妳得做验血检查，包括心肌旋转蛋白和胸腔X光．在等待时，我们也会给妳阿斯匹林．
D: nǐde xīndiàntú shì zhèngcháng de, bùguò wǒ háishi dānxīn nǐ xīnzàng lǐ de xuèguǎn yǒu zǔsè. zhè huì zàochéng jíxìng guānzhuàngdòngmài zōnghézhèng, zhè bāokuò bù wěndìng xíng xīnjiǎotòng hé xīnjīgěngsè. nǐ děi zuò yànxuè jiǎnchá, bāokuò xīnjī xuánzhuǎn dànbái hé xiōngqiāng X guāng. zài děngdài shí, wǒmen yě huì gěi nǐ āsīpǐlín.

D: Your EKG looks normal. However, I am still worried that you might have some sort of blockage in the blood vessels of your heart, leading to what we call Acute Coronary Syndrome, which includes unstable angina and myocardial infarction. We will need to check some blood tests, including troponin, and also do a chest X-ray. In the meanwhile, we will give you aspirin.

一小時候
一小时候
yī xiǎoshíhou
1 hour later

D: 妳的驗血結果和胸腔X光都正常。可是，心電監護儀有顯示一些異常的圖形。妳必須住院，明天早上安排妳做負荷式心臟超音波檢查。
D: 妳的验血结果和胸腔X光都正常。可是，心电监护仪有显示一些异常的图形。妳必须住院，明天早上安排妳做负荷式心脏超音波检查。
D: nǐde yànxuě jiēguǒ hé xiōngqiāng X guāng dōu zhèngcháng. Kěshì, xīndiàn jiānhùyí yǒu xiǎnshì yīxiē yìcháng de túxíng. nǐ bìxū zhùyuàn, míngtiān zǎoshang ānpái nǐ zuò fùhèshì xīnzàng chāoyīnbō jiǎnchá.
D: Your blood tests and chest X-ray are normal. However, there are some irregularities on cardiac monitoring. We will admit you for a stress echocardiogram tomorrow morning.

第二天早上
第二天早上
dìèr tiān zǎoshang
The next morning

D: 妳的負荷式心臟超音波檢查顯示負荷中的心肌有心室收縮功能異常，這是狹窄的動脈造成的。下一步是做心臟導管插入術，用支架來打通狹窄的動脈。妳需要做冠狀動脈搭橋手術的機率很小。
D: 妳的负荷式心脏超音波检查显示负荷中的心肌有心室收缩功能异常，这是狭窄的动脉造成的。下一步是做心脏导管插入术，用支架来打通狭窄的动脉。妳需要做冠状动脉搭桥手术的机率很小。
D: nǐde fùhèshì xīnzàng chāoyīnbō jiǎnchá xiǎnshì fùhè zhōng de xīnjī yǒuxīn shì shōusuō gōngnéng yìcháng, zhè shì xiázhǎi de dòngmài zàochéng de. xiàyībù shì zuò xīnzàng dǎoguǎn chārù shù, yòng zhījià lái dǎtōng xiázhǎi de dòngmài. nǐ xūyào zuò guānzhuàngdòngmài dāqiáo shǒushù de jīlǜ hěn xiǎo.
D: Your stress echocardiogram shows abnormal movement of your heart wall with stress, which is caused by narrowed arteries. The next step is to undergo cardiac catheterization to stent the narrowed arteries. It is unlikely that you will need a coronary artery bypass.

Vocabulary 單字單詞

急診科	急诊科	jízhěnkē	Emergency Medicine
緊急醫療服務	紧急医疗服务	jǐnjí yīliáo fúwù	Emergency Medical Services
喘不過氣	喘不过气	chuǎnbuguò qì	Short of breath
疲勞	疲劳	píláo	Fatigue

食慾很差	食欲很差	shíyù hěnchā	Poor appetite
噁心	恶心	ěxīn	Nausea
胸口痛	胸口痛	xiōngkǒu tòng	Chest pain
糖尿病	糖尿病	tángniàobìng	Diabetes mellitus
高脂血	高脂血	gāozhīxuě	Hyperlipidemia, high cholesterol
高血壓	高血压	gāoxuěyā	Hypertension
心絞痛	心绞痛	xīnjiǎotòng	Angina
心血管疾病	心血管疾病	xīnxuěguǎnjíbìng	Cardiovascular disease
心臟病發作	心脏病发作	xīnzàngbìng fāzuò	Heart attack
吸菸	吸烟	xīyān	Smoke
喝酒	喝酒	hējiǔ	Drink (alcohol)
戒菸	戒烟	jièyān	Quit smoking
抗凝血劑	抗凝血剂	kàng níngxuě jì	Anticoagulant
抗血小板藥品	抗血小板药品	kàng xuěxiǎobǎn yàopǐn	Antiplatelet drug
心電圖	心电图	xīndiàntú	Electrocardiogram
阻塞	阻塞	zǔsè	Obstruction, blockage
血管	血管	xuěguǎn	Blood vessel
急性冠狀動脈綜合症	急性冠状动脉综合症	jíxìng guānzhuàngdòngmài zōnghézhèng	Acute Coronary Syndrome
不穩定型心絞痛	不稳定型心绞痛	bùwěndìngxíng xīnjiǎotòng	Unstable Angina
心肌梗塞	心肌梗塞	xīnjī gěngsè	Myocardial Infarction
驗血檢查	验血检查	yànxuě jiǎnchá	Blood test
心肌旋轉蛋白	心肌旋转蛋白	xīnjī xuánzhuǎn dànbái	Troponin
胸腔X光	胸腔X光	xiōngqiāng X guāng	Chest X-ray
阿司匹林	阿司匹林	āsīpǐlín	Aspirin
心電監護儀	心电监护仪	xīndiàn jiānhù yí	Cardiac monitoring
住院	住院	zhùyuàn	Admit
負荷式心臟超音波檢查	负荷式心脏超音波检查	fùhèshì xīnzàng chāoyīnbō jiǎnchá	Stress echocardiogram
心臟超音波	心脏超音波	xīnzàng chāoyīnbō	Echocardiogram
超聲心動圖	超声心动图	chāoshēng xīndòngtú	Echocardiogram
心室收縮功能異常	心室收缩功能异常	xīnshì shōusuōgōngnéng yìcháng	Abnormal movement of the heart wall
狹窄	狭窄	xiázhǎi	Narrow
動脈	动脉	dòngmài	Artery
心臟導管插入術	心脏导管插入术	xīnzàngdǎoguǎn chārùshù	Cardiac catheterization
心導管	心导管	xīndǎoguǎn	Cardiac catheterization
支架	支架	zhījià	Stent

| 冠狀動脈搭橋手術 | 冠状动脉搭桥手术 | guānzhuàngdòngmài dāqiáoshǒushù | Coronary artery bypass (CABG) |

Supplemental Vocabulary 未出現相關單字

靜脈	静脉	jìngmài	Vein
通波仔(粵)	通波仔(粵)	tōngbōzǎi (yuè)	Angioplasty (Cantonese)
心包水	心包水	xīnbāoshuǐ	Pericardial fluid

Lesson 13:   33 F with painful bowel movements
33 歲女性，排便疼痛

Chief Complaint

D: 妳好，我是<u>肛腸外科</u>黃醫生，請問我今天可以怎麼幫妳？
D: 妳好，我是<u>肛肠外科</u>黄医生，请问我今天可以怎么帮妳？
D: nǐhǎo, wǒ shì gāng cháng wàikē huáng yīshēng, qǐngwèn wǒ jīntiān kěyǐ zěnme bāng nǐ?
D: Hi, I am Dr. Huang from the <u>Department of Anorectal Surgery</u>. How can I help you today?

P: 我上大號的時候屁股非常痛·
P: 我上大号的时候屁股非常痛·
P: wǒ shàng dàhào de shíhou pìgu fēicháng tòng.
P: I feel pain in my butt when I poop.

History of Present Illness

D: 臀部哪裡痛？身上其他部位痛嗎？
D: 臀部哪里痛？身上其他部位痛吗？
D: túnbù nǎlǐ tòng? shēnshang qítā bùwèi tòng ma?
D: Where is the pain located? Do you feel pain in any other part of your body? (R)

P: 只有<u>肛門</u>附近痛，身上其他部位痛都還好·
P: 只有<u>肛门</u>附近痛，身上其他部位痛都还好·
P: zhǐyǒu gāngmén fùjìn tòng, shēnshang qítā bùwèi tòng dōu háihǎo.
P: I only feel pain around the <u>anus</u> and not anywhere else.

D: 妳的痛是什麼時候開始的？
D: 妳的痛是什么时候开始的？
D: nǐde tòng shì shénme shíhou kāishǐ de?
D: When did the pain start? (O)

P: 有一兩個月，開始只覺得<u>大便沒大乾淨</u>，肛門附近有東西·
P: 有一两个月，开始只觉得<u>大便没大干净</u>，肛门附近有东西·
P: yǒu yī liǎng gè yuè, kāishǐ zhī juéde dàbiàn méi dà gānjìng, gāngmén fùjìn yǒu dōngxi.
P: It has been one or two months. In the beginning, I felt that I did not <u>completely empty my bowels</u>, as if there was something left around my anus.

D: 妳能告訴我痛的時候是怎麼痛？
D: 妳能告诉我痛的时候是怎么痛？
D: nǐ néng gàosu wǒ tòng de shíhou shì zěnme tòng?
D: Can you describe the pain to me? (Q)

P: 平時是<u>腫脹的痛</u>，排便的時候是<u>灼痛</u>，<u>絞痛</u>·
P: 平时是<u>肿胀的痛</u>，排便的时候是<u>灼痛</u>，<u>绞痛</u>·
P: píngshí shì zhǒngzhàng de tòng, páibiàn de shíhou shì zhuótòng, jiǎotòng.

P: It is a <u>swelling pain</u> when I am not in the bathroom, and becomes a <u>cramping</u> and <u>burning pain</u> when I have <u>bowel movements</u>.

D: 怎樣才會更痛？
D: 怎样才会更痛？
D: zěnyàng cái huì gèng tòng?
D: What aggravates the pain? (P)

P: 走路時會很痛。
P: 走路时会很痛。
P: zǒulù shí huì hěn tòng.
P: It hurts more when I am walking.

D: 怎樣才不會那麼痛？
D: 怎样才不会那么痛？
D: zěnyàng cái bùhuì nàme tòng?
D: What alleviates the pain? (P)

P: 不動就還好。
P: 不动就还好。
P: bù dòng jiù háihǎo.
P: As long as I don't move, it is OK.

D: 排便的時候有血嗎？
D: 排便的时候有血吗？
D: páibiàn de shíhou yǒu xuě ma?
D: Is there blood when you have bowel movements?

P: 有一點點。我擦的時候也會有一點血。
P: 有一点点。我擦的时候也会有一点血。
P: yǒu yīdiǎndiǎn, wǒ cā de shíhou yě huì yǒu yīdiǎn xuě.
P: Just a tiny bit. I also notice a bit of blood when I wipe.

D: 你的<u>體重</u>有沒有<u>降低</u>，你有沒有覺得<u>頭暈</u>？
D: 你的<u>体重</u>有没有<u>降低</u>，你有没有觉得<u>头晕</u>？
D: nǐde tǐzhòng yǒu méiyǒu jiàngdī, nǐ yǒu méiyǒu juéde tóuyūn?
D: Have you <u>lost any weight</u> or felt <u>lightheaded</u>?

P: 沒有。
P: 没有。
P: méiyǒu.
P: No.

D: 屁股附近會不會<u>癢</u>？
D: 屁股附近会不会<u>痒</u>？
D: pìgu fùjìn huì bùhuì yǎng?
D: Has the area also felt <u>itchy</u>?

問診手冊

P: 會，這造成我很大的困擾，我不知道該怎麼辦。
P: 会，这造成我很大的困扰，我不知道该怎么办。
P: huì, zhè zàochéng wǒ hěndà de kùnrǎo, wǒ bù zhīdào gāi zěnmebàn.
P: Yes. This really annoys me and I don't know what to do.

D: 你有沒有<u>腹瀉</u>或<u>便秘</u>？大便裡有沒有<u>黏液</u>？
D: 你有没有<u>腹泻</u>或<u>便秘</u>？大便里有没有<u>黏液</u>？
D: nǐ yǒu méiyǒu fùxiè huò biànmì? dàbiàn lǐ yǒu méiyǒu niányì?
D: Have you had any <u>diarrhea</u> or <u>constipation</u>? Have you noticed any <u>mucus</u> in your stool?

P: 都沒有。
P: 都没有。
P: dōu méiyǒu.
P: No.

D: 你很有可能有<u>痔瘡</u>。依照你的症狀，更嚴重的病的可能性很小，譬如說<u>克隆氏症</u>、<u>潰瘍性結腸炎</u>、<u>大腸激躁症</u>。我得做<u>肛門指檢</u>，有可能也得做<u>肛門鏡檢查</u>。
D: 你很有可能有<u>痔疮</u>。依照你的症状，更严重的病的可能性很小，譬如说<u>克隆氏症</u>、<u>溃疡性结肠炎</u>、<u>大肠激躁症</u>。我得做<u>肛门指检</u>，有可能也得做<u>肛门镜检查</u>。
D: nǐ hěn yǒu kěnéng yǒu zhìchuāng. yīzhào nǐde zhèngzhuàng gèng yánzhòng de bìng de kěnéngxìng hěn xiǎo, pìrúshuō kèlóngshì zhèng, kuìyáng xìng jiéchángyán, dàcháng jīzào zhèng. wǒ děi zuò gāngmén zhǐjiǎn, yǒu kěnéng yě děi zuò gāngménjìng jiǎnchá.
D: You most likely have <u>hemorrhoids</u>. Given your symptoms, the likelihood of something more serious like <u>Crohn's Disease</u>, <u>Ulcerative Colitis</u>, or <u>Irritable Bowel Syndrome</u> is lower. I will have to do a <u>digital rectal exam</u>, and possibly an <u>anoscopy</u>.

P: 好。
P: 好。
P: hǎo.
P: OK.

D: 檢查結果顯示你有幾個<u>皮贅</u>，我也看到了<u>外痔瘡</u>。在做肛門指檢時我沒找到任何<u>肛裂</u>，<u>廔管</u>，或<u>膿瘍</u>。
D: 检查结果显示你有几个<u>皮赘</u>，我也看到了<u>外痔疮</u>。在做肛门指检时我没找到任何<u>肛裂</u>，<u>廔管</u>，或脓疡。
D: jiǎnchá jiēguǒ xiǎnshì nǐ yǒu jǐgè pízhuì, wǒ yě kàndào le wài zhìchuāng. zài zuò gāngmén zhǐjiǎn shí wǒ méi zhǎodào rènhé gāngliè, lóuguǎn, huò nóngyáng.
D: Your exam shows that you have a few <u>skin tags</u>. Additionally, I see <u>external hemorrhoids</u>. I did not find any <u>fissures</u>, <u>fistulas</u>, or <u>abscesses</u> when I was doing the rectal exam.

D: 最好治療痔瘡的辦法就是多吃有<u>纖維</u>的食物、多喝水。還有，我可以給你開<u>外敷</u>的止痛藥。你可以用<u>坐浴</u>來止癢。
D: 最好治疗痔疮的办法就是多吃有<u>纤维</u>的食物、多喝水。还有，我可以给你开<u>外敷</u>的止痛药。你可以用<u>坐浴</u>来止痒。

D: zuìhǎo zhìliáo zhìchuāng de bànfǎ jiùshì duō chī yǒu xiānwéi de shíwù, duō hē shuǐ. háiyǒu wǒ kěyǐ gěi nǐ kāi wàifū de zhǐtòngyào. nǐ kěyǐ yòng zuòyù lái zhǐyǎng.

D: The best way to treat hemorrhoids is by consuming a diet with more <u>fiber</u> and water. Additionally, I can give you <u>topical</u> pain medication. To help with the itchiness, you can use <u>Sitz baths</u>.

Vocabulary 單字單詞

肛腸外科	肛肠外科	gāngchángwàikē	Anorectal surgery
肛門	肛门	gāngmén	Anus
大便沒大乾淨	大便没大干净	dàbiàn méidà gànjìng	Tenesmus, incomplete emptying of bowel
排便	排便	páibiàn	Bowel movement
腫脹的痛	肿胀的痛	zhǒngzhàngdetòng	Swelling pain
絞痛	绞痛	jiǎotòng	Cramping
灼痛	灼痛	zhuótòng	Burning pain
體重降低	体重降低	tǐzhòng jiàngdī	Weight loss
頭暈	头晕	tóuyūn	Lightheadedness
癢	痒	yǎng	Itch
腹瀉	腹泻	fùxiè	Diarrhea
便秘	便秘	biànmì	Constipation
黏液	黏液	niányì	Mucus
痔瘡	痔疮	zhìchuāng	Hemorrhoid
克隆氏症	克隆氏症	kèlóngshìzhèng	Crohn's disease
潰瘍性結腸炎	溃疡性结肠炎	kuìyángxìngjiéchángyán	Ulcerative colitis
結腸	结肠	jiécháng	Large intestine
大腸激躁症	大肠激躁症	dàcháng jīzào zhèng	Irritable Bowel Syndrome
肛門指檢	肛门指检	gāngmén zhǐjiǎn	Digital rectal exam
直腸	直肠	zhícháng	Rectum
肛門鏡檢查	肛门镜检查	gāngménjìng jiǎnchá	Anoscopy
皮贅	皮赘	pízhuì	Skin tag
外痔瘡	外痔疮	wài zhìchuāng	External hemorrhoid
肛裂	肛裂	gāngliè	Fissure
廔管	廔管	guǎn	Fistula
膿瘍	脓疡	nóngyáng	Abscess
纖維	纤维	xiānwéi	Fiber
外敷	外敷	wàifū	Topical
坐浴	坐浴	zuòyù	Sitz bath

Supplemental Vocabulary 未出現相關單字

內痔瘡	内痔疮	nèi zhìchuāng	Internal hemorrhoid
麩質	麸质	fūzhì	Gluten
麵筋	面筋	miànjīn	Gluten
麩質過敏症	麸质过敏症	fūzhìguòmǐnzhèng	Celiac disease

Lesson 14: 43 F with jaundice and abdominal pain
43 歲女性，黃疸與腹部痛

History of Present Illness

D: 妳好，我是<u>腸胃科</u>田醫生。<u>急診科</u>的于醫生跟我說了妳的情況。妳的<u>腹部</u>哪裡最痛？
D: 妳好，我是<u>肠胃科</u>田医生。<u>急诊科</u>的于医生跟我说了妳的情况。妳的<u>腹部</u>哪里最痛？
D: nǐhǎo, wǒ shì chángwèi kē tián yīshēng. jízhěn kē de yú yīshēng gēn wǒ shuō le nǐde qíngkuàng. nǐde fùbù nǎlǐ zuì tòng?
D: Hi, I am Dr. Tian from <u>Gastroenterology</u>. Dr. Yu from <u>Emergency Medicine</u> has told me a bit about what's been going on. Where in your <u>abdomen</u> does it hurt?

P: 腹部的右邊，靠上面一些。
P: 腹部的右边，靠上面一些。
P: fùbù de yòubian, kào shàngmian yīxiē.
P: On the right, upper side of the abdomen.

D: 有沒有<u>蔓延</u>到別處？
D: 有没有<u>蔓延</u>到别处？
D: yǒu méiyǒu mànyán dào biéchù?
D: Does it <u>move</u> anywhere?

P: 沒有。
P: 没有。
P: méiyǒu.
P: No.

D: 是怎麼個痛法？
D: 是怎么个痛法？
D: shì zěnme gè tòng fǎ?
D: Can you describe the pain?

P: 是<u>持續</u>的痛。
P: 是<u>持续</u>的痛。
P: shì chíxù de tòng.
P: It is a <u>constant</u> aching.

D: 妳的腹部以前有沒有這樣痛過？
D: 妳的腹部以前有没有这样痛过？
D: nǐde fùbù yǐqián yǒu méiyǒu zhèyàng tòng guò?
D: Has your abdomen hurt like this before?

P: 有，吃完飯後偶爾會這樣痛，不過都沒有痛得這麼劇烈。而且通常不會超過一個小時。
P: 有，吃完饭后偶尔会这样痛，不过都没有痛得这么剧烈。而且通常不会超过一个小时。
P: yǒu, chī wán fàn hòu ǒuěr huì zhèyàng tòng, bùguò dōu méiyǒu tòng dé zhème jùliè. érqiě tōngcháng bùhuì chāoguò yīgè xiǎoshí.

問診手冊   67

P: Yes, occasionally I have the same sort of aching pain after eating, but it usually doesn't hurt this much. Additionally, the pain usually subsides after one hour.

D: 這次是什麼時候開始痛？
D: 这次是什么时候开始痛？
D: zhècì shì shénme shíhou kāishǐ tòng?
D: When did it start this time?

P: 已經痛了半天了．
P: 已经痛了半天了．
P: yǐ jīngtòng le bàntiān le.
P: It has already been half a day.

D: 妳有沒有覺得噁心，有沒有嘔吐？
D: 妳有没有觉得恶心，有没有呕吐？
D: nǐ yǒuméiyǒu juéde èxīn, yǒu méiyǒu ǒutù?
D: Have you felt nauseous or vomited?

P: 我一直都覺得噁心，也吐了兩次．
P: 我一直都觉得恶心，也吐了两次．
P: wǒ yīzhí dōu juéde èxīn, yě tǔ le liǎng cì.
P: I continually feel nauseous and have vomited twice.

D: 嘔吐物有沒有帶血？是什麼顏色的？
D: 呕吐物有没有带血？是什么颜色的？
D: ǒutù wù yǒuméiyǒu dài xuě? shì shénme yánsè de?
D: Was there any blood in the vomit? What color was it?

P: 沒有血，是黃色的．
P: 没有血，是黄色的．
P: méiyǒu xuě, shì huángsè de.
P: There was no blood. It was yellow.

D: 妳有沒有發現妳的皮膚比較黃？
D: 妳有没有发现妳的皮肤比较黄？
D: nǐ yǒu méiyǒu fāxiàn nǐde pífū bǐjiào huáng?
D: Have you noticed if your skin has become more yellow?

P: 喔，我沒注意．
P: 喔，我没注意．
P: ō, wǒ méi zhùyì.
P: Oh, I haven't noticed.

Medications and Allergies

D: 最近有沒有服用哪些藥物，包括中藥，泰諾，或其他止痛藥？
D: 最近有没有服用哪些药物，包括中药，泰诺，或其他止痛药？

D: zuìjìn yǒuméiyǒu fúyòng nǎxiē yàowù, bāokuò zhōngyào, tàinuò, huò qítā zhǐtòngyào?
D: Recently, have you taken any medications, including any <u>herbal medication</u>, <u>Tylenol</u>, or <u>pain medication</u>?

P: 沒有，我能不吃藥就不吃。
P: 没有，我能不吃药就不吃。
P: méiyǒu, wǒ néng bù chīyào jiù bù chī.
P: No, I try to avoid taking medicine if at all possible.

Past Medical History

D: 妳有沒有<u>胃潰瘍</u>或<u>肝病</u>？
D: 妳有没有<u>胃溃疡</u>或<u>肝病</u>？
D: nǐ yǒuméiyǒu wèikuìyáng huò gānbìng?
D: Do you have <u>peptic ulcer disease</u> or <u>liver disease</u>?

P: 應該沒有。可是，我以前有過<u>膽結石</u>。
P: 应该没有。可是，我以前有过<u>胆结石</u>。
P: yīnggāi méiyǒu. kěshì, wǒ yǐqián yǒu guò dǎnjiéshí.
P: I shouldn't. However, I have had <u>gallstones</u> in the past.

D: 妳以前有沒有<u>輸過血</u>？
D: 妳以前有没有<u>输过血</u>？
D: nǐ yǐqián yǒuméiyǒu shū guò xuě?
D: Have you ever received a <u>blood transfusion</u>?

P: 沒有。
P: 没有。
P: méiyǒu.
P: No.

Past Surgical History

D: 妳有沒有做過什麼手術，譬如說<u>盲腸切除術</u>？
D: 妳有没有做过什么手术，譬如说<u>盲肠切除术</u>？
D: nǐ yǒu méiyǒu zuò guò shénme shǒushù, pìrúshuō mángcháng qiēchú shù?
D: Have you undergone any surgeries, for example <u>appendectomy</u>?

P: 沒有。
P: 没有。
P: méiyǒu.
P: No.

Social History

D: 妳有<u>抽菸</u>，<u>喝酒</u>，或用其他的<u>毒品</u>嗎？
D: 妳有<u>抽烟</u>，<u>喝酒</u>，或用其他的<u>毒品</u>吗？

問診手冊

D: nǐ yǒu chōuyān, hējiǔ, huò yòng qítāde dúpǐn ma?
D: Do you <u>smoke</u>, <u>drink</u>, or use any other <u>drugs</u>?

P: 我從來沒抽過菸。我不喝酒，不用毒品。
P: 我从来没抽过烟。我不喝酒，不用毒品。
P: wǒ cónglái méi chōu guò yān. wǒ bù hējiǔ, bùyòng dúpǐn.
P: I've never smoked before. I don't drink or use other drugs.

D: 妳最近有沒有去哪裡旅行？
D: 妳最近有没有去哪里旅行？
D: nǐ zuìjìn yǒu méiyǒu qù nǎlǐ lǚxíng?
D: Have you <u>traveled</u> anywhere recently?

P: 沒有。
P: 没有。
P: méiyǒu.
P: No.

Family History

D: 妳父母和兄弟姐妹有沒有哪些<u>慢性疾病</u>或<u>癌症</u>？
D: 妳父母和兄弟姐妹有没有哪些<u>慢性疾病</u>或<u>癌症</u>？
D: nǐ fùmǔ hé xiōngdì jiěmèi yǒu méiyǒu nǎxiē mànxìng jíbìng huò áizhèng?
D: Do your parents or siblings have any <u>chronic diseases</u> or <u>cancer</u>?

P: 都沒有。
P: 都没有。
P: dōu méiyǒu.
P: No.

D: 妳沒<u>發燒</u>，<u>體檢</u>結果顯示<u>黃疸</u>、腹部軟、右上腹部有<u>輕微壓痛</u>。這很有可能是<u>膽管疾病</u>，可是也必須排除其他可能，譬如說肝病、<u>腸阻塞</u>、<u>胰臟炎</u>。我先給妳些止痛藥。妳必須驗血，包括<u>全套血球計數</u>、<u>肝腎功能</u>、<u>電解質</u>、<u>胰臟酵素</u>，和<u>病毒性肝炎的血清學檢測</u>。還有，妳得做<u>腹部</u>的超音波。

D: 妳没<u>发烧</u>，<u>体检</u>结果显示<u>黄疸</u>、腹部软、右上腹部有<u>轻微压痛</u>。这很有可能是<u>胆管疾病</u>，可是也必须排除其他可能，譬如说肝病、<u>肠阻塞</u>、<u>胰脏炎</u>。我先给妳些止痛药。妳必须验血，包括<u>全套血球计数</u>、<u>肝肾功能</u>、<u>电解质</u>、<u>胰脏酵素</u>，和<u>病毒性肝炎的血清学检测</u>。还有，妳得做<u>腹部</u>的超音波。

D: nǐ méi fāshāo, tǐjiǎn jiēguǒ xiǎnshì huángdǎn, fùbù ruǎn, yòushàng fùbù yǒu qīngwēi yātòng. zhè hěn yǒu kěnéng shì dǎnguǎn jíbìng, kěshì yě bìxū páichú qítā kěnéng, pìrúshuō gānbìng, cháng zǔsè, yízāngyán. wǒ xiān gěi nǐ xiē zhǐtòngyào. nǐ bìxū yànxuè, bāokuò quántào xuěqiú jìshù, gānshèn gōngnéng, diànjiězhì, yízāng jiàosù, hé bìngdúxìnggānyán de xuěqīngxué jiǎncè. háiyǒu, nǐ dé zuò fùbù de chāoyīnbō.

D: You have no <u>fever</u>, and your <u>physical exam</u> shows that you are <u>jaundiced</u>, and your abdomen is soft with <u>mild tenderness</u> at the right upper quadrant. This is likely <u>biliary disease</u>. However, I want to rule out other causes such as liver disease, <u>bowel obstruction</u>, and <u>pancreatitis</u>. First, I will give you some pain medication. You will need to get several blood tests, including measuring a complete blood count, liver and kidney function, electrolytes, pancreatic enzymes, and viral hepatitis serologies. In addition, you need an ultrasound of your abdomen.

D: 腹部的超音波顯示妳有總膽管結石，意思就是妳的總膽管被膽結石阻塞了，不過並沒有發炎．驗血結果也支持這個診斷．妳必須住院．明天早上我幫妳做逆行性膽胰管攝影，這個手術會去除阻塞總膽管的膽結石，而且也會在膽管裡放個支架．因為妳有膽結石的病史，妳出院前我會安排普通外科毛醫生幫妳做膽囊切除手術，確保這不會再發生．

D: 腹部的超音波显示妳有总胆管结石，意思就是妳的总胆管被胆结石阻塞了，不过并没有发炎．验血结果也支持这个诊断．妳必须住院．明天早上我帮妳做逆行性胆胰管摄影，这个手术会去除阻塞总胆管的胆结石，而且也会在胆管里放个支架．因为妳有胆结石的病史，妳出院前我会安排普通外科毛医生帮妳做胆囊切除手术，确保这不会再发生．

D: fùbù de chāoyīnbō xiǎnshì nǐ yǒu zǒngdǎnguǎn jiéshí, yìsi jiùshì nǐde zǒngdǎnguǎn bèi dǎnjiéshí zǔsè le, bùguò bìng méiyǒu fāyán. yànxuě jiēguǒ yě zhīchí zhège zhěnduàn. nǐ bìxū zhùyuàn. míngtiān zǎoshang wǒ bāng nǐ zuò nìxíngxìng dǎnyíguǎn shèyǐng, zhège shǒushù huì qùchú zǔsè zǒngdǎnguǎn de dǎnjiéshí, érqiě yě huì zài dǎnguǎn lǐ fàng gè zhījià. yīnwèi nǐ yǒu dǎnjiéshí de bìngshǐ, nǐ chūyuàn qián wǒ huì ānpái pǔtōng wàikē máo yīshēng bāng nǐ zuò dǎnnáng qiēchú shǒushù, quèbǎo zhèbu huì zài fāshēng.

D: Your ultrasound shows choledocholithiasis, meaning there is a gallstone blocking the common bile duct with no infection. Your blood tests support this diagnosis. You will need to be admitted. Tomorrow morning you will undergo Endoscopic Retrograde Cholangiopancreatography, a procedure where I will remove the stone that is blocking the bile duct and put a stent in. Because you have a known history of gallstones, before we discharge you I will arrange for Dr. Mao from general surgery to perform a cholecystectomy so that this won't happen again.

Vocabulary 單字單詞

腸胃科	肠胃科	chángwèikē	Gastroenterology
急診科	急诊科	jízhěnkē	Emergency Medicine
腹部	腹部	fùbù	Abdomen
蔓延	蔓延	mànyán	Radiate, spread
持續	持续	chíxù	Constant
噁心	恶心	ěxīn	Nausea
嘔吐	呕吐	ǒutù	Vomit, emesis
帶血	带血	dàixuě	Bloody (vomit)
中藥	中药	zhōngyào	Herbal medication
泰諾	泰诺	tàinuò	Tylenol
止痛藥	止痛药	zhǐtòngyào	Pain medication, painkiller
胃潰瘍	胃溃疡	wèikuìyáng	Peptic Ulcer Disease
潰瘍	溃疡	kuìyáng	Ulcer
肝病	肝病	gānbìng	Liver disease
膽結石	胆结石	dǎnjiéshí	Gallstone
輸血	输血	shūxuě	Blood transfusion

盲腸切除術	盲肠切除术	mángchángqiēchú shù	Appendectomy
吸菸	吸烟	xīyān	Smoke
喝酒	喝酒	hējiǔ	Drink (alcohol)
毒品	毒品	dúpǐn	Drugs
旅行	旅行	lǚxíng	Travel
慢性疾病	慢性疾病	mànxìng jíbìng	Chronic disease
癌症	癌症	áizhèng	Cancer
發燒	发烧	fāshāo	Fever
體檢	体检	tǐjiǎn	Physical exam
黃疸	黄疸	huángdǎn	Jaundice
輕微壓痛	轻微压痛	qīngwēi yātòng	Mild tenderness
膽管疾病	胆管疾病	dǎnguǎn jíbìng	Biliary disease
腸阻塞	肠阻塞	cháng zǔsè	Bowel obstruction
胰臟炎	胰脏炎	yízàngyán	Pancreatitis
驗血	验血	yànxuè	Blood test
全套血球計數	全套血球计数	quántào xuěqiú jìshù	Complete blood count
肝功能檢查	肝功能检查	gāngōngnéng jiǎnchá	Liver function test
腎功能檢查	肾功能检查	shèngōngnéng jiǎnchá	Kidney function test
電解質	电解质	diànjiězhì	Electrolytes
胰臟酵素	胰脏酵素	yízàng xiàosù	Pancreatic enzymes
病毒性肝炎的血清學檢測	病毒性肝炎的血清学检测	bìngdúxìng gānyán de xuěqīngxué jiǎncè	Viral hepatitis serology
腹腔超音波	腹腔超音波	fùqiāngchāoyīnbō	Abdominal ultrasound
超音波	超音波	chāoyīnbō	Ultrasound
總膽管結石	总胆管结石	zǒngdǎnguǎn jiéshí	Choledocholithiasis
總膽管	总胆管	zǒngdǎnguǎn	Common bile duct
阻塞	阻塞	zǔsè	Obstruction, blockage
發炎	发炎	fāyán	Infection
診斷	诊断	zhěnduàn	Diagnose
住院	住院	zhùyuàn	Admit
逆行性膽胰管攝影	逆行性胆胰管摄影	nìxíngxìng dǎnyíguǎn shèyǐng	Endoscopic Retrograde Cholangio-pancreatography
手術	手术	shǒushù	Procedure
支架	支架	zhījià	Stent
病史	病史	bìngshǐ	Past Medical History
出院	出院	chūyuàn	Discharge
普通外科	普通外科	pǔtōng wàikē	General Surgery
膽囊切除手術	胆囊切除手术	dǎnnáng qiēchú shǒushù	Cholecystectomy
膽囊	胆囊	dǎnnáng	Gallbladder

Supplemental Vocabulary 未出現相關單字

| 膽紅素 | 胆红素 | dǎnhóngsù | Bilirubin |
| 穿孔 | 穿孔 | chuānkǒng | Perforation |

Lesson 15: 61 F with difficulty swallowing
61 歲女性，吞嚥困難

Chief Complaint

D: 你好，我是腸胃科謝醫生，請問你今天為什麼來這裡？
D: 你好，我是肠胃科谢医生，请问你今天为什么来这里？
D: nǐhǎo, wǒ shì chángwèi kē xiè yīshēng, qǐngwèn nǐ jīntiān wèishénme lái zhèlǐ?
D: Hi, I am Dr. Shieh from Gastroenterology. Why did you come in today?

P: 我最近感覺吞嚥困難。
P: 我最近感觉吞咽困难。
P: wǒ zuìjìn gǎnjué tūnyàn kùnnan.
P: Recently I have had difficulty swallowing.

History of Present Illness

D: 這些症狀什麼時候開始的？
D: 这些症状什么时候开始的？
D: zhèxiē zhèngzhuàng shénme shíhou kāishǐ de?
D: When did these symptoms start?

P: 有兩個星期了，剛開始吞食物有些不舒服，我以為是喉嚨發炎，後來我發現食物總是黏著，吞不下去。
P: 有两个星期了，刚开始吞食物有些不舒服，我以为是喉咙发炎，后来我发现食物总是黏着，吞不下去。
P: yǒu liǎng gè xīngqī le, gāng kāishǐ tūnshí wù yǒuxiē bù shūfu, wǒ yǐwéi shì hóulóng fāyán, hòulái wǒ fāxiàn shíwù zǒngshì niánzhe, tūn bù xiàqù.
P: They started about two weeks ago. At first, I had discomfort while swallowing food and thought it was a sore throat. Later on, I noticed that food started to stick and I could not swallow.

D: 有食慾嗎？體重有改變嗎？
D: 有食欲吗？体重有改变吗？
D: yǒu shíyù ma? tǐzhòng yǒu gǎibiàn ma?
D: How is your appetite? Has your weight changed?

P: 食慾不好，而且我的體重這個月下降了五磅。
P: 食欲不好，而且我的体重这个月下降了五磅。
P: shíyù bùhǎo, érqiě wǒde tǐzhòng zhège yuè xiàjiàng le wǔ bàng.
P: My appetite has been poor, and I lost five pounds this month.

Past Medical History

D: 你患有慢性的腸胃病嗎？做過上消化道內視鏡檢查嗎？
D: 你患有慢性的肠胃病吗？做过上消化道内视镜检查吗？

D: nǐ huànyǒu mànxìng de chángwèi bìng ma? zuò guò shàngxiāohuàdào nèishìjìng jiǎnchá ma?
D: Do you suffer from any chronic gastrointestinal diseases? Have you done an upper GI endoscopy before?

P: 我長期以來有慢性胃炎。我以前做過胃鏡和幽門螺旋桿菌檢查，可是結果都是陰性的。
P: 我长期以来有慢性胃炎。我以前做过胃镜和幽门螺旋杆菌检查，可是结果都是阴性的。
P: wǒ chángqīyǐlái yǒu mànxìng wèiyán. wǒ yǐqián zuò guò wèijìng hé yōumén luóxuán gǎnjūn jiǎnchá, kěshì jiēguǒ dōu shì yīnxìng de.
P: I have had chronic gastritis for many years. In the past, I have undergone gastroscopy and testing for H. pylori, but always tested negative.

Social History

D: 你喝酒，抽菸，或者吃檳榔嗎？
D: 你喝酒，抽烟，或者吃槟榔吗？
D: nǐ hējiǔ, chōuyān, huòzhě chī bīnglang ma?
D: Do you drink alcohol, smoke, or chew betel nuts?

P: 我都沒有。
P: 我都没有。
P: wǒ dōu méiyǒu.
P: I do not use any of these.

D: 你常喝很燙的飲料嗎？
D: 你常喝很烫的饮料吗？
D: nǐ cháng hē hěn tàng de yǐnliào ma?
D: Do you drink hot liquids?

P: 我常常喝熱茶。你也知道俗語說，熱水能治癒百病。
P: 我常常喝热茶。你也知道俗语说，热水能治愈百病。
P: wǒ chángcháng hē rèchá. nǐ yě zhīdào, súyǔ shuō rèshuǐ néng zhìyù bǎi bìng.
P: Yes, I often consume hot tea. You know the saying, hot water can cure a hundred illnesses.

D: 你平常常吃很多熏製或醃漬的食物嗎？
D: 你平常常吃很多熏制或腌渍的食物吗？
D: nǐ píngcháng cháng chī hěnduō xūnzhì huò yānzì de shíwù ma?
D: Do you consume a lot of smoked or pickled foods?

P: 應該不會比一般的中國人多吧。不過我喜歡吃醬菜。
P: 应该不会比一般的中国人多吧。不过我喜欢吃酱菜。
P: yīnggāi bùhuì bǐ yībān de zhōngguórén duō bā. bùguò wǒ xǐhuan chī jiàng cài.
P: I'm sure it's not more than the average Chinese. However, I do enjoy eating pickles.

D: 我會幫你安排做上消化道攝影，讓我更了解你吞嚥困難的原因。之後你得做上消化道內視鏡檢查以及切片檢查。活體組織檢查的病理報告會說明你是否有食道癌。

問診手冊

75

D: 我会帮你安排做<u>上消化道摄影</u>，让我更了解你吞咽困难的原因．之后你得做上消化道内视镜检查以及<u>切片检查</u>．<u>活体组织检查</u>的<u>病理报告</u>会说明你是否有<u>食道癌</u>．

D: wǒ huì bāng nǐ ānpái zuò shàngxiāohuàdào shèyǐng, ràng wǒ gèng liǎojiě nǐ tūnyàn kùnnan de yuányīn. zhīhòu nǐ děi zuò shàngxiāohuàdào nèishìjìng jiǎnchá yǐjí qiēpiàn jiǎnchá. huótǐ zǔzhī jiǎnchá de bìnglǐbàogào huì shuōmíng nǐ shìfǒu yǒu shídàoái.

D: I will schedule you for an <u>upper gastrointestinal series</u>, which will help give us more information on why you are having difficulty swallowing. This will be followed up by an Upper GI endoscopy with <u>biopsy</u>. The <u>pathology report</u> on the <u>biopsy</u> will tell us if you have <u>esophageal cancer</u>.

一周後
一周后
yī zhōu hòu
One week later

D: 你的檢查結果顯示你有食道的<u>鱗狀細胞癌</u>．跟食道的<u>腺癌</u>比起來，這是在亞裔裡比較常見的<u>癌症</u>．你接下來需要做<u>電腦斷層掃描</u>來判斷癌症是否<u>轉移了</u>．如果沒有，你得做個<u>胃鏡超音波</u>來看食道癌擴散的程度．做完這些檢查後我們才能斷定<u>化療</u>，<u>放射治療</u>，和動<u>手術</u>哪種組合是最好的．

D: 你的检查结果显示你有食道的<u>鳞状细胞癌</u>．跟食道的<u>腺癌</u>比起来，这是在亚裔里比较常见的<u>癌症</u>．你接下来需要做电脑断层扫描来判断癌症是否<u>转移了</u>．如果没有，你得做个<u>胃镜超音波</u>来看食道癌扩散的程度．做完这些检查后我们才能断定<u>化疗</u>，<u>放射治疗</u>，和动<u>手术</u>哪种组合是最好的．

D: nǐde jiǎnchá jiēguǒ xiǎnshì nǐ yǒu shídào de línzhuàng xìbāo ái. gēn shídào de xiànái bǐqǐ lái, zhè shì zài yàyì lǐ bǐjiào chángjiàn de áizhèng. nǐ jiēxiàlái xūyào zuò diànnǎo duàncéng sǎomiáo lái pànduàn áizhèng shìfǒu zhuǎnyí le. rúguǒ méiyǒu, nǐ děi zuò gè wèijìng chāoyīnbō láikàn shídàoái kuòsàn de chéngdù. zuò wán zhèxiē jiǎnchá hòu wǒmen cáinéng duàndìng huàliáo, fàngshè zhìliáo, hé dòng shǒushù nǎ zhòng zǔhé shì zuìhǎo de.

D: Your test results show that you have <u>squamous cell carcinoma</u> of the esophagus. As opposed to <u>adenocarcinoma</u>, this is one of the <u>cancers</u> more common in Asians. The next step is to undergo a <u>CT scan</u> to assess whether or not there are any <u>metastases</u>. If there are none, then you will undergo an <u>endoscopic ultrasound</u> to assess the extent of the cancer in the esophagus. Together, these tests will decide which combination of <u>chemotherapy</u>, <u>radiation therapy</u>, and <u>surgery</u> is best for you.

Vocabulary 單字單詞

腸胃科	肠胃科	chángwèikē	Gastroenterology
吞嚥困難	吞咽困难	tūnyànkùnnán	Difficulty swallowing, dysphagia
喉嚨發炎	喉咙发炎	hóulóngfāyán	Throat infection
黏	黏	nián	Stick
食慾	食欲	shíyù	Appetite
體重	体重	tǐzhòng	Weight
慢性腸胃病	慢性肠胃病	mànxìng chángwèibìng	Chronic gastrointestinal disease

上消化道內視鏡檢查	上消化道内视镜检查	Shàngxiāohuàdào nèishìjìngjiǎnchá	Upper GI Endoscopy, Esophago-gastroduodenoscopy
慢性胃炎	慢性胃炎	mànxìng wèiyán	Chronic gastritis
胃鏡	胃镜	wèijìng	Gastroscopy
幽門螺旋桿菌	幽门螺旋杆菌	yōumén luóxuán gǎnjūn	*H. pylori*
陽性	阳性	yángxìng	Positive (test)
陰性	阴性	yīnxìng	Negative (test)
喝酒	喝酒	hējiǔ	Drink (alcohol)
抽菸	抽烟	chōuyān	Smoke
檳榔	槟榔	bīngláng	Betel nuts
很燙的飲料	很烫的饮料	hěntàng de yǐnliào	Hot liquids
熏製食物	熏制食物	xūnzhì shíwù	Smoked food
醃漬食物	腌渍食物	yānzì shíwù	Pickled food
醬菜	酱菜	jiàngcài	Chinese pickles
上消化道攝影	上消化道摄影	shǎngxiāohuàdào shèyǐng	Upper gastrointestinal series
切片檢查	切片检查	qiēpiàn jiǎnchá	Biopsy
活體組織檢查	活体组织检查	huótǐzǔzhī jiǎnchá	Biopsy
活檢	活检	huójiǎn	Biopsy
病理報告	病理报告	bìnglǐ bàogào	Pathology report
病理	病理	bìnglǐ	Pathology
食道癌	食道癌	shídàoái	Esophageal cancer
食道	食道	shídào	Esophagus
鱗狀細胞癌	鳞状细胞癌	línzhuàngxìbāo ái	Squamous cell carcinoma
腺癌	腺癌	xiànái	Adenocarcinoma
癌症	癌症	áizhèng	Cancer
電腦斷層掃描	电脑断层扫描	diànnǎoduàncéng sǎomiáo	CT scan
轉移	转移	zhuǎnyí	Metastasis
胃鏡超音波	胃镜超音波	wèijìng chāoyīnbō	Endoscopic ultrasound
超音波	超音波	chāoyīnbō	Ultrasound
化療	化疗	huàliáo	Chemotherapy
放射治療	放射治疗	fàngshè zhìliáo	Radiation therapy
手術	手术	shǒushù	Surgery

Lesson 16:   54 F with bloody stool
54 歲女性，血便

Chief Complaint

D: 妳好，我是腸胃科畢醫生，請問我今天可以怎麼幫妳？
D: 你好，我是肠胃科毕医生，请问我今天可以怎么帮你？
D: nǐhǎo, wǒ shì chángwèi kē bì yīshēng, qǐngwèn wǒ jīntiān kěyǐ zěnme bāng nǐ?
D: Hi, I am Dr. Bi from Gastroenterology. How can I help you today?

P: 畢醫生，我的腹部一直都隱隱作痛，最近還便秘，大便出血．
P: 毕医生，我的腹部一直都隐隐作痛，最近还便秘，大便出血．
P: bì yīshēng, wǒde fùbù yīzhí dōu yǐnyǐnzuòtòng, zuìjìn hái biànmì, dàbiàn chūxuě.
P: Dr. Bi, I feel a dull pain in my abdomen. Recently I have had constipation and bloody stool.

History of Present Illness

D: 什麼時候腹部開始不舒服？便秘和大便出血有多久了？
D: 什么时候腹部开始不舒服？便秘和大便出血有多久了？
D: shénme shíhou fùbù kāishǐ bù shūfu? biànmì hé dàbiàn chūxuě yǒu duōjiǔ le?
D: When did your abdominal pain start? How long have you had the constipation and bloody stool?

P: 腹痛不到一個月，便秘大約一個星期，大便出血有兩三天．
P: 腹痛不到一个月，便秘大约一个星期，大便出血有两三天．
P: fùtòng bùdào yīgè yuè, biànmì dàyuē yīgè xīngqī, dàbiàn chūxuě yǒu liǎng sān tiān.
P: I have had the pain for less than one month, the constipation for about one week, and the bloody stool for two to three days.

D: 血是鮮紅色的嗎，還是大便看起來像柏油一樣黑？擦的紙上有血嗎？擦的時候會痛嗎？
D: 血是鲜红色的吗，还是大便看起来像柏油一样黑？擦的纸上有血吗？擦的时候会痛吗？
D: xuě shì xiān hóngsè de ma, háishi dàbiàn kànqǐlai xiàng bóyóu yīyàng hēi? cā de zhǐ shàng yǒu xuě ma? cā de shíhou huì tòng ma?
D: Is the blood bright red in color, or does the stool look tarry and black? Is there blood when you wipe? Does it hurt when you wipe?

P: 馬桶裡有一點血，擦的紙上沒有．擦的時候不會痛．我的大便看起來和平常一樣．
P: 马桶里有一点血，擦的纸上没有．擦的时候不会痛．我的大便看起来和平常一样．
P: mǎtǒng lǐ yǒu yīdiǎn xuě, cā de zhǐ shàng méiyǒu. cā de shíhou bùhuì tòng. wǒde dàbiàn kànqǐlai hé píngcháng yīyàng.
P: There's been a bit of blood in the toilet and none when I wipe. It does not hurt when I wipe. My stool is the same color as usual.

D: 腹痛有更嚴重或是痛有蔓延嗎？
D: 腹痛有更严重或是痛有蔓延吗？
D: fùtòng yǒu gèng yánzhòng huòshì tòng yǒu mànyán ma?
D: Did the pain worsen or spread?

P: 痛沒有更嚴重，不過現在整個腹部都不舒服。
P: 痛没有更严重，不过现在整个腹部都不舒服。
P: tòng méiyǒu gèng yánzhòng, bùguò xiànzài zhěnggè fùbù dōu bù shūfu.
P: The pain hasn't gotten worse, but my entire abdominal area hurts now.

D: 妳還有沒有別的症狀？
D: 妳还有没有别的症状？
D: nǐ háiyǒu méiyǒu biéde zhèngzhuàng?
D: Do you have any other symptoms?

P: 現在全身無力，食慾也不振。
P: 现在全身无力，食欲也不振。
P: xiànzài quánshēn wúlì, shíyù yě bùzhèn.
P: I feel malaise and loss of appetite.

D: 你的體重有減少嗎？
D: 你的体重有减少吗？
D: nǐde tǐzhòng yǒu jiǎnshǎo ma?
D: Have you lost any weight?

P: 有，我最近六個月瘦了十五磅。
P: 有，我最近六个月瘦了十五磅。
P: yǒu, wǒ zuìjìn liù gè yuè shòu le shíwǔ bàng.
P: Yes, I've lost about 15 pounds in the last 6 months.

D: 你以前腹部有這樣痛過嗎？
D: 你以前腹部有这样痛过吗？
D: nǐ yǐqián fùbù yǒu zhèyàng tòng guò ma?
D: Have you had this sort of abdominal pain before?

P: 沒有。
P: 没有。
P: méiyǒu.
P: No.

Medications and Allergies

D: 你有沒有用抗凝血劑或抗血小板藥品？
D: 你有没有用抗凝血剂或抗血小板药品？
D: nǐ yǒuméiyǒu yòng kàng níngxuě jì huò kàng xuěxiǎobǎn yàopǐn?
D: Do you use any anticoagulants or antiplatelet drugs?

P: 我沒在用薄血藥。
P: 我没在用薄血药。
P: wǒ méi zài yòng bóxuě yào.
P: I'm not using any blood thinners.

Family History

D: 你有沒有家人有過<u>直腸癌</u>或<u>胃腸道基質瘤</u>？
D: 你有没有家人有过<u>直肠癌</u>或<u>胃肠道基质瘤</u>？
D: nǐ yǒu méiyǒu jiārén yǒu guò zhícháng'ái huò wèichángdào jīzhìliú?
D: Has anyone in your family had <u>colorectal cancer</u> or <u>GI stromal tumor</u>?

P: 沒有。
P: 没有。
P: méiyǒu.
P: No.

D: 你有做過<u>大腸鏡檢查</u>嗎？
D: 你有做过<u>大肠镜检查</u>吗？
D: nǐ yǒu zuò guò dàchángjìng jiǎnchá ma?
D: Have you had a <u>colonoscopy</u> before?

P: 從來沒有。
P: 从来没有。
P: cónglái méiyǒu.
P: Never.

D: 你的症狀讓我懷疑是腸胃的問題。我必須做一個<u>直腸檢查</u>，確定你沒有<u>痔瘡</u>。另外，我也要幫你安排做個大腸鏡。從五十歲開始，我們建議每個人十年做一次大腸鏡檢查，如果結果有<u>異常</u>的<u>發現</u>讓我們覺得你得直腸癌的<u>風險</u>更高一些，檢查會更頻繁。因為我們還沒查出你是從哪裡<u>出血</u>，做大腸鏡能一舉兩得，讓我們看到大腸是否有<u>憩室疾病</u>或其他出血的原因，還是因為更嚴重的原因而出血。
D: 你的症状让我怀疑是肠胃的问题。我必须做一个<u>直肠检查</u>，确定你没有<u>痔疮</u>。另外，我也要帮你安排做个大肠镜。从五十岁开始，我们建议每个人十年做一次大肠镜检查，如果结果有<u>异常</u>的<u>发现</u>让我们觉得你得直肠癌的<u>风险</u>更高一些，检查会更频繁。因为我们还没查出你是从哪里<u>出血</u>，做大肠镜能一举两得，让我们看到大肠是否有<u>憩室疾病</u>或其他出血的原因，还是因为更严重的原因而出血。
D: nǐde zhèngzhuàng ràng wǒ huáiyí shì chángwèi de wèntí. wǒ bìxū zuò yīgè zhícháng jiǎnchá, quèdìng nǐ méiyǒu zhìchuāng. lìngwài, wǒ yě yào bāng nǐ ānpái zuò gè dàchángjìng, cóng wǔshí suì kāishǐ, wǒmen jiànyì měi gèrén shínián zuò yīcì dàcháng jìng jiǎnchá, rúguǒ jiēguǒ yǒu yìcháng de fāxiàn ràng wǒmen juéde nǐ dé zhícháng ái de fēngxiǎn gèng gāo yīxiē, jiǎnchá huì gèng pínfán. yīnwèi wǒmen hái méi cháchū nǐ shì cóng nǎlǐ chūxuě, zuò dàchángjìng néng yījǔliǎngdé ràng wǒmen kàndào dàcháng shìfǒu yǒu qìshì jíbìng huò qítā chūxuě de yuányīn, háishi yīnwèi gèng yánzhòng de yuányīn ér chūxuě.
D: These symptoms suggest some underlying intestinal disease. I will have to do a <u>rectal exam</u> to make sure that there are no <u>hemorrhoids</u>. In addition, I will schedule you for a colonoscopy. Beginning at age 50, we suggest that everyone get a colonoscopy every ten years, more frequently if there are <u>abnormal findings</u> that put one at higher <u>risk</u> for colorectal cancer. Since there is an unidentified source of <u>bleeding</u>, the colonoscopy in this

case also doubles to visualize the colon and see if there is any <u>diverticulosis</u> or other cause of bleeding, or if the bleeding is due to a more serious condition.

Vocabulary 單字單詞

腸胃科	肠胃科	chángwèikē	Gastroenterology
隱隱作痛	隐隐作痛	yǐnyǐnzuòtòng	Dull pain
腹部	腹部	fùbù	Abdomen
便秘	便秘	biànmì	Constipation
大便出血	大便出血	dàbiànchūxuě	Bloody stool, hematochezia
鮮紅色	鲜红色	xiānhóngsè	Bright red
柏油一樣黑	柏油一样黑	bóyóu yīyàng hēi	Tarry and black
蔓延	蔓延	mànyán	Spread, radiate
全身無力	全身没力	quánshēnméilì	Malaise
食慾不振	食欲不振	shíyùbùzhèn	Loss of appetite
體重減少	体重减少	tǐzhòng jiǎnshǎo	Weight loss
抗凝血劑	抗凝血剂	kàng níngxuě jì	Anticoagulant
抗血小板藥品	抗血小板药品	kàng xuěxiǎobǎn yàopǐn	Antiplatelet drug
薄血藥	薄血药	bóxuěyào	Blood thinner
大腸鏡檢查	大肠镜检查	dàchángjìng jiǎnchá	Colonoscopy
直腸癌	直肠癌	zhícháng'ái	Colorectal cancer
胃腸道基質瘤	胃肠道基质瘤	wèichángdào jīzhìliú	GI Stromal Tumor
直腸檢查	直肠检查	zhícháng jiǎnchá	Rectal exam
痔瘡	痔疮	zhìchuāng	Hemorrhoid
異常的發現	异常的发现	yìcháng de fāxiàn	Abnormal finding
風險	风险	fēngxiǎn	Risk
出血	出血	chūxuě	Bleeding (internal)
憩室疾病	憩室疾病	qìshì jíbìng	Diverticulosis

Supplemental Vocabulary 未出現相關單字

憩室炎	憩室炎	qìshìyán	Diverticulitis
大便潛血檢查	大便潜血检查	dàbiànqiánxuě jiǎnchá	Fecal Occult Blood Test (FOBT)
大便免疫化學試驗	大便免疫化学试验	dàbiàn miǎnyìhuàxué shìyàn	Fecal Immunochemical Test (FIT)

Lesson 17: 19 M with abdominal pain
19歲男性，腹部痛

Chief Complaint

D: 你好，我是住院醫師楊醫生，請問你今天為什麼來看急診？
D: 你好，我是住院医师杨医生，请问你今天为什么来看急诊？
D: nǐhǎo, wǒ shì zhùyuàn yīshī yáng yīshēng, qǐngwèn nǐ jīntiān wèishénme láikàn jízhěn?
D: Hi, I am Resident Doctor Yang. Why are you here at the emergency room?

P: 醫生早，我今天一起床肚子就很痛．
P: 医生早，我今天一起床肚子就很痛．
P: yīshēng zǎo, wǒ jīntiān yī qǐchuáng dùzi jiù hěn tòng.
P: Good morning, Doctor. I have been feeling pain in my stomach since I woke up today.

History of Present Illness

D: 你能指給我看哪裡痛嗎？
D: 你能指给我看哪里痛吗？
D: nǐ néng zhǐ gěi wǒ kàn nǎlǐ tòng ma?
D: Please point to the location of the pain for me. (R)

P: 在左邊（用手指出部位），對就是這裡．
P: 在左边（用手指出部位），对就是这里．
P: zài zuǒbian (yòng shǒu zhǐchū bùwèi), duì jiùshì zhèlǐ.
P: On the left side (points with finger). Yes, right here.

D: 痛的部位有蔓延嗎？如果有，蔓延到哪裡？
D: 痛的部位有蔓延吗？如果有，蔓延到哪里？
D: tòng de bùwèi yǒu mànyán ma? rúguǒ yǒu, mànyán dào nǎlǐ?
D: Does the pain spread? If so, where does it spread to? (R)

P: 會蔓延到胯下．
P: 会蔓延到胯下．
P: huì mànyán dào kuàxià.
P: It moves to my groin.

D: 有多痛？從一到十用個數字橫量一下，十是最痛．
D: 有多痛？从一到十用个数字横量一下，十是最痛．
D: yǒu duō tòng? cóng yī dào shí yòng gè shùzì héng liáng yīxià, shí shì zuì tòng?
D: On a scale from 1 to 10, 10 being the worst pain, how would you rate your pain? (S)

P: 相當痛，有八或九吧．
P: 相当痛，有八或九吧．
P: xiāngdāng tòng, yǒu bā huò jiǔ ba.
P: Very painful, about eight or nine.

D: 你能描素一下是怎麼痛？
D: 你能描素一下是怎么痛？
D: nǐ néng miáosù yīxià shì zěnme tòng?
D: Can you describe the pain for me? (Q)

P: 是撕裂的痛．
P: 是撕裂的痛．
P: shì sīliè de tòng.
P: It is a tearing pain.

D: 是持續不斷的痛還是間歇的痛？
D: 是持续不断的痛还是间歇的痛？
D: shì chíxù bùduàn de tòng háishi jiànxiē de tòng?
D: Is the pain constant or intermittent? (Q)

P: 是一陣一陣的痛．
P: 是一阵一阵的痛．
P: shì yīzhèn yīzhèn de tòng.
P: It is intermittent.

D: 每隔多久痛一次？有愈來愈痛嗎？
D: 每隔多久痛一次？有愈来愈痛吗？
D: měi gé duōjiǔ tòng yīcì? yǒu yùláiyù tòng ma?
D: How often do you feel the pain? Is it getting worse? (T)

P: 大約每隔半小時就痛一陣，而且愈來愈痛．
P: 大约每隔半小时就痛一阵，而且愈来愈痛．
P: dàyuē měi gé bàn xiǎoshí jiù tòng yīzhèn, érqiě yùláiyù tòng.
P: About every half hour. The pain is getting worse.

D: 最近有沒有撞到哪裡？
D: 最近有没有撞到哪里？
D: zuìjìn yǒu méiyǒu zhuàng dào nǎlǐ?
D: Did you hit anything recently?

P: 沒有，為什麼問這個？
P: 没有，为什么问这个？
P: méiyǒu, wèishénme wèn zhège?
P: No, but why are you asking this?

D: 噢，只是擔心你的內臟，像你的脾臟．
D: 噢，只是担心你的内脏，像你的脾脏．
D: ō, zhǐshì dānxīn nǐde nèizàng, xiàng nǐde pízàng.
D: I was worried about your internal organs such as your spleen.

D: 怎樣才不會那麼痛？

問診手冊

D: 怎样才不会那么痛？
D: zěnyàng cái bùhuì nàme tòng?
D: Does anything make the pain better? (P)

P: 我試過布洛芬，可是沒有減輕疼痛．
P: 我试过布洛芬，可是没有减轻疼痛．
P: wǒ shì guò bùluòfēn, kěshì méiyǒu jiǎnqīng téngtòng.
P: I tried ibuprofen, but it did not help.

D: 你有發燒嗎？
D: 你有发烧吗？
D: nǐ yǒu fāshāo ma?
D: Have you had a fever?

P: 我沒發燒．
P: 我没发烧．
P: wǒ méi fāshāo.
P: No, I have not felt feverish.

D: 你排尿時會痛嗎？
D: 你排尿时会痛吗？
D: nǐ páiniào shí huì tòng ma?
D: Have you noticed any pain when urinating?

P: 不會．
P: 不会．
P: bùhuì.
P: No.

D: 你的尿有帶血嗎？
D: 你的尿有带血吗？
D: nǐde niào yǒu dài xuě ma?
D: Have you noticed any blood in your urine?

P: 沒有，我的尿是淡黃色的．
P: 没有，我的尿是淡黄色的．
P: méiyǒu, wǒde niào shì dànhuángsè de.
P: No, my urine is light yellow.

D: 你或你的家人過去患有腎結石嗎？
D: 你或你的家人过去患有肾结石吗？
D: nǐ huò nǐde jiārén guòqù huànyǒu shènjiéshí ma?
D: Have you or anyone in your family had kidney stones in the past?

P: 沒有．
P: 没有．
P: méiyǒu.

P: No.

D: 你沒發燒，生命徵象也都很正常。你的體檢結果顯示你的腹部軟，無壓痛。我擔心你有腎結石。你要驗血確定你沒有細菌感染，還要測電解質和確定你有正常的腎功能。你也要做個尿分析和腹部的電腦斷層掃描來判定你有沒有腎結石。同時，我會給你開止痛藥。

D: 你没发烧，生命征象也都很正常。你的体检结果显示你的腹部软，无压痛。我担心你有肾结石。你要验血确定你没有细菌感染，还要测电解质和确定你有正常的肾功能。你也要做个尿分析和腹部的电脑断层扫描来判定你有没有肾结石。同时，我会给你开止痛药。

D: nǐ méi fāshāo, shēngmìng zhēngxiàng yě dōu hěn zhèngcháng. nǐde tǐjiǎn jiēguǒ xiǎnshì nǐde fùbù ruǎn, wú yātòng. wǒ dānxīn nǐ yǒu shènjiéshí. nǐ yào yànxuè quèdìng nǐ méiyǒu xìjūn gǎnrǎn, hái yào cè diànjiězhì hé quèdìng nǐ yǒu zhèngcháng de shèngōngnéng. nǐ yě yào zuò gè niàofēnxī hé fùbù de diànnǎo duàncéng sǎomiáo lái pàndìng nǐ yǒu méiyǒu shènjiéshí. Tóngshí, wǒ huì gěi nǐ kāi zhǐtòngyào.

D: You don't have a fever, and your vital signs are all normal. From the physical exam, your abdomen is soft and non-tender. I'm still concerned that you have a kidney stone. I will order some blood tests to make sure you don't have a bacterial infection, and also to check your electrolytes and kidney function. I would also like to get a urinalysis as well as a CT scan of your abdomen to see if we can identify a kidney stone. In the meanwhile, I will give you some pain medication.

Vocabulary 單字單詞

住院醫師	住院医师	zhùyuànyīshī	Resident
急診	急诊	jízhěn	Emergency
肚子	肚子	dùzi	Stomach
蔓延	蔓延	mànyán	Radiate, spread
胯下	胯下	kuàxià	Crotch, groin
橫量	横量	héngliáng	Rate
撕裂的痛	撕裂的痛	sīlièdetòng	Tearing pain
持續不斷	持续不断	chíxù búduàn	Constant
間歇	间歇	jiànxiē	Intermittent
內臟	内脏	nèizàng	Internal organs
脾臟	脾脏	pízàng	Spleen
布洛芬	布洛芬	bùluòfēn	Ibuprofen
發燒	发烧	fāshāo	Fever
排尿	排尿	páiniào	Urinate
帶血	带血	dàixuě	Blood (in)
腎結石	肾结石	shènjiéshí	Kidney stone
生命徵象	生命征象	shēngmìng zhēngxiàng	Vital signs
體檢	体检	tǐjiǎn	Physical exam
軟	软	ruǎn	Soft
無壓痛	无压痛	wúyātòng	Non-tender
驗血	验血	yànxuě	Blood test
細菌感染	细菌感染	xìjūn gǎnrǎn	Bacterial infection

問診手冊

感染	感染	gǎnrǎn	Infection
電解質	电解质	diànjiězhì	Electrolytes
腎功能	肾功能	shèngōngnéng	Kidney function
尿分析	尿分析	niàofēnxī	Urinalysis
電腦斷層掃描	电脑断层扫描	diànnǎoduàncéng sǎomiáo	CT scan
止痛藥	止痛药	zhǐtòngyào	Pain medication, painkiller

Lesson 18:   72 M with cystitis
72 歲男性，膀胱炎

D: 您好，我是泌尿科韓醫生，請問我今天可以怎麼幫您？
D: 您好，我是泌尿科韩医生，请问我今天可以怎么帮您？
D: nínhǎo, wǒ shì mìniào kē hán yīshēng, qǐngwèn wǒ jīntiān kěyǐ zěnme bāng nín?
D: Hi, I am Dr. Han from Urology. How can I help you today?

P: 我最近小便失禁，常常尿來得很急又頻繁，偶爾還會痛和出血。我在別家醫院看過，今天想徵求您的第二意見。
P: 我最近小便失禁，常常尿来得很急又频繁，偶尔还会痛和出血。我在别家医院看过，今天想征求您的第二意见。
P: wǒ zuìjìn xiǎobiàn shījìn, chángcháng niào láide hěn jí yòu pínfán, ǒuěr hái huì tòng hé chūxuě. wǒ zài bié jiā yīyuàn kàn guò, jīntiān xiǎng zhēngqiú nín de dìèr yìjiàn.
P: Recently, I feel like I have lost control of my bladder; often, I have the sudden urge to urinate, and I have needed to urinate more frequently. Sometimes I see blood in my urine and also feel pain. I have seen other doctors and would like to get a second opinion.

D: 您的背會不會痛？
D: 您的背会不会痛？
D: nǐn de bèi huì bùhuì tòng?
D: Do you have any back pain?

P: 會。
P: 会。
P: huì.
P: Yes.

Past Medical History, Past Surgical History

D: 病歷和檢查報告我看了，您以前的醫生怎麼說？
D: 病历和检查报告我看了，您以前的医生怎么说？
D: bìnglì hé jiǎnchá bàogào wǒ kàn le, nín yǐqián de yīshēng zěnme shuō?
D: I have seen your medical record and test reports. What did the previous doctor say?

P: 我女婿說好像是膀胱炎復發。
P: 我女婿说好像是膀胱炎复发。
P: wǒ nǚxu shuō hǎoxiàng shì pángguāngyán fùfā.
P: My son-in-law told me that could be recurrence of cystitis.

D: 我想多了解一下您四年前的手術。
D: 我想多了解一下您四年前的手术。
D: wǒ xiǎng duō liǎojiě yīxià nín sì niánqián de shǒushù.
D: I would like to know more about the surgery you had four years ago.

P: 我因為膀胱炎拖了太久才看醫生，後來做膀胱鏡手術，手術後併發症引起尿道感染和血尿，身體元氣大傷。

P: 我因为膀胱炎拖了太久才看医生，后来做膀胱镜手术，手术后并发症引起尿道感染和血尿，身体元气大伤。

P: wǒ yīnwèi pángguāngyán tuō le tài jiǔ cái kàn yīshēng, hòulái zuò pángguāngjìng shǒushù, shǒushù hòu bìngfāzhèng yǐnqǐ niàodào gǎnrǎn hé xuěniào, shēntǐ yuánqìdàshāng.

P: I had cystitis for too long before I visited a doctor. They performed a cystoscopy, but complications resulted in a urinary tract infection and bloody urine, and he was sapped of all strength.

D: 梁護士，麻煩妳帶老先生先去測前列腺特異抗原，做尿分析，和驗血。接下來我要做肛門指檢。

D: 梁护士，麻烦妳带老先生先去测前列腺特异抗原，做尿分析，和验血。接下来我要做肛门指检。

D: liáng hùshì, máfan nǐ dài lǎo xiānsheng xiān qù cè qiánlièxiàn tèyìkàngyuán, zuò niàofēnxī, hé yànxuě. jiēxiàlái wǒ yào zuò gāngmén zhǐjiǎn.

D: Nurse Liang, this patient needs a prostate-specific antigen test, urinalysis, and blood tests. I will also do a digital rectal exam.

Social History

D: 唐先生，你岳父四年前可能就得了膀胱癌，現有的檢查報告都指向他現在患有前列腺癌，應該是三到四期。他自己知道嗎？

D: 唐先生，你岳父四年前可能就得了膀胱癌，现有的检查报告都指向他现在患有前列腺癌，应该是三到四期。他自己知道吗？

D: táng xiānsheng, nǐ yuèfù sì niánqián kěnéng jiù déle pángguāngái, xiàn yǒude jiǎnchá bàogào dōu zhǐxiàng tā xiànzài huànyǒu qiánlièxiànái, yīnggāi shì sān dào sì qī. tā zìjǐ zhīdào ma?

D: Mr. Tang, your father-in-law probably had bladder cancer 4 years ago. The latest test reports all indicate that he now likely has prostate cancer, possibly stage 3 to 4. Does he know about any of this?

S: 你說對了，這次他以為是膀胱炎復發，不知道是前列腺癌。

S: 你说对了，这次他以为是膀胱炎复发，不知道是前列腺癌。

S: nǐ shuō duìle, zhècì tā yǐwéi shì pángguāngyán fùfā, bù zhīdào shì qiánlièxiànái.

S: You are right; he thinks that this is a recurrence of the cystitis. He does not know that it is prostate cancer yet.

D: 你的岳父會想知道詳細的病情嗎？

D: 你的岳父会想知道详细的病情吗？

D: nǐde yuèfù huì xiǎng zhīdào xiángxì de bìngqíng ma?

D: Does your father-in-law want to know about the diagnosis?

P: 他不想知道，寧可我們幫他做醫療上的決定。

P: 他不想知道，宁可我们帮他做医疗上的决定。

P: tā bùxiǎng zhīdào, nìngkě wǒmen bāng tā zuò yīliáo shàng de juédìng.

P: No, he would rather that we make all of the medical decisions for him.

D: 他有沒有<u>醫療護理代理人</u>？如果沒有，都是哪位家屬幫他做醫療上的決定？
D: 他有没有<u>医疗护理代理人</u>？如果没有，都是哪位家属帮他做医疗上的决定？
D: tā yǒu méiyǒu yīliáo hùlǐ dàilǐrén? rúguǒ méiyǒu, dōu shì nǎ wèi jiāshǔ bāng tā zuò yīliáo shàng de juédìng?
D: Does he have a <u>health care proxy</u>? If not, who is the medical decision maker in the family?

P: 我是醫療護理代理人。可是，我通常會和我的太太和小姨討論後再做決定，因為她們是我岳父的<u>主要照顧者</u>。
P: 我是医疗护理代理人。可是，我通常会和我的太太和小姨讨论后再做决定，因为她们是我岳父的<u>主要照顾者</u>。
P: wǒ shì yīliáo hùlǐ dàilǐrén, kěshì, wǒ tōngcháng huì hé wǒde tàitai hé xiǎo yí tǎolùn hòu zài zuò juédìng. yīnwèi tāmen shì wǒ yuèfù de zhǔyào zhàogu zhě.
P: I am the health care proxy. However, I usually come to a decision after discussing with my wife and sister-in-law because they are his <u>primary caregivers</u>.

D: 你們家屬討論一下再決定怎麼告訴他，可以等到檢查報告出來時再做決定，希望病情比我想像的輕。
D: 你们家属讨论一下再决定怎么告诉他，可以等到检查报告出来时再做决定，希望病情比我想象的轻。
D: nǐmen jiāshǔ tǎolùn yīxià zài juédìng zěnme gàosu tā, kěyǐ děngdào jiǎnchá bàogào chūlái shí zài zuò juédìng, xīwàng bìngqíng bǐ wǒ xiǎngxiàng de qīng.
D: Your family can discuss and decide how to tell him. You can wait until the test results are back. I hope they are better than what I estimated from the reports you brought.

D: 如果<u>確診</u>是前列腺癌，你們也得討論是否做<u>進一步檢查</u>。這些檢查包括<u>攝護腺活檢</u>，<u>前列腺超音波檢查</u>，和<u>核磁共振成像</u>或<u>電腦斷層掃描</u>，檢查結果會確定癌症的分期以及決定<u>治療的選項</u>。
D: 如果<u>确诊</u>是前列腺癌，你们也得讨论是否做<u>进一步检查</u>。这些检查包括<u>摄护腺活检</u>，<u>前列腺超音波检查</u>，和<u>核磁共振成像</u>或<u>电脑断层扫描</u>，检查结果会确定癌症的分期以及决定<u>治疗的选项</u>。
D: rúguǒ quèzhěn shì qiánlièxiànái, nǐmen yě děi tǎolùn shìfǒu zuò jìnyībù jiǎnchá. zhèxiē jiǎnchá bāokuò shèhùxiàn huójiǎn, qiánlièxiàn chāoyīnbō jiǎnchá, hé hécígòngzhèn chéngxiàng huò diànnǎo duàncéng sǎomiáo, jiǎnchá jiéguǒ huì quèdìng áizhèng de fēnqī yǐjí juédìng zhìliáo de xuǎnxiàng.
D: If we <u>confirm</u> he has prostate cancer, you will also need to discuss whether or not to pursue <u>further tests</u>. They include a <u>prostate biopsy</u>, a <u>prostate ultrasound</u>, and an <u>MRI</u> or <u>CT scan</u>, and the results of these tests will determine his cancer's stage and thus <u>treatment options</u>.

D: 此外，我們有一組非常有經驗的<u>紓緩療護團隊醫生</u>。他們可以在患<u>重病</u>的病人治療過程中任何階段加入。他們是減少疾病帶來痛苦和壓力的專家。根據您岳父個人的需要和<u>醫療目標</u>，無論是否接受治療，他們可以幫他做出最佳選擇。這個團隊也替其他病人安排<u>安寧服務</u>，無論是在<u>家中</u>或是在<u>療養院</u>。
D: 此外，我们有一组非常有经验的<u>纾缓疗护团队医生</u>。他们可以在患<u>重病</u>的病人治疗过程中任何阶段加入。他们是减少疾病带来痛苦和压力的专家。根据您岳父个人的需要和<u>医疗目标</u>，

問診手冊　　　　　　　　　　　　　　　　　　　　　　　　　　　　　　　　89

无论是否接受治疗，他们可以帮他做出最佳选择。这个团队也替其他病人安排<u>安宁服务</u>，无论是在<u>家中</u>或是在<u>疗养院</u>。

D: cǐwài, wǒmen yǒu yī zǔ fēicháng yǒu jīngyàn de shūhuǎnliáohù tuánduì yīshēng. tāmen kěyǐ zài huàn zhòngbìng de bìngrén zhìliáo guòchéng zhōng rènhé jiēduàn jiārù. tāmen shì jiǎnshǎo jíbìng dàilái tòngkǔ hé yālì de zhuānjiā. gēnjù nín yuèfù gèrén de xūyào hé yīliáo mùbiāo, wúlùn shìfǒu jiēshòu zhìliáo, tāmen kěyǐ bāng tā zuòchū zuìjiā xuǎnzé. zhège tuánduì yě tì qítā bìngrén ānpái ānníng fúwù, wúlùn shì zài jiāzhōng huò shì zài liáoyǎngyuàn.

D: Additionally, we have a very experienced team of <u>palliative care physicians</u>. It is appropriate at any stage of a <u>serious illness</u> to bring them on board. These physicians are experts at providing relief from symptoms and stresses caused by serious illness. Based on his personal needs and <u>goals of care</u>, and regardless of whether he pursues treatment, they can help determine his optimal treatment plan. They are also the team who help other patients with <u>hospice care</u>, whether at <u>home</u> or at a <u>facility</u>.

Vocabulary 單字單詞

泌尿科	泌尿科	mìniàokē	Urology
小便失禁	小便失禁	xiǎobiànshījìn	Urinary incontinence
尿急	尿急	niàojí	Urinary urgency
尿頻	尿频	niàopín	Frequent urination, polyuria
第二意見	第二意见	dìèr yìjiàn	Second opinion
病歷	病历	bìnglì	Medical record
檢查報告	检查报告	jiǎnchá bàogào	Test reports, test results
復發	复发	fùfā	Recurrence
膀胱炎	膀胱炎	pángguāngyán	Cystitis
手術	手术	shǒushù	Surgery
膀胱鏡手術	膀胱镜手术	pángguāngjìngshǒushù	Cystoscopy
併發症	并发症	bìngfāzhèng	Complication
尿道感染	尿道感染	niàodàogǎnrǎn	Urinary tract infection
血尿	血尿	xuěniào	Blood in urine, hematuria
元氣大傷	元气大伤	yuánqìdàshāng	Sapped of all strength
護士	护士	hùshì	Nurse
前列腺特異抗原	前列腺特异抗原	qiánlièxiàn tèyìkàngyuán	Prostate-specific antigen (PSA)
尿分析	尿分析	niàofēnxī	Urinalysis
驗血	验血	yànxuě	Blood test
肛門指檢	肛门指检	gāngmén zhǐjiǎn	Digital rectal exam
膀胱癌	膀胱癌	pángguāngái	Bladder cancer
膀胱	膀胱	pángguāng	Bladder
前列腺癌	前列腺癌	qiánlièxiànái	Prostate cancer
前列腺	前列腺	qiánlièxiàn	Prostate

繁體	简体	Pinyin	English
期	期	qī	Stage (cancer)
醫療決定	医疗决定	yīliáo juédìng	Medical decision
醫療護理代理人	医疗护理代理人	yīliáo hùlǐ dàilǐrén	Health care proxy
主要照顧者	主要照顾者	zhǔyào zhàoguzhě	Primary caregiver
照顧者	照顾者	zhàoguzhě	Caregiver
確診	确诊	quèzhěn	Confirm (a diagnosis)
進一步檢查	进一步检查	jìnyībù jiǎnchá	Further testing
攝護腺活檢	摄护腺活检	shèhùxiàn huójiǎn	Prostate biopsy
活檢	活检	huójiǎn	Biopsy
直腸前列腺超音波檢查	直肠前列腺超音波检查	zhícháng qiánlièxiàn chāoyīnbō jiǎnchá	Prostate ultrasound
超音波	超音波	chāoyīnbō	Ultrasound
核磁共振成像	核磁共振成像	hécígòngzhèn chéngxiàng	MRI
電腦斷層掃描	电脑断层扫描	diànnǎoduàncéng sǎomiáo	CT scan
治療選項	治疗选项	zhìliáo xuǎnxiàng	Treatment option
紓緩療護團隊醫生	纾缓疗护团队医生	shūhuǎnliáohù tuánduì yīshēng	Palliative care physician
紓緩療護	纾缓疗护	shūhuǎnliáohù	Palliative care
重病	重病	zhòngbìng	Serious illness
醫療目標	医疗目标	yīliáomùbiāo	Goals of care
安寧服務	安宁服务	ānníngfúwù	Hospice care
家中	家中	jiāzhōng	Home (based)
療養院	疗养院	liáoyǎngyuàn	Nursing home, facility

Supplemental Vocabulary 未出現相關單字

繁體	简体	Pinyin	English
心肺復甦術	心肺复苏术	xīnfèifùsūshù	CPR
腫瘤細胞減滅術	肿瘤细胞减灭术	zhǒngliúxìbāo jiǎnmièshù	Debulking
脂肪奶	脂肪奶	zhīfángnǎi	Total Parenteral Nutrition (TPN)

Lesson 19: 38 M with epistaxis and hoarseness
38歲男性，流鼻血與聲音沙啞

D: 你好，我是耳鼻喉科林醫生，請問你今天哪裡不舒服？
D: 你好，我是耳鼻喉科林医生，请问你今天哪里不舒服？
D: nǐhǎo, wǒ shì ěr bí hóu kēlín yīshēng, qǐngwèn nǐ jīntiān nǎlǐ bù shūfu?
D: Hi, I am Dr. Lin from Otolaryngology. What brings you here today?

P: 我最近經常流鼻血，鼻涕也偶爾帶血，還有耳鳴，聲音也變得沙啞，我在別家醫院看了初診，這是我的病歷．
P: 我最近经常流鼻血，鼻涕也偶尔带血，还有耳鸣，声音也变得沙哑，我在别家医院看了初诊，这是我的病历．
P: wǒ zuìjìn jīngcháng liúbíxuě, bítì yě ǒuěr dài xuě, háiyǒu ěrmíng. shēngyīn yě biànde shāyǎ. wǒ zài bié jiā yīyuàn kàn le chūzhěn, zhè shì wǒde bìnglì.
P: Recently, I have had frequent nosebleeds, and sometimes I see blood in my mucus. I also have ringing in my ears and a hoarse voice. I had a preliminary visit at another hospital; here are my medical records.

Family History

D: 嗯，沒看到家族病史，可以說說你家的成員和健康狀況嗎？
D: 嗯，没看到家族病史，可以说说你家的成员和健康状况吗？
D: ēn, méi kàndào jiāzú bìngshǐ, kěyǐ shuōshuo nǐ jiā de chéngyuán hé jiànkāng zhuàngkuàng ma?
D: I don't see any family history written. Can you tell me about your family members and their health?

P: 父親八十歲，母親六十歲，身體都健康，沒有兄弟姐妹．
P: 父亲八十岁，母亲六十岁，身体都健康，没有兄弟姐妹．
P: fùqīn bāshí suì, mǔqīn liùshí suì, shēntǐ dōu jiànkāng, méiyǒu xiōngdì jiěmèi.
P: My father is 80 years old and my mother is 60 years old; both are healthy. I have no siblings.

D: 其他的家族成員呢？有沒有人得過癌症？特別是頭或頸部．
D: 其他的家族成员呢？有没有人得过癌症？特别是头或颈部．
D: qítāde jiāzú chéngyuán ne? yǒu méi yǒurén dé guò áizhèng? tèbié shì tóu huò jǐngbù?
D: How about other family members? Was there anyone who had cancer, especially in the head or neck?

P: 我的家族很大，父親、母親各有六兄弟姐妹，我有二十多個堂和表兄弟姐妹，叔伯阿姨輩都健在，沒聽說有人得癌症．我這一輩好像只有一個堂兄得了鼻咽癌過世，才四十多歲．醫生，不會吧，我才三十多歲．
P: 我的家族很大，父亲、母亲各有六兄弟姐妹，我有二十多个堂和表兄弟姐妹，叔伯阿姨辈都健在，没听说有人得癌症．我这一辈好像只有一个堂兄得了鼻咽癌过世，才四十多岁．医生，不会吧，我才三十多岁．

P: wǒde jiāzú hěndà, fùqīn, mǔqīn gè yǒu liù xiōngdì jiěmèi, wǒ yǒu èrshí duōge táng hé biǎoxiōngdì jiěmèi, shūbai āyí bèi dōu jiànzài, méi tīngshuō yǒurén dé áizhèng. wǒ zhè yī bèi hǎoxiàng zhǐyǒu yīgè tángxiōng déle bíyānái guòshì, cái sìshíduō suì. yīshēng, bùhuì ba, wǒ cái sānshíduō suì.
P: My family has lots of members. Each of my parents had 6 siblings. I have more than 20 cousins. All my uncles and aunts are still living, I am not aware that any of them had cancer. In my generation, I have one cousin who passed away in his 40s from <u>nasopharyngeal cancer</u>. Doctor, you must be kidding, I am only in my 30s.

D: 祖父母和外祖父母那一輩呢？還健在嗎？
D: 祖父母和外祖父母那一辈呢？还健在吗？
D: zǔfùmǔ hé wàizǔfù mǔ nà yī bèi ne? hái jiànzài ma?
D: How about grandparents? Are they still living?

P: 在我出生前都過世了，我不知道是什麼病，沒聽說是癌症．
P: 在我出生前都过世了，我不知道是什么病，没听说是癌症．
P: zài wǒ chūshēng qián dōu guòshì le, wǒ bù zhīdào shì shénme bìng, méi tīngshuō shì áizhèng.
P: They all passed away before I was born. I do not know the cause of death, but it wasn't from cancer.

Social History

D: 請問你是哪裡人？<u>祖籍哪裡</u>？
D: 请问你是哪里人？<u>祖籍哪里</u>？
D: qǐngwèn nǐ shì nǎlǐ rén? zǔjí nǎlǐ?
D: Where did you come from? Where is your <u>ancestral home</u>?

P: 我是從廣東來的．
P: 我是从广东来的．
P: wǒ shì cóng guǎngdōng lái de.
P: I am from the Canton Province in China.

D: 來美國多久了？
D: 来美国多久了？
D: lái měiguó duōjiǔ le?
D: How long have you been in the United States?

P: 兩年前才來美國．
P: 两年前才来美国．
P: liǎng niánqián cái lái měiguó.
P: I came here two years ago.

D: 你做甚麼工作？
D: 你做甚么工作？
D: nǐ zuò shénme gōngzuò?
D: What is your current job?

問診手冊

P: 現在批發建材，像三夾板和隔音板．
P: 现在批发建材，像三夹板和隔音板．
P: xiànzài pīfā jiàncái, xiàng sānjiābǎn hé géyīnbǎn.
P: I'm in the building material wholesale business. I deal with items like plywood and acoustic panels.

D: 你工作的環境乾淨嗎？有很多灰塵，煙，<u>輻射</u>或是<u>化學品</u>？
D: 你工作的环境干净吗？有很多灰尘，烟，<u>辐射</u>或是<u>化学品</u>？
D: nǐ gōngzuò de huánjìng gānjìng ma? yǒu hěnduō huīchén, yān, fúshè, huòshì huàxuépǐn?
D: Is your working environment clean? Are you exposed to lots of dust, smoke, <u>radiation</u>, or <u>chemicals</u>?

P: 移民前是鋸木廠工人，工廠到處都是<u>木屑</u>，現在木屑是少多了，可是都是<u>甲醛</u>味．
P: 移民前是锯木厂工人，工厂到处都是<u>木屑</u>，现在木屑是少多了，可是都是<u>甲醛</u>味．
P: yímín qián shì jùmùchǎng gōngrén, gōngchǎng dàochù dōu shì mùxiè, xiànzài mùxiè shì shǎo duō le, kěshì dōu shì jiǎquán wèi.
P: Before I immigrated, I worked in a factory full of <u>wood chips</u>. There are less wood chips at my current job, but it always smells like <u>formaldehyde</u>.

D: 你移民前和現在每天的工作時間多長？一周做幾天？
D: 你移民前和现在每天的工作时间多长？一周做几天？
D: nǐ yímín qián hé xiànzài měitiān de gōngzuò shíjiān duō cháng? yī zhōu zuò jǐtiān?
D: How many hours did you and do you work per day before and after you immigrated? How many days do you work per week?

P: 一周至少六天，每天至少十個鐘頭．
P: 一周至少六天，每天至少十个钟头．
P: yī zhōu zhìshǎo liù tiān, měitiān zhìshǎo shí gè zhōngtóu.
P: At least 6 days per week, and more than 10 hours per day.

D: 你<u>抽菸</u>嗎？抽多久了，每天抽多少？
D: 你<u>抽烟</u>吗？抽多久了，每天抽多少？
D: nǐ chōuyān ma? chōu duōjiǔ le, měitiān chōu duōshǎo?
D: Do you <u>smoke</u>? Hong long have you been smoking? How many packs do you smoke per day?

P: 有．一天抽一包煙，抽了至少二十年，當然開始比較少．
P: 有．一天抽一包烟，抽了至少二十年，当然开始比较少．
P: yǒu. yī tiān chōu yī bāo yān, chōu le zhìshǎo èrshí nián, dāngrán kāishǐ bǐjiào shǎo.
P: Yes. I have smoked one pack a day for more than 20 years. Well, it was less than one pack at first.

D: 你喝酒嗎？
D: 你喝酒吗？
D: nǐ hējiǔ ma?
D: Do you <u>drink</u>?

Mastering Clinical Conversation

P: 不怎麼喝．
P: 不怎么喝．
P: bùzěnme hē.
P: Not really.

D: 你平常都吃些甚麼？常吃醃製的食品嗎？
D: 你平常都吃些甚么？常吃腌制的食品吗？
D: nǐ píngcháng dōu chī xiē shénme? cháng chī yānzhì de shípǐn ma?
D: What do you eat every day? Do you often eat <u>cured foods</u>?

P: 年輕時幾乎每頓吃臘肉，鹹魚，<u>醬菜</u>，現在少一些．
P: 年轻时几乎每顿吃腊肉，咸鱼，<u>酱菜</u>，现在少一些．
P: niánqīng shí jīhū měi dùn chī làròu, xiányú, jiàngcài, xiànzài shǎo yīxiē.
P: I ate bacon, salted fish, and <u>pickles</u> every meal when I was younger. I eat much less of that now.

D: 我懷疑你有鼻咽癌．我先安排你做<u>抽血檢查</u>，<u>鼻咽</u>和<u>頸部</u>的<u>電腦斷層掃描</u>，和<u>內視鏡切片</u>來斷定這是不是癌症．
D: 我怀疑你有鼻咽癌．我先安排你做<u>抽血检查</u>，<u>鼻咽</u>和<u>颈部</u>的<u>电脑断层扫描</u>，和<u>内视镜切片</u>来断定这是不是癌症．
D: wǒ huáiyí nǐ yǒu bíyānái. wǒ xiān ānpái nǐ zuò chōuxuě jiǎnchá, bíyān hé jǐngbù de diànnǎo duàncéng sǎomiáo, hé nèishìjìng qiēpiàn lái duàndìng zhè shìbùshì áizhèng.
D: I am concerned that you might have nasopharyngeal cancer. We will start with some <u>blood tests</u>, a <u>CT scan</u> of your <u>nasopharynx</u> and neck, and do an <u>endoscope-guided biopsy</u> to determine if this is cancer.

Vocabulary 單字單詞

耳鼻喉科	耳鼻喉科	ěrbíhóukē	Otolaryngology, ENT
流鼻血	流鼻血	liúbíxuě	Nosebleed, epistaxis
鼻涕帶血	鼻涕带血	bítìdàixiě	Blood in mucus
耳鳴	耳鸣	ěrmíng	Tinnitus, ringing in ears
聲音沙啞	声音沙哑	shēngyīnshāyǎ	Hoarseness
初診	初诊	chūzhěn	Preliminary visit, initial visit
病歷	病历	bìnglì	Medical record
家族病史	家族病史	jiāzúbìngshǐ	Family history
癌症	癌症	áizhèng	Cancer
頭	头	tóu	Head
頸部	颈部	jǐngbù	Neck
鼻咽癌	鼻咽癌	bíyānái	Nasopharyngeal cancer
祖籍	祖籍	zǔjí	Ancestral home
輻射	辐射	fúshè	Radiation
化學品	化学品	huàxuépǐn	Chemicals

木屑	木屑	mùxiè	Wood chips
甲醛	甲醛	jiǎquán	Formaldehyde
抽菸	抽烟	chōuyān	Smoke
喝酒	喝酒	hējiǔ	Drink (alcohol)
醃製物	腌制物	yānzhìwù	Cured food
醬菜	酱菜	jiàngcài	Chinese pickles
抽血檢查	抽血检查	chōuxuě jiǎnchá	Blood test
鼻咽	鼻咽	bíyān	Nasopharynx
電腦斷層掃描	电脑断层扫描	diànnǎoduàncéng sǎomiáo	CT scan
內視鏡切片	内视镜切片	nèishìjìng qiēpiàn	Endoscope-guided biopsy

Supplemental Vocabulary 未出現相關單字

牙醫	牙医	yáyī	Dentist
下顎	下颚	xià'è	Jaw
口腔	口腔	kǒuqiāng	Oral cavity
牙齦	牙龈	yáyín	Gums
牙，牙齒	牙，牙齿	yáchǐ	Teeth
口水	口水	kǒushuǐ	Saliva
扁桃腺	扁桃腺	biǎntáoxiàn	Tonsils
扁桃體	扁桃体	biǎntáotǐ	Tonsils
聲帶發炎	声带发炎	shēngdàifāyán	Laryngitis
聲帶	声带	shēngdài	Vocal cord

Lesson 20:   44 M with rash
44 歲男性，皮疹

Chief Complaint

D: 你好，我是<u>皮膚科</u>李醫生，請問你今天哪裡不舒服？
D: 你好，我是<u>皮肤科</u>李医生，请问你今天哪里不舒服？
D: nǐhǎo, wǒ shì pífūkē lǐ yīshēng, qǐngwèn nǐ jīntiān nǎlǐ bù shūfu?
D: Hi, I am Dr. Li from <u>Dermatology</u>. What brings you here today?

P: 我身上長了很多<u>疹子</u>，而且很<u>癢</u>.
P: 我身上长了很多<u>疹子</u>，而且很<u>痒</u>.
P: wǒ shēnshang cháng le hěnduō zhěnzi, érqiě hěn yǎng.
P: My body has lots of <u>itchy rashes</u>.

History of Present Illness

D: 你能告訴我疹子長在哪裡嗎？
D: 你能告诉我疹子长在哪里吗？
D: nǐ néng gàosu wǒ zhěnzi zhǎng zài nǎlǐ ma?
D: Can you tell me where they are located?

P: 沿著<u>肚子</u>和<u>腰</u>上長了快一圈，<u>大腿</u>內側，<u>手臂</u>內側也有.
P: 沿着<u>肚子</u>和<u>腰</u>上长了快一圈，<u>大腿</u>內側，<u>手臂</u>內側也有.
P: yánzhe dùzi hé yāo shàng zhǎng le kuài yī quān, dàtuǐ nèicè, shǒubì nèicè yě yǒu.
P: They almost form a circle around my <u>belly</u> and <u>waist</u>, and are also on my <u>inner thighs</u> and inner <u>arms</u>.

D: 可以脫下上衣和外褲讓我檢查嗎？
D: 可以脱下上衣和外裤让我检查吗？
D: kěyǐ tuō xià shàngyī hé wàikù ràng wǒ jiǎnchá ma?
D: Can you take off your shirt and pants so I can take a look?

D: 什麼時候開始長的？怎麼<u>擴散</u>的？
D: 什么时候开始长的？怎么<u>扩散</u>的？
D: shénme shíhou kāishǐ zhǎng de? zěnme kuòsàn de?
D: When did the rash begin? How did it <u>spread</u>?

P: 快兩星期了，一開始是因為我的<u>皮膚</u>癢，我忍不住一直抓它，抓完就變得又紅又大，有一些上面還有<u>水泡</u>.
P: 快两星期了，一开始是因为我的<u>皮肤</u>痒，我忍不住一直抓它，抓完就变得又红又大，有一些上面还有<u>水泡</u>.
P: kuài liǎng xīngqī le, yī kāishǐ shì yīnwèi wǒde pífū yang, wǒ rěnbuzhù yīzhí zhuā tā, zhuā wán jiù biànde yòu hóng yòu dà, yǒu yīxiē shàngmian háiyǒu shuǐpào.
P: It started almost two weeks ago. At first my <u>skin</u> was so itchy that I couldn't stop scratching. After scratching, they became bigger and redder, and now some have become <u>blisters</u>.

D: 什麼時候特別癢？
D: 什么时候特别痒？
D: shénme shíhou tèbié yǎng?
D: Does it become particularly itchy at a certain time of the day?

P: 我發現洗完澡後又乾又癢．
P: 我发现洗完澡后又干又痒．
P: wǒ fāxiàn xǐ wán zǎo hòu yòu gàn yòu yǎng.
P: I noticed that it feels dry and itchy after I take a shower.

D: 你感覺皮膚乾有多久了？
D: 你感觉皮肤干有多久了？
D: nǐ gǎnjué pífū gàn yǒu duōjiǔ le?
D: How long has your skin been dry?

P: 已經好幾個月了．可是我喝的水一直都夠，所以我不知道皮膚為什麼這麼乾．
P: 已经好几个月了．可是我喝的水一直都够，所以我不知道皮肤为什么这么干．
P: yǐjīng hǎojǐ gè yuè le. kěshì wǒ hē de shuǐ yīzhí dōu gòu, suǒyǐ wǒ bù zhīdào pífū wèishénme zhème gàn.
P: I've noticed that my skin has become dry over the past few months. I've been drinking enough water, so I don't know why.

D: 你有試著擦乳液嗎？
D: 你有试着擦乳液吗？
D: nǐ yǒu shì zhe cā rǔyì ma?
D: Have you tried using lotion?

P: 我沒有用乳液．我有擦藥膏，可是不管用．我今天有帶來給你看．
P: 我没有用乳液．我有擦药膏，可是不管用．我今天有带来给你看．
P: wǒ méi yǒuyòng rǔyì. wǒ yǒu cā yàogāo, kěshì bù guǎnyòng. wǒ jīntiān yǒu dàilái gěi nǐ kàn.
P: No. However, I did try some ointment that did not help. I brought it with me today to show you.

D: 你的指甲有沒有變脆？
D: 你的指甲有没有变脆？
D: nǐde zhǐjia yǒu méiyǒu biàn cuì?
D: Have your nails become brittle?

P: 我沒有注意我的指甲．
P: 我没有注意我的指甲．
P: wǒ méiyǒu zhùyì wǒde zhǐjia.
P: I haven't paid too much attention to my nails.

D: 你有感覺便祕嗎？
D: 你有感觉便秘吗？
D: nǐ yǒu gǎnjué biànmì ma?

D: Have you felt <u>constipated</u>?

P: 我每兩天都會<u>排便</u>，這也是我正常的習慣．
P: 我每两天都会<u>排便</u>，这也是我正常的习惯．
P: wǒ měi liǎng tiān dōu huì páibiàn, zhè yě shì wǒ zhèngcháng de xíguàn.
P: I have <u>bowel movements</u> every other day, which is normal for me.

D: 你最近常覺得<u>累</u>或這<u>疲倦</u>嗎？
D: 你最近常觉得<u>累</u>或这<u>疲倦</u>吗？
D: nǐ zuìjìn cháng juéde lèi huò zhè píjuàn ma?
D: Have you felt <u>tired</u> or <u>fatigued</u> lately?

P: 會，雖然我想參加社交活動或者運動，可是我發現我很容易就累了．
P: 会，虽然我想参加社交活动或者运动，可是我发现我很容易就累了．
P: huì, suīrán wǒ xiǎng cānjiā shèjiāo huódòng huòzhě yùndòng, kěshì wǒ fāxiàn wǒ hěn róngyì jiù lèi le.
P: Yes, even though I want to partake in social activities and exercise, I noticed that I get tired easily.

D: 你的<u>體重</u>有<u>增加</u>或<u>減少</u>嗎？
D: 你的<u>体重</u>有<u>增加</u>或<u>减少</u>吗？
D: nǐde tǐzhòng yǒu zēngjiā huò jiǎnshǎo ma?
D: Have you <u>gained</u> or <u>lost</u> any <u>weight</u>?

P: 我發現我過去三個月<u>不經意</u>的胖了十磅．
P: 我发现我过去三个月<u>不经意</u>的胖了十磅．
P: wǒ fāxiàn wǒ guòqù sān gè yuè bùjīngyì de pàng le shí bàng.
P: I've noticed that I've <u>unintentionally</u> gained about 10 pounds over the past 3 months.

D: 你以前有<u>接觸</u>過<u>輻射</u>嗎？
D: 你以前有<u>接触</u>过<u>辐射</u>吗？
D: nǐ yǐqián yǒu jiēchù guò fúshè ma?
D: Have you been <u>exposed</u> to <u>radiation</u> in the past?

P: 沒有．
P: 没有．
P: méiyǒu.
P: No.

Family History

D: 你或你的家人有<u>甲狀腺</u>的問題嗎？<u>自體免疫疾病</u>呢？
D: 你或你的家人有<u>甲状腺</u>的问题吗？<u>自体免疫疾病</u>呢？
D: nǐ huò nǐde jiārén yǒu jiǎzhuàngxiàn de wèntí ma? zìtǐmiǎnyì jíbìng ne?
D: Have you or anyone in your family had <u>thyroid</u> issues? How about <u>autoimmune diseases</u>?

P: 據我所知都沒有．

問診手冊

P: 據我所知都沒有．
P: jū wǒ suǒzhī dōu méiyǒu.
P: Not that I know of.

D: 從你所描述的症狀和你的神經學檢查顯示肌腱反射減弱，我懷疑你甲狀腺功能低．抽個血檢查你甲狀腺功能的指標能確定我的推斷．不過我也要確保你的症狀不是因為異常的血糖而造成的，所以我要量你的血糖和糖化血紅素．我也會量你的血色素，確定你沒有貧血．
D: 从你所描述的症状和你的神经学检查显示肌腱反射减弱，我怀疑你甲狀腺功能低．抽个血检查你甲狀腺功能的指标能确定我的推断．不过我也要确保你的症状不是因为异常的血糖而造成的，所以我要量你的血糖和糖化血红素．我也会量你的血色素，确定你没有贫血．
D: cóng nǐ suǒ miáoshù de zhèngzhuàng hé nǐde shénjīngxué jiǎnchá xiǎnshì jījiàn fǎnshè jiǎnruò, wǒ huáiyí nǐ jiǎzhuàngxiàn gōngnéng dī. chōu gè xuě jiǎnchá nǐ jiǎzhuàngxiàn gōngnéng de zhǐbiāo néng quèdìng wǒde tuīduàn. bùguò wǒ yě yào quèbǎo nǐde zhèngzhuàng búshi yīnwèi yìcháng de xuětáng ér zàochéng de, suǒyǐ wǒ yào liáng nǐde xuětáng hé tánghuà xuěhóngsù. wǒ yě huì liáng nǐde xuěsèsù, quèdìng nǐ méiyǒu pínxuě.
D: From the symptoms you have described, as well as your neurological exam which shows decreased deep tendon reflexes, this sounds like hypothyroidism. This can be confirmed by blood tests to measure your thyroid hormone levels. However, I also want to make sure that your symptoms are not due to abnormal blood sugar levels, so I will check your blood sugar and Hemoglobin A1c. I will also check your hemoglobin to make sure you are not anemic.

D: 你的疹子應該是因為你一直在抓又乾又癢的皮膚．你可以試著用乳液，一天擦個好幾次，尤其是洗完澡後．
D: 你的疹子应该是因为你一直在抓又干又痒的皮肤．你可以试着用乳液，一天擦个好几次，尤其是洗完澡后．
D: nǐde zhěnzi yīnggāi shì yīnwèi nǐ yīzhí zài zhuā yòu gàn yòu yǎng de pífū. nǐ kěyǐ shì zhe yòng rǔyì, yī tiān cā gè hǎojǐ cì, yóuqí shì xǐ wán zǎo hòu.
D: The rash on your skin is likely due to you scratching your skin because it feels dry and itchy. You should apply lotion to your skin multiple times a day, and especially after you shower.

Vocabulary 單字單詞

皮膚科	皮肤科	pífūkē	Dermatology
癢	痒	yǎng	Itch
疹子	疹子	zhěnzi	Rash
肚子	肚子	dùzi	Stomach
腰	腰	yāo	Waist
大腿	大腿	dàtuǐ	Thigh
內側	内侧	nèicè	Inner (surface)
手臂	手臂	shǒubì	Arm
擴散	扩散	kuòsàn	Spread
皮膚	皮肤	pífū	Skin
水泡	水泡	shuǐpào	Blister
乾	干	gān	Dry

乳液	乳液	rǔyì	Lotion
藥膏	药膏	yàogāo	Ointment
指甲	指甲	zhǐjia	Fingernail
指甲變脆	指甲变脆	zhǐjia biàncuì	Brittle nails
便秘	便秘	biànmì	Constipation
排便	排便	páibiàn	Bowel movement
累	累	lèi	Tired
疲倦	疲倦	píjuàn	Fatigue
增加	增加	zēngjiā	Gained (weight)
減少	减少	jiǎnshǎo	Lost (weight)
體重	体重	tǐzhòng	Weight
不經意的	不经意的	bùjīngyì de	Unintentionally
接觸	接触	jiēchù	Expose
輻射	辐射	fúshè	Radiation
甲狀腺	甲状腺	jiǎzhuàngxiàn	Thyroid
自體免疫疾病	自体免疫疾病	zìtǐmiǎnyì jíbìng	Autoimmune disease
神經學檢查	神经学检查	shénjīngxué jiǎnchá	Neurological exam
肌腱反射	肌腱反射	jījiàn fǎnshè	Deep tendon reflexes
甲狀腺功能低	甲状腺功能低	jiǎzhuàngxiàn gōngnéng dī	Hypothyroidism
抽血檢查	抽血检查	chōuxuě jiǎnchá	Blood test
甲狀腺功能	甲状腺功能	jiǎzhuàngxiàn gōngnéng	Thyroid function
指標	指标	zhǐbiāo	Level (blood test)
血糖	血糖	xuětáng	Blood sugar
異常	异常	yìcháng	Abnormal
糖化血紅素	糖化血红素	tánghuā xuèhóngsù	Hemoglobin A1c
血色素	血红素	xuèhóngsù	Hemoglobin
貧血	贫血	pínxiě	Anemia

Supplemental Vocabulary 未出現相關單字

口腔潰瘍	口腔溃疡	kǒuqiāngkuìyáng	Mouth ulcer
紅斑性狼瘡	红斑性狼疮	hóngbānxìng lángchuāng	Systemic Lupus Erythematosus (SLE)
甲狀腺功能亢進症	甲状腺功能亢进症	jiǎzhuàngxiàn gōngnéng kàngjìn zhèng	Hyperthyroidism
甲亢	甲亢	jiǎkàng	Hyperthyroidism
甲狀腺機能減退	甲状腺机能减退	jiǎzhuàngxiàn jīnéngjiǎntuì	Hypothyroidism
牛皮癬	牛皮癣	niúpíxiǎn	Psoriasis
香港腳	香港脚	xiānggǎngjiǎo	Athletes' foot
灰指甲	灰指甲	huīzhǐjia	Onychomycosis

Lesson 21:   70 F with osteoporosis
70 歲女性，骨質疏鬆症

Chief Complaint

D: 妳好，我是內分泌科蔣醫生，請問我今天可以怎麼幫忙？
D: 妳好，我是内分泌科蒋医生，请问我今天可以怎么帮忙？
D: nǐhǎo, wǒ shì nèifēnmì kē jiǎng yīshēng, qǐngwèn wǒ jīntiān kěyǐ zěnme bāngmáng?
D: Hi, I am Dr. Chiang from Endocrinology. How can I help you today?

P: 我最近很容易摔跤．我女兒原本以為是因為我患有老人癡呆症，可是骨科盧醫生懷疑我有骨質疏鬆症，建議我來見你．
P: 我最近很容易摔跤．我女儿原本以为是因为我患有老人痴呆症，可是骨科卢医生怀疑我有骨质疏松症，建议我来见你．
P: wǒ zuìjìn hěn róngyì shuāijiāo. wǒ nǚér yuánběn yǐwéi shì yīnwèi wǒ huànyǒu lǎorén chīdāizhèng, kěshì gǔkē lú yīshēng huáiyí wǒ yǒu gǔzhìshūsōngzhèng, jiànyì wǒ lái jiàn nǐ.
P: Recently, I have been falling frequently. My daughter thought I had Alzheimer's disease, but Dr. Lu from the Department of Orthopedics suspects I have osteoporosis and recommended that I visit you.

History of Present Illness

D: 什麼時候開始摔跤的？
D: 什么时候开始摔跤的？
D: shénme shíhou kāishǐ shuāijiāo de?
D: When did you first fall?

P: 第一次是在一個月前．
P: 第一次是在一个月前．
P: dìyīcì shì zài yīgè yuè qián.
P: The first time was about one month ago.

D: 一共摔了幾次？怎麼摔的？
D: 一共摔了几次？怎么摔的？
D: yīgòng shuāi le jǐ cì? zěnme shuāi de?
D: How many times did you fall? How did they happen?

P: 摔了三次，一次走斜坡摔倒，另外在浴室，和在陽台．
P: 摔了三次，一次走斜坡摔倒，另外在浴室，和在阳台．
P: shuāi le sāncì, yīcì zǒu xiépō shuāidǎo, lìngwài zài yùshì, hé zài yángtái.
P: I fell three timeS: walking downhill, while in the bathroom, and while on the balcony.

D: 都傷到哪裡？傷的嚴重嗎？
D: 都伤到哪里？伤的严重吗？
D: dōu shāng dào nǎlǐ? shāng de yánzhòng ma?
D: Where were you injured? Was it serious?

P: 分別傷到手腕骨，腳踝，和肋骨，都是擦傷和瘀青。
P: 分别伤到手腕骨，脚踝，和肋骨，都是擦伤和瘀青。
P: fēnbié shāng dàoshǒu wàngǔ, jiǎohuái, hé lèigǔ. dōu shì cāshāng hé yūqīng.
P: My wrist, ankle, and ribs got hurt, respectively. The injuries were only abrasions and bruises.

D: 妳的駝背很厲害，這樣有多久了？
D: 妳的驼背很厉害，这样有多久了？
D: nǐde tuóbèi hěn lìhai, zhèyàng yǒu duōjiǔ le?
D: Your back is very hunched. How long has it been?

P: 這有半年了。
P: 这有半年了。
P: zhè yǒu bànnián le.
P: It has been this way for six months.

D: 沒摔跤前身上有沒有哪裡痛，平時走路腰會痛嗎？
D: 没摔跤前身上有没有哪里痛，平时走路腰会痛吗？
D: méi shuāijiāo qián shēnshàng yǒuméiyǒu nǎlǐ tòng, píngshí zǒulù yāo huì tòng ma?
D: Did you feel any pain in your body before you first fell? Did you feel any lower back pain when walking?

P: 摔跤前都好，平時走路腰不痛，只是腰沒力氣。
P: 摔跤前都好，平时走路腰不痛，只是腰没力气。
P: shuāijiāo qián dōu hǎo, píngshí zǒulù yāo bù tòng, zhǐshì yāo méi lìqi.
P: Before I fell, my lower back felt weak, but there was no pain when walking.

D: 妳得做個雙能量X光吸收檢查來測骨質密度，這可以確診你是否有骨質疏鬆症。妳應該馬上開始吃鈣片和維他命D，如果妳現在沒在吃。參與負重活動和避免吸煙和飲酒對妳也很重要。妳的骨質疏鬆檢查結果出來後我會約個覆診來討論結果。
D: 妳得做个双能量X光吸收检查来测骨质密度，这可以确诊你是否有骨质疏松症。妳应该马上开始吃钙片和维他命D，如果妳现在没在吃。参与负重活动和避免吸烟和饮酒对妳也很重要。妳的骨质疏松检查结果出来后我会约个覆诊来讨论结果。
D: nǐ děi zuò gè shuāngnéngliàng X guāng xīshōu jiǎnchá lái cè gǔzhì mìdù, zhè kěyǐ quèzhěn nǐ shìfǒu yǒu gǔzhìshūsōngzhèng. nǐ yīnggāi mǎshàng kāishǐ chī gài piàn hé wéitāmìng D, rúguǒ nǐ xiànzài méi zài chī. cānyù fùzhòng huódòng hé bìmiǎn xīyān hé yǐnjiǔ duì nǐ yě hěn zhòngyào. nǐde gǔzhìshūsōng jiǎnchá jiéguǒ chūlái hòu wǒ huì yuē gè fùzhěn lái tǎolùn jiéguǒ.
D: You need a DEXA scan, which measures your bone mineral density, to determine if you have osteoporosis. You should start taking calcium and vitamin D supplements right away if you aren't already taking them. It is also important for you to partake in weight-bearing exercise and avoid drinking alcohol and smoking. I'll schedule you for a follow-up to review the DEXA scan results.

八周後
八周后

問診手冊

bā zhōu hòu
8 weeks later

P: 蔣醫生，我的檢查結果如何？我四個禮拜前又跌倒了，這次我腰痛得很厲害．我跌倒後去了急診室，那裡的醫生說我的脊椎有骨折．我有帶來X光檢查的結果．他們給了我止痛藥，可是我吃了後沒有幫助．

P: 蒋医生，我的检查结果如何？我四个礼拜前又跌倒了，这次我腰痛得很厉害．我跌倒后去了急诊室，那里的医生说我的脊椎有骨折．我有带来X光检查的结果．他们给了我止痛药，可是我吃了后没有帮助．

P: jiǎng yīshēng, wǒde jiǎnchá jiēguǒ rúhé? wǒ sìgè lǐbài qián yòu diēdǎo le, zhècì wǒ yāo tòng dé hěn lìhai. wǒ diēdǎo hòu qù le jízhěnshì, nàli de yīshēng shuō wǒde jǐzhuī yǒu gǔzhé, wǒ yǒu dàilái X guāng jiǎnchá de jiēguǒ. tāmen gěi le wǒ zhǐtòngyào, kěshì wǒ chī le hòu méiyǒu bāngzhù.

P: Dr. Chiang, what are the test results? I fell again four weeks ago, and this time my back pain has become quite bad. I went to the emergency room when I fell and was told I had a fracture in my vertebrae. I brought the X-ray results with me. I was given painkillers, but they are not helping.

D: 我很抱歉聽到妳又跌倒了．妳的雙能量X光吸收檢查顯示你有骨質疏鬆症．

D: 我很抱歉听到妳又跌倒了．妳的双能量X光吸收检查显示你有骨质疏松症．

D: wǒ hěn bàoqiàn tīngdào nǐ yòu diēdǎo le. nǐde shuāngnéngliàng X guāng xīshōu jiǎnchá xiǎnshì nǐ yǒu gǔzhìshūsōngzhèng.

D: I'm sorry to hear that you fell again. Your DEXA scan results showed that you have osteoporosis.

P: 我能怎麼辦？
P: 我能怎么办？
P: wǒ néng zěnmebàn?
P: What can I do about it?

D: 現在最重要的兩件事就是降低再次骨折的風險和減少壓縮性骨折造成的疼痛．妳有腸胃病嗎，譬如說潰瘍或胃食道逆流？

D: 现在最重要的两件事就是降低再次骨折的风险和减少压缩性骨折造成的疼痛．妳有肠胃病吗，譬如说溃疡或胃食道逆流？

D: xiànzài zuì zhòngyào de liǎng jiàn shì jiùshì jiàngdī zàicì gǔzhé de fēngxiǎn hé jiǎnshǎo yāsuōxìng gǔzhé zàochéng de téngtòng. nǐ yǒu chángwèi bìng ma, pìrú shuō kuìyáng huò wèishídào nìliú?

D: The most important things are to decrease the risk of future fractures and decrease the pain caused by the compression fracture. Do you have any gastrointestinal diseases such as ulcers or reflux?

P: 我很少會消化不良或燒心．
P: 我很少会消化不良或烧心．
P: wǒ hěnshǎo huì xiāohuà bùliáng huò shāoxīn.
P: I rarely have indigestion or heartburn.

D: 我要開個雙磷酸鹽類藥物,記得要空著肚子服用,服用後的一個小時不要躺下或吃胃乳片.這個要會降低再次骨折的風險.

D: 我要开个双磷酸盐类药物,记得要空着肚子服用,服用后的一个小时不要躺下或吃胃乳片.这个要会降低再次骨折的风险.

D: wǒ yào kāi gè shuāng línsuānyán lèi yàowù. jìde yào kòng zhe dùzi fúyòng, fúyòng hòu de yīgè xiǎoshí bùyào tǎngxià huò chī wèirǔpiàn. zhège yào huì jiàngdī zàicì gǔzhé de fēngxiǎn.

D: I will prescribe a bisphosphonate for you. Remember to take it on an empty stomach and not to lie down or take antacids for an hour after taking this medication. This medication will help decrease the risk of future fractures.

P: 好,那我的腰痛能怎麼辦?
P: 好,那我的腰痛能怎么办?
P: hǎo, nà wǒde yāo tòng néng zěnmebàn?
P: Ok, what can we do about my back pain?

D: 我會幫你安排做核磁共振成像,做完以後推薦妳去看介入放射科的丁醫生.他會和妳討論核磁共振成像的結果,再判斷妳適不適合做椎體成形術或後凸成形術.兩種手術都是注入骨水泥,而且是非住院手術,意思就是手術後只需要觀察幾個小時就能回家了.

D: 我会帮你安排做核磁共振成像,做完以后推荐妳去看介入放射科的丁医生.他会和妳讨论核磁共振成像的结果,再判断妳适不适合做椎体成形术或后凸成形术.两种手术都是注入骨水泥,而且是非住院手术,意思就是手术后只需要观察几个小时就能回家了.

D: wǒ huì bāng nǐ ānpái zuò hécígòngzhèn chéngxiàng, zuò wán yǐhòu tuījiàn nǐ qù kàn jièrù fàngshè kē de dīng yīshēng. tā huì hé nǐ tǎolùn hécígòngzhèn chéngxiàng de jiēguǒ, zài pànduàn nǐ shì bù shìhé zuò chuítǐ chéngxíng shù huò hòutū chéngxíng shù. liǎng zhǒng shǒushù dōu shì zhùrù gǔshuǐní, érqiě shì fēi zhùyuàn shǒushù, yìsi jiùshì shǒushù hòu zhǐ xūyào guānchá jǐ gè xiǎoshí jiù néng huíjiā le.

D: I will schedule you for an MRI and then refer you to Dr. Ding of Interventional Radiology. He will review the MRI results and then decide if you can get a kyphoplasty or vertebroplasty. Both procedures involve injecting a type of cement and will be ambulatory, meaning you will only need to be observed for a few hours after the procedure before going home.

Vocabulary 單字單詞

內分泌科	内分泌科	nèifēnmìkē	Endocrinology
摔跤	摔跤	shuāijiāo	Fall
老人癡呆症	老人痴呆症	lǎorénchīdāizhèng	Alzheimer's disease
骨科	骨科	gǔkē	Orthopedic surgery
骨質疏鬆症	骨质疏松症	gǔzhíshūsōngzhèng	Osteoporosis
傷	伤	shāng	Injury
腕骨	腕骨	wàngǔ	Wrist, carpals
腳踝	脚踝	jiǎohuái	Ankle
肋骨	肋骨	lèigǔ	Rib
擦傷	擦伤	cāshāng	Abrasion
瘀青	瘀青	yūqīng	Bruise

駝背	驼背	tuóbèi	Hunchback, kyphosis
腰痛	腰痛	yāo tòng	Low back pain
雙能量X光吸收檢查	双能量X光吸收检查	shuāngnéngliàng X guāng xīshōu jiǎnchá	DEXA scan
骨質密度	骨质密度	gǔzhì mìdù	Bone mineral density
鈣片	钙片	gàipiàn	Calcium supplement
維他命D	维他命D	wéitāmìng D	Vitamin D
負重活動	负重活动	fùzhòng huódòng	Weight-bearing exercise
喝酒	喝酒	hējiǔ	Drink (alcohol)
吸菸	吸烟	xīyān	Smoke
覆診	覆诊	fùzhěn	Return visit, follow-up
急診室	急诊室	jízhěnshì	Emergency room, emergency department
骨折	骨折	gǔzhé	Fracture
脊椎	脊椎	jǐzhuī	Vertebrae
X光檢查	X光检查	X guāng jiǎnchá	X-ray
止痛藥	止痛药	zhǐtòngyào	Pain medication, painkiller
風險	风险	fēngxiǎn	Risk
壓縮性骨折	压缩性骨折	yāsuōxìng gǔzhé	Compression fracture
腸胃病	肠胃病	chángwèibìng	Gastrointestinal disease
潰瘍	溃疡	kuìyáng	Ulcer
胃食道逆流	胃食道逆流	wèishídàonìliú	Reflux, GERD
消化不良	消化不良	xiāohuàbùliáng	Indigestion
燒心	烧心	shāoxīn	Heartburn
雙磷酸鹽類藥物	双磷酸盐类药物	shuānglínsuānyánlèi yàowù	Bisphosphonate
空著肚子	空着肚子	kōngzhe dùzi	Empty stomach
躺	躺	tǎng	Lie down
胃乳片	胃乳片	wèirǔpiàn	Antacid
核磁共振成像	核磁共振成像	hécígòngzhèn chéngxiàng	MRI
推薦	推荐	tuījiàn	Refer
介入放射科	介入放射科	jièrù fàngshèkē	Interventional Radiology
椎體成形術	椎体成形术	chuítǐchéngxíng shù	Kyphoplasty
後凸成形術	后凸成形术	hòutūchéngxíng shù	Vertebroplasty
打骨水泥	打骨水泥	dá gǔshuǐní	Kyphoplasty or vertebroplasty (colloquial)
手術	手术	shǒushù	Procedure
注入	注入	zhùrù	Inject
骨水泥	骨水泥	gǔshuǐní	Cement

非住院手術	非住院手术	fēi zhùyuàn shǒushù	Ambulatory surgery, Outpatient surgery
觀察	观察	guānchá	Observation

Supplemental Vocabulary 未出現相關單字

空腹	空腹	kōngfù	Empty stomach
類風溼性關節炎	类风湿性关节炎	lèifēngshīxìng guānjiéyán	Rheumatoid Arthritis

Lesson 22: 24 M with low back pain
24 歲男性，腰痛

Chief Complaint

D: 你好，我是<u>骨科</u>劉醫生，請問你今天為什麼來醫院？
D: 你好，我是<u>骨科</u>刘医生，请问你今天为什么来医院？
D: nǐhǎo, wǒ shì gǔkē liú yīshēng, qǐngwèn nǐ jīntiān wèishénme lái yīyuàn?
D: Hi, I am Dr. Liu from the <u>Department of Orthopedic Surgery</u>. Why are you at the hospital today?

P: 劉醫生你好，我的<u>腰</u>一直在<u>痛</u>．
P: 刘医生你好，我的<u>腰</u>一直在<u>痛</u>．
P: liú yīshēng nǐhǎo, wǒde yāo yīzhí zài tòng.
P: Hi, Dr. Liu, I've been having <u>lower back pain</u>.

History of Present Illness

D: 你從什麼時候開始痛？你是怎麼發現痛的？
D: 你从什么时候开始痛？你是怎么发现痛的？
D: nǐ cóng shénme shíhou kāishǐ tòng? nǐ shì zěnme fāxiàn tòng de?
D: When did the pain begin? How did you discover it? (O)

P: 兩三個月前，有一次彎腰搬東西，突然就很痛，站不起來．
P: 两三个月前，有一次弯腰搬东西，突然就很痛，站不起来．
P: liǎng sān gè yuè qián, yǒu yīcì wānyāo bān dōngxi, tūrán jiù hěn tòng, zhàn bù qǐlai.
P: About 2 or 3 months ago, when I bent my back to lift something, suddenly I felt pain and could not stand up.

D: 你能告訴我痛的地方是在哪裡？
D: 你能告诉我痛的地方是在哪里？
D: nǐ néng gàosu wǒ tòng de dìfāng shì zài nǎlǐ?
D: Can tell me where the pain is? (R)

P: 在<u>尾椎</u>上面這一帶．
P: 在<u>尾椎</u>上面这一带．
P: zài wěi chuí shàngmian zhè yīdài.
P: It is in the area above the <u>tailbone</u>.

D: 痛的部位有<u>蔓延</u>嗎？如果有，蔓延到哪裡？
D: 痛的部位有<u>蔓延</u>吗？如果有，蔓延到哪里？
D: tòng de bùwèi yǒu mànyán ma? rúguǒ yǒu, mànyán dào nǎlǐ?
D: Does the pain <u>spread</u>? If so, where does it spread to? (R)

P: 原來只有尾椎上面一小塊不舒服，現在往上面和旁邊蔓延．
P: 原来只有尾椎上面一小块不舒服，现在往上面和旁边蔓延．

P: yuánlái zhǐyǒu wěi chuí shàngmian yī xiǎo kuài bù shūfu, xiànzài wǎng shàngmian hé pángbiān mànyán.
P: At the beginning, I only felt pain in a small area above the tailbone; now, it has spread to the areas above and to the side.

D: 是怎樣的痛？
D: 是怎样的痛？
D: shì zěnyàng de tòng?
D: What kind of pain is it? (Q)

P: 大部分的時候是<u>酸痛</u>，有些時候是<u>尖銳</u>的<u>刺痛</u>，是<u>劇痛</u>。
P: 大部分的时候是<u>酸痛</u>，有些时候是<u>尖锐</u>的<u>刺痛</u>，是<u>剧痛</u>。
P: dàbùfen de shíhou shì suāntòng, yǒuxiē shíhou shì jiānruì de cìtòng, shì jùtòng.
P: Most of time it feels <u>sore</u>, but sometimes it feels <u>sharp</u>, and that is <u>extremely painful</u>.

D: 你現在痛不痛？
D: 你现在痛不痛？
D: nǐ xiànzài tòng bù tòng?
D: Are you currently in pain? (T)

P: 現在不是很痛，不過感覺劇痛的時候，我只能<u>躺著</u>。
P: 现在不是很痛，不过感觉剧痛的时候，我只能<u>躺着</u>。
P: xiànzài búshi hěn tòng, bùguò gǎnjué jùtòng de shíhou, wǒ zhǐnéng tǎng zhe.
P: It is not very painful right now, but when it is extremely painful, I can only <u>lie down</u>.

D: 劇痛的時候每次維持多久？
D: 剧痛的时候每次维持多久？
D: jùtòng de shíhou měicì wéichí duōjiǔ?
D: How long does that extreme pain last? (T)

P: 至少幾分鐘，有時候快半小時。
P: 至少几分钟，有时候快半小时。
P: zhìshǎo jǐ fēnzhōng, yǒushíhou kuài bàn xiǎoshí.
P: At least a few minutes; sometimes it lasts for half an hour.

D: 走路時會更痛嗎？坐下來會減輕痛嗎？
D: 走路时会更痛吗？坐下来会减轻痛吗？
D: zǒulù shí huì gèng tòng ma? zuòxia lái huì jiǎnqīng tòng ma?
D: Does the pain get worse when you walk or get better when you sit down?

P: 不會。
P: 不会。
P: bùhuì.
P: No.

D: 你的<u>胯下</u>有<u>麻痺</u>的感覺嗎？你有沒有<u>大小便失禁</u>？
D: 你的<u>胯下</u>有<u>麻痹</u>的感觉吗？你有没有<u>大小便失禁</u>？

問診手冊

D: nǐde kuàxià yǒu mábì de gǎnjué ma? nǐ yǒu méiyǒu dàxiǎobiàn shījìn?
D: Have you felt any <u>numbness</u> around the <u>groin</u>, or had any <u>fecal or urinary incontinence</u>?

P: 都沒有．
P: 都没有．
P: dōu méiyǒu.
P: No.

Medications and Allergies

D: 你自己有沒有用甚麼方法去減輕痛苦？
D: 你自己有没有用甚么方法去减轻痛苦？
D: nǐ zìjǐ yǒu méi yǒuyòng shénme fāngfǎ qù jiǎnqīng tòngkǔ?
D: Have you tried anything to relieve the pain?

P: 我用過熱敷，塗過Bengay，也貼過狗皮膏藥．我能想到的幾乎都試過了，可是都只能暫時減少痛苦．
P: 我用过热敷，涂过Bengay，也贴过狗皮膏药．我能想到的几乎都试过了，可是都只能暂时减少痛苦．
P: wǒ yòng guò rèfū, tú guò Bengay, yě tiē guò gǒupígāoyao. wǒ néng xiǎngdào de jīhū dōu shì guò le, kěshì dōu zhǐnéng zànshí jiǎnshǎo tòngkǔ.
P: I tried <u>hot compresses</u> and also used Bengay and <u>Medicinal plaster</u>. I tried everything I could think of, but they only give temporary relief.

D: 來見我之前你有沒有看過別的醫生，<u>中醫</u>或是<u>脊椎矯正師</u>？
D: 来见我之前你有没有看过别的医生，<u>中医</u>或是<u>脊椎矫正师</u>？
D: lái jiàn wǒ zhīqián nǐ yǒu méiyǒu kàn guò biéde yīshēng, zhōngyī huòshì jǐzhuī jiǎozhèng shī?
D: Did you see other doctors, <u>traditional Chinese doctors</u>, or <u>chiropractors</u> before seeing me?

P: 都各看過一個月，脊椎矯正師幫我<u>正骨</u>和熱敷，剛開始舒服很多，可是過了兩個星期就復發．中醫師用了<u>針灸</u>，<u>刮痧</u>和<u>拔火罐</u>，可是我的腰痛沒法根治，有時好有時壞．
P: 都各看过一个月，脊椎矫正师帮我<u>正骨</u>和热敷，刚开始舒服很多，可是过了两个星期就复发．中医师用了<u>针灸</u>，<u>刮痧</u>和<u>拔火罐</u>，可是我的腰痛没法根治，有时好有时坏．
P: dōu gè kàn guò yīgè yuè, jǐzhuī jiǎozhèng shī bāng wǒ zhènggǔ hé rèfū, gāng kāishǐ shūfu hěnduō, kěshì guò le liǎng gè xīngqī jiù fùfā, zhōngyīshī yòng le zhēnjiǔ, guāshā hé báhuǒguàn, kěshì wǒde yāotòng méifǎ gēnzhì, yǒushí hǎo yǒushí huài.
P: I saw a traditional Chinese doctor and chiropractor for one month each. The chiropractor helped me with <u>bone alignment</u> and hot compresses. It helped at the beginning, but my lower back pain came back after two weeks. The traditional Chinese doctor used <u>acupuncture</u>, <u>back scraping</u> and <u>fire cupping</u>. However, I still have not gotten rid of my back pain, which comes back occasionally.

D: 你有沒有服用<u>止痛藥</u>或其他藥物？
D: 你有没有服用<u>止痛药</u>或其他药物？
D: nǐ yǒu méiyǒu fúyòng zhǐtòngyào huò qítā yàowù?
D: Did you take any <u>painkillers</u> or other medications?

P: 很痛時會吃阿斯匹林。
P: 很痛时会吃阿斯匹林。
P: hěn tòng shí huì chī āsīpǐlín.
P: I took aspirin when it was very painful.

Social History

D: 你有用違禁毒品嗎？
D: 你有用违禁毒品吗？
D: nǐ yǒuyòng wéijìn dúpǐn ma?
D: Do you use illicit drugs?

P: 從來沒有。
P: 从来没有。
P: cónglái méiyǒu.
P: Never.

D: 你吸菸嗎？
D: 你吸烟吗？
D: nǐ xīyān ma?
D: Do you smoke?

P: 從來沒有。
P: 从来没有。
P: cónglái méiyǒu.
P: Never.

D: 請問你是學生或是已經在工作？
D: 请问你是学生或是已经在工作？
D: qǐngwèn nǐ shì xuésheng huòshì yǐjīng zài gōngzuò?
D: Are you a student or already working?

P: 我現在半工半讀在唸社區大學。
P: 我现在半工半读在念社区大学。
P: wǒ xiànzài bàngōngbàndú zài niàn shèqū dàxué.
P: I am currently a part-time student at community college.

D: 你是學什麼專業？又是做甚麼工作？
D: 你是学什么专业？又是做甚么工作？
D: nǐ shì xué shénme zhuānyè? yòu shì zuò shénme gōngzuò?
D: What are you studying? Where do you work?

P: 我主修運動心理學，下課後或休假日我就開出租車，為了多賺生活費，開車時間很長，有時候開通宵。

P: 我主修运动心理学，下课后或休假日我就开出租车，为了多赚生活费，开车时间很长，有时候开通宵．
P: wǒ zhǔxiū yùndòng xīnlǐxué, xiàkè hòu huò xiūjiàrì wǒ jiù kāi chūzūchē, wèile duō zhuàn shēnghuófèi, kāichē shíjiān hěn cháng, yǒushíhou kāi tōngxiāo.
P: I am studying sports psychology. After school or during the holidays, I am a taxi driver. Although the hours are long and sometimes I drive the whole night, the pay is good.

D: 你經濟上獨立嗎？之前有沒有做過別的工作？
D: 你经济上独立吗？之前有没有做过别的工作？
D: nǐ jīngjì shàng dúlì ma? zhīqián yǒu méiyǒu zuò guò biéde gōngzuò?
D: Are you financially independent? What other jobs have you worked in the past?

P: 我的家人沒法支付我的費用，我剛來美國時做過各種臨時工，像搬運工，高樓玻璃清潔工，臨時替身演員等等．
P: 我的家人没法支付我的费用，我刚来美国时做过各种临时工，像搬运工，高楼玻璃清洁工，临时替身演员等等．
P: wǒde jiārén méifǎ zhīfù wǒde fèiyòng, wǒ gāng lái měiguó shí zuò guò gèzhǒng línshígōng, xiàng bānyùngōng, gāolóu bōli qīngjiégōng, línshí tìshēnyǎnyuán děngděng.
P: My family cannot support me financially. When I first came to the United States, I worked temporary jobs, such as being a porter, high-rise window washer, or stunt double.

D: 你在工作中受過傷嗎？
D: 你在工作中受过伤吗？
D: nǐ zài gōngzuò zhōng shòu guò shāng ma?
D: Have you had any work-related injuries?

P: 一直都是體力活，工作中難免受些小傷．
P: 一直都是体力活，工作中难免受些小伤．
P: yīzhí dōu shì tǐlì huó, gōngzuò zhōng nánmiǎn shòu xiē xiǎo shāng.
P: All of my work has had some physical labor involved, so it is hard to avoid those types of injuries.

D: 來美國前有什麼特別的經歷？
D: 来美国前有什么特别的经历？
D: lái měiguó qián yǒu shénme tè biéde jīnglì?
D: Before coming to the United States, what sort of life experiences did you have?

P: 我是國家二級運動員，主攻男子體操，因運動傷害退役．
P: 我是国家二级运动员，主攻男子体操，因运动伤害退役．
P: wǒ shì guójiā èrjí yùndòngyuán, zhǔgōng nánzǐ tǐcāo, yīn yùndòng shānghài tuìyì.
P: I was a national athlete, focusing on gymnastics. After a sports injury, I retired.

D: 你有沒有得過癌症？
D: 你有没有得过癌症？
D: nǐ yǒu méiyǒu dé guò áizhèng?
D: Have you been diagnosed with any type of cancer before?

P: 沒有。
P: 没有。
P: méiyǒu.
P: No.

D: 你有用過類固醇嗎？
D: 你有用过类固醇吗？
D: nǐ yǒuyòng guò lèigùchún ma?
D: Have you used steroids before?

P: 沒有。
P: 没有。
P: méiyǒu.
P: No.

D: 從剛剛做的體檢看來，你腰痛的原因不是很要緊。因為你形容的痛沒有蔓延到腿，所以不像是坐骨神經痛。你腰痛的原因不像是腰椎間盤脫出。你從來沒用過類固醇，腰部也沒受過創傷，所以腰椎骨折的可能性很低。走路時沒比較痛，所以不像是脊柱狹窄。你的生命徵象和腹部檢查都正常，所以不像是腹主動脈瘤。
D: 从刚刚做的体检看来，你腰痛的原因不是很要紧。因为你形容的痛没有蔓延到腿，所以不像是坐骨神经痛。你腰痛的原因不像是腰椎间盘脱出。你从来没用过类固醇，腰部也没受过创伤，所以腰椎骨折的可能性很低。走路时没比较痛，所以不像是脊柱狭窄。你的生命征象和腹部检查都正常，所以不像是腹主动脉瘤。
D: cóng gānggang zuò de tǐjiǎn kànlai, nǐ yāotòng de yuányīn búshi hěn yàojǐn. yīnwèi nǐ xíngróng de tòng méiyǒu mànyán dào tuǐ, suǒyǐ bù xiàng shì zuògǔ shénjīngtòng. nǐ yāotòng de yuányīn bù xiàng shì yāozhuījiānpán tuōchū. nǐ cónglái méiyòng guò lèigùchún, yāobù yě méi shòu guò chuāngshāng, suǒyǐ yāozhuī gǔzhé de kěnéngxìng hěn dī. zǒulù shí méi bǐjiào tòng, suǒyǐ bù xiàng shì jǐzhù xiázhǎi. nǐde shēngmìng zhēngxiàng hé fùbù jiǎnchá dōu zhèngcháng, suǒyǐ bù xiàng shì fùzhǔdòngmàiliú.
D: From your physical exam, the back pain does not seem to be anything worrying. Because the pain does not radiate down your leg, it does not sound like sciatica, so it is unlikely due to a herniated disc. You have not used steroids in the past or had any trauma, so this is unlikely to be a lumbar spinal fracture. Since the pain is not worsened by walking, it is unlikely to be spinal stenosis. Your vital signs and your abdominal exam are normal, so it is unlikely to be an abdominal aortic aneurysm.

D: 你腰痛最有可能由肌肉拉傷造成的。這段時間你要注意坐的姿勢，也要避免搬重的東西。你可以用熱敷或吃一些非處方藥來止痛，像布洛芬或泰諾。如果腰越來越痛，覺得腿沒力氣或者大小便失禁，請打電話給我們診所。
D: 你腰痛最有可能由肌肉拉伤造成的。这段时间你要注意坐的姿势，也要避免搬重的东西。你可以用热敷或吃一些非处方药来止痛，像布洛芬或泰诺。如果腰越来越痛，觉得腿没力气或者大小便失禁，请打电话给我们诊所。
D: nǐ yāotòng zuì yǒu kěnéng yóu jīròulāshāng zàochéng de. zhè duàn shíjiān nǐ yào zhùyì zuò de zīshì, yě yào bìmiǎn bān zhòng de dōngxi. nǐ kěyǐ yòng rèfū huò chī yīxiē fēi chǔfāng yào lái zhǐtòng, xiàng bùluòfēn huò tàinuò. rúguǒ yāo yuèláiyuè tòng, juéde tuǐ méi lìqi huòzhě dàxiǎobiàn shījìn, qǐng dǎdiànhuà gěi wǒmen zhěnsuǒ.

D: This is most likely a <u>muscle strain</u> of your back. The most important things for you are to maintain good <u>posture</u> and avoid lifting heavy objects. You can use heat packs or take <u>over the counter</u> pain medications such as <u>ibuprofen</u> or <u>Tylenol</u>. If the pain gets worse or if you develop leg weakness or incontinence, please give our clinic a call.

Vocabulary 單字單詞

骨科	骨科	gǔkē	Orthopedic surgery
下腰痛	下腰痛	xiàyāotòng	Low back pain
尾椎	尾椎	wěizhuī	Tailbone
蔓延	蔓延	mànyán	Radiate, spread
酸痛	酸痛	suāntòng	Soreness, ache
尖銳的刺痛	尖锐的刺痛	jiānruìdecìtòng	Sharp pain
劇痛	剧痛	jùtòng	Extreme pain
躺	躺	tǎng	Lie down
麻痺	麻痹	mábì	Numbness
胯下	胯下	kuàxià	Crotch, groin
大小便失禁	大小便失禁	dàxiǎobiàn shījìn	Fecal or urinary incontinence
熱敷	热敷	rèfū	Hot compress
狗皮膏藥	狗皮膏药	gǒupígāoyào	Medicinal plaster (TCM)
中醫	中医	zhōngyī	Traditional Chinese Doctor/Medicine
脊椎矯正師	脊椎矫正师	jǐzhuījiǎozhèngshī	Chiropractor
正骨	正骨	zhènggǔ	bonesetting
針灸	针灸	zhēnjiū	Acupuncture (TCM)
刮痧	刮痧	guāshā	Back scraping (TCM)
拔火罐	拔火罐	báhuǒguàn	Fire cupping (TCM)
止痛藥	止痛药	zhǐtòngyào	Pain medication, painkiller
阿司匹林	阿司匹林	āsīpǐlín	Aspirin
違禁毒品	违禁毒品	wéijìn dúpǐn	Illicit drugs
吸菸	吸烟	xīyān	Smoke
運動傷害	运动伤害	yùndòngshānghài	Sports injury
癌症	癌症	áizhèng	Cancer
類固醇	类固醇	lèigùchún	Steroid
體檢	体检	tǐjiǎn	Physical exam
坐骨神經痛	坐骨神经痛	zuògǔ shénjīngtòng	Sciatica
腰椎間盤脫出	腰椎间盘脱出	yāozhuījiānpán tuōchū	Herniated disc
腰椎骨折	腰椎骨折	yāozhuī gǔzhé	Lumbar spinal fracture
脊柱狹窄	脊柱狭窄	jǐzhù xiázhǎi	Spinal stenosis
生命徵象	生命征象	shēngmìng zhēngxiàng	Vital signs
腹部檢查	腹部检查	fùbù jiǎnchá	Abdominal exam

腹主動脈瘤	腹主动脉瘤	fù zhǔdòngmàiliú	Abdominal aortic aneurysm
肌肉拉傷	肌肉拉伤	jīròu lāshāng	Muscle strain
姿勢	姿势	zīshì	Posture
非處方藥	非处方药	fēi chǔfāngyào	Over the counter
布洛芬	布洛芬	bùluòfēn	Ibuprofen
泰諾	泰诺	tàinuò	Tylenol

Supplemental Vocabulary *未出現相關單字*

臀部	臀部	túnbù	Hips
屁股	屁股	pìgu	Buttocks

Lesson 23: 43 F with flu-like symptoms
43歲女性，流感症狀

Chief Complaint

D: 妳好，我是傳染病科呂醫生，請問妳今天哪裡不舒服？
D: 妳好，我是传染病科吕医生，请问妳今天哪里不舒服？
D: nǐhǎo, wǒ shì chuánrǎnbìng kē lǚ yīshēng, qǐngwèn nǐ jīntiān nǎlǐ bù shūfu?
D: Hi, I am Dr. Lui from the Division of Infectious Diseases. What brings you here today?

P: 我這兩天發高燒，全身痠痛，喉嚨痛。新聞報導說禽流感正流行，我很擔心，因為我的免疫功能比較差。
P: 我这两天发高烧，全身酸痛，喉咙痛。新闻报导说禽流感正流行，我很担心，因为我的免疫功能比较差。
P: wǒ zhè liǎng tiān fā gāoshāo, quánshēn suāntòng, hóulóng tòng. xīnwén bàodǎo shuō qínliúgǎn zhèng liúxíng, wǒ hěn dānxīn, yīnwèi wǒde miǎnyì gōngnéng bǐjiào chà.
P: I have had a high fever, body aches, and a sore throat for two days. There is news that Avian influenza has been spreading. I am worried because I have a weak immune system.

History of Present Illness

D: 妳有沒有咳嗽，呼吸困難嗎？
D: 妳有没有咳嗽，呼吸困难吗？
D: nǐ yǒu méiyǒu késou, hūxī kùnnan ma?
D: Have you had a cough or any difficulty breathing?

P: 我咳嗽沒咳太多，不過呼吸時會痛。
P: 我咳嗽没咳太多，不过呼吸时会痛。
P: wǒ késou méi ké tài duō, bùguò hūxī shí huì tòng.
P: I haven't really coughed that much, but it is painful for me to breathe.

D: 有沒有噁心或嘔吐？
D: 有没有恶心或呕吐？
D: yǒu méiyǒu èxīn huò ǒutù?
D: Have you had any nausea or vomiting?

P: 我覺得噁心，也吐了幾次。我吃什麼都會吐。
P: 我觉得恶心，也吐了几次。我吃什么都会吐。
P: wǒ juéde èxīn, yě tǔ le jǐ cì, wǒ chī shénme dōu huì tǔ.
P: I've also had nausea and vomited multiple times. I am unable to keep food down.

D: 你今年打了流感疫苗嗎？
D: 你今年打了流感疫苗吗？
D: nǐ jīnnián dǎ le liúgǎn yìmiáo ma?
D: Have you received your flu shot this year?

P: 我没打流感疫苗？
P: 我没打流感疫苗？
P: wǒ méi dǎ liúgǎn yìmiáo.
P: I did not get the flu shot.

D: 妳最近有去哪兒旅行嗎？
D: 妳最近有去哪儿旅行吗？
D: nǐ zuìjìn yǒu qù nǎr lǚxíng ma?
D: Have you traveled anywhere recently?

P: 我去了香港，上個禮拜才回來的．
P: 我去了香港，上个礼拜才回来的．
P: wǒ qù le xiānggǎng, shàng gè lǐbài cái huílai de.
P: I traveled to Hong Kong and just returned last week.

Past Medical History

D: 嗯，妳說免疫功能比較差，妳以前有生病住院過嗎？
D: 嗯，妳说免疫功能比较差，妳以前有生病住院过吗？
D: ēn, nǐ shuō miǎnyì gōngnéng bǐjiào chà, nǐ yǐqián yǒu shēngbìng zhùyuàn guò ma?
D: You mentioned that your immune system is weak. Have you been hospitalized before?

P: 有，二年前因為氰化物中毒得了急性腎衰竭而住院．
P: 有，二年前因为氰化物中毒得了急性肾衰竭而住院．
P: yǒu, èr niánqián yīnwèi qínghuàwù zhòngdú déle jíxìng shènshuāijié ér zhùyuàn.
P: Yes, I was in the hospital two years ago due to acute kidney failure caused by cyanide poisoning.

D: 是怎麼治療的？都痊癒了嗎？
D: 是怎么治疗的？都痊愈了吗？
D: shì zěnme zhìliáo de? dōu quányù le ma?
D: How was the treatment? Have you fully recovered?

P: 經過洗腎之後治好了．
P: 经过洗肾之后治好了．
P: jīngguò xǐshèn zhīhòu zhì hǎo le.
P: I was successfully treated via dialysis.

D: 治療過程都順利嗎？有沒有併發症？
D: 治疗过程都顺利吗？有没有并发症？
D: zhìliáo guòchéng dōu shùnlì ma? yǒu méiyǒu bìngfāzhèng?
D: How was the course of treatment? Were there any complications?

P: 就是腎功能恢復的比預期慢，當然現在都恢復了，可是醫生告訴我，我現在免疫功能比以前低．

P: 就是腎功能恢复的比预期慢，当然现在都恢复了，可是医生告诉我，我现在免疫功能比以前低．
P: jiùshì shèngōngnéng huīfù de bǐ yùqī màn, dāngrán xiànzài dōu huīfù le, kěshì yīshēng gàosu wǒ, wǒ xiànzài miǎnyì gōngnéng bǐ yǐqián dī.
P: Well, it took longer than I expected for my kidneys to recover. Of course, they have fully recovered now, but the doctor told me that my immune system is weak.

D: 現在還需要做<u>血液透析</u>嗎？
D: 现在还需要做<u>血液透析</u>吗？
D: xiànzài hái xūyào zuò xuěyìtòuxī ma?
D: Do you still need to undergo <u>hemodialysis</u>?

P: 早就不需要，<u>出院</u>就不需要了．
P: 早就不需要，<u>出院</u>就不需要了．
P: zǎojiù bù xūyào, chūyuàn jiù bù xūyào le.
P: No, not since I was <u>discharged</u>.

D: 妳最近有待在醫院裡嗎？
D: 妳最近有待在医院里吗？
D: nǐ zuìjìn yǒudài zài yīyuàn lǐ ma?
D: Have you spent time in a hospital recently?

P: <u>診所</u>算嗎？我三個禮拜前因為要做<u>多項生理睡眠檢查</u>待了一個晚上．我被<u>診斷</u>出有<u>睡眠窒息症</u>，現在晚上睡覺時要戴<u>連續陽壓呼吸器</u>，很不舒服．
P: <u>诊所</u>算吗？我三个礼拜前因为要做<u>多项生理睡眠检查</u>待了一个晚上．我被<u>诊断</u>出有<u>睡眠窒息症</u>，现在晚上睡觉时要戴<u>连续阳压呼吸器</u>，很不舒服．
P: zhěnsuǒ suàn ma? wǒ sāngè lǐbài qián yīnwèi yào zuò duōxiàng shēnglǐ shuìmián jiǎnchá dài le yīgè wǎnshang. wǒ bèi zhěnduàn chū yǒu shuìmián zhìxī zhèng, xiànzài wǎnshang shuìjiào shí yào dài liánxù yángyā hūxīqì, hěn bù shūfu.
P: Does a <u>clinic</u> count? I had to spend a night there 3 weeks ago to undergo a <u>polysomnography</u>. I was <u>diagnosed</u> with <u>obstructive sleep apnea</u>, and now I have to wear a <u>CPAP</u> machine at night which really bothers me.

D: 妳還有什麼<u>疾病</u>？
D: 妳还有什么<u>疾病</u>？
D: nǐ háiyǒu shénme jíbìng?
D: What other <u>medical conditions</u> do you have?

P: 我有<u>高血壓</u>．
P: 我有<u>高血压</u>．
P: wǒ yǒu gāoxuěyā.
P: I have <u>high blood pressure</u>.

D: 妳發燒到101度，<u>血氧飽和度</u>也偏低，有可能是因為妳疼得無法深呼吸．葉護士會做個<u>鼻咽拭子</u>，之後給妳戴<u>口罩</u>．我要妳去趟<u>急診室</u>，那裡能做更進一步的檢查來診斷妳是否有<u>流感</u>或肺炎．

118   Mastering Clinical Conversation

D: 妳发烧到101度，血氧饱和度也偏低，有可能是因为妳疼得无法深呼吸。叶护士会做个鼻咽拭子，之后给妳戴口罩。我要妳去趟急诊室，那里能做更进一步的检查来诊断妳是否有流感或肺炎。

D: nǐ fāshāo dào 101 dù, xuěyǎng bǎohédù yě piāndī, yǒu kěnéng shì yīnwèi nǐ téng dé wúfǎ shēn hūxī. yè hùshi huì zuò gè bíyān shìzǐ, zhīhòu gěi nǐ dài kǒuzhào. wǒ yào nǐ qù tàng jízhěnshì, nàli néng zuò gèng jìnyībù de jiǎnchá lái zhěnduàn nǐ shìfǒu yǒu liúgǎn huò fèiyán.

D: You have a fever of 101°, and your oxygen saturation is a bit low, partly because the pain is making it difficult to take full breaths. I will have Nurse Yeh do a nose and throat swab, and then you'll be given a mask to wear. I'd like for you to go to the emergency room, where they can do more testing to see if you have the flu or pneumonia.

Vocabulary 單字單詞

傳染病科	传染病科	chuánrǎnbìngkē	Infectious Disease
發高燒	发高烧	fāgāoshāo	High fever
全身痠痛	全身酸痛	quánshēnsuāntòng	Body ache
喉嚨痛	喉咙痛	hóulóngtòng	Sore throat
禽流感	禽流感	qínliúgǎn	Avian influenza
免疫功能	免疫功能	miǎnyìgōngnéng	Immune function
咳嗽	咳嗽	késòu	Cough
呼吸困難	呼吸困难	hūxīkùnnán	Difficulty breathing
噁心	恶心	ěxīn	Nausea
嘔吐	呕吐	ǒutù	Vomit, emesis
流感疫苗	流感疫苗	liúgǎnyìmiáo	Flu shot, flu vaccine
旅行	旅行	lǚxíng	Travel
急性腎衰竭	急性肾衰竭	jíxìngshènshuāijié	Acute kidney failure
氰化物中毒	氰化物中毒	qínghuàwùzhòngdú	Cyanide poisoning
治療	治疗	zhìliáo	Treatment
痊癒	痊愈	quányù	Fully recover
洗腎	洗肾	xǐshèn	Dialysis
併發症	并发症	bìngfāzhèng	Complication
血液透析	血液透析	xuěyètòuxī	Hemodialysis
出院	出院	chūyuàn	Discharge
診所	诊所	zhěnsuǒ	Clinic
多項生理睡眠檢查	多项生理睡眠检查	duōxiàng shēnglǐshuìmián jiǎnchá	Polysomnography
診斷	诊断	zhěnduàn	Diagnose
睡眠窒息症	睡眠窒息症	shuìmián zhìxī zhèng	Obstructive Sleep Apnea
連續陽壓呼吸器	连续阳压呼吸器	liánxù yángyā hūxīqì	CPAP
疾病	疾病	jíbìng	Medical condition
高血壓	高血压	gāoxuěyā	Hypertension
血氧飽和度	血氧饱和度	xuěyǎng bǎohédù	Oxygen saturation

鼻咽拭子	鼻咽拭子	bíyān shìzi	Nose and throat swab
口罩	口罩	kǒuzhào	Mask
急诊室	急诊室	jízhěnshì	Emergency room, emergency department
流感	流感	liúgǎn	Flu
肺炎	肺炎	fèiyán	Pneumonia

Supplemental Vocabulary 未出現相關單字

腹膜透析	腹膜透析	fùmó tòuxī	Peritoneal Hemodialysis
多囊性肾病	多囊性肾病	duōnángxìng shènbìng	Polycystic Kidney Disease (PKD)
尿崩症	尿崩症	niàobēngzhèng	Diabetes insipidus
尿毒综合症	尿毒综合症	niàodú zōnghézhèng	Uremic syndrome

Lesson 24: 31 M with shingles and urethritis
31 歲男性，帶狀皰症與尿道發炎

D: 你好，我是<u>泌尿科</u>胡醫生，請問你今天為什麼來這裡？
D: 你好，我是<u>泌尿科</u>胡医生，请问你今天为什么来这里？
D: nǐhǎo, wǒ shì mìniào kē hú yīshēng, qǐngwèn nǐ jīntiān wèishénme lái zhèlǐ?
D: Hi, I am Dr. Hu from <u>Urology</u>. What brings you here today?

P: 我的<u>尿道發炎</u>，身上長蛇纏腰，我的<u>家庭醫生</u>建議我看<u>專科醫生</u>．
P: 我的<u>尿道发炎</u>，身上长蛇缠腰，我的<u>家庭医生</u>建议我看<u>专科医生</u>．
P: wǒde niàodào fāyán, shēnshang zhǎng shécányāo, wǒde jiātíng yīshēng jiànyì wǒ kàn zhuānkē yīshēng.
P: I got <u>urethritis</u> and also have <u>shingles</u>. My <u>family doctor</u> asked me to see a <u>specialist</u>.

D: 我看了你的<u>病歷</u>和<u>檢驗報告</u>，你認為自己有甚麼病？
D: 我看了你的<u>病历</u>和<u>检验报告</u>，你认为自己有甚么病？
D: wǒ kàn le nǐde bìnglì hé jiǎnyàn bàogào, nǐ rènwéi zìjǐ yǒu shénme bìng?
D: I have seen your <u>medical record</u> and <u>test results</u>. What do you think you have?

P: 難道不是尿道發炎？
P: 难道不是尿道发炎？
P: nándào búshì niàodào fāyán?
P: It is urethritis, isn't it?

D: 因為不確定，所以要見我．你有在吃<u>帶狀皰疹</u>的藥嗎？
D: 因为不确定，所以要见我．你有在吃<u>带状疱疹</u>的药吗？
D: yīnwèi bù quèdìng, suǒyǐ yào jiàn wǒ, nǐ yǒu zài chī dàizhuàngpàozhěn de yào ma?
D: Your doctor was not sure, so he asked you to see me. Have you been taking any medications for the <u>shingles</u>?

P: 沒有．
P: 没有．
P: méiyǒu.
P: No.

D: 下面我要問一些指定的問題．你以前有<u>過性病</u>嗎？譬如說<u>梅毒</u>，<u>淋病</u>，<u>皰疹</u>．
D: 下面我要问一些指定的问题．你以前有过性病吗？譬如说<u>梅毒</u>，<u>淋病</u>，<u>疱疹</u>．
D: xiàmian wǒ yào wèn yīxiē zhǐdìng de wèntí. nǐ yǐqián yǒu guò xìngbìng ma? pìrúshuō méidú, lìnbìng, pàozhěn?
D: I am going to ask you a few standard questions. Have you had any <u>sexually transmitted infections</u>, such as <u>syphilis</u>, <u>gonorrhea</u>, or <u>herpes</u>?

P: 都沒有，尿道炎也是第一次．
P: 都没有，尿道炎也是第一次．
P: dōu méiyǒu, niàodào yán yě shì dìyīcì.
P: I haven't had any of them. This is the first time I have had urethritis.

問診手冊

D: 你的<u>性生活</u>正常嗎？多久一次？
D: 你的<u>性生活</u>正常吗？多久一次？
D: nǐde xìngshēnghuó zhèngcháng ma? duōjiǔ yīcì?
D: Is your <u>sex life</u> normal? How often do you have sex?

P: 可能的話每星期，因該算正常．
P: 可能的话每星期，因该算正常．
P: kěnéng de huà měi xīngqī, yīn gāi suàn zhèngcháng.
P: If possible, I have sex every week. It should be normal.

D: 你有過幾個<u>性伴侶</u>？
D: 你有过几个<u>性伴侣</u>？
D: nǐ yǒu guò jǐgè xìngbànlǚ?
D: How many <u>sexual partners</u> have you had in your lifetime?

P: 不只一個，我記不清楚．
P: 不只一个，我记不清楚．
P: bùzhǐ yīgè, wǒ jì bù qīngchu.
P: More than one, I do not remember the exact number.

D: 跟男人，女人，還是男女都有？
D: 跟男人，女人，还是男女都有？
D: gēn nánrén, nǚrén, háishi nánnǚ dōu yǒu?
D: Have you had sex with men, women or both?

P: 這個問題也要答？
P: 这个问题也要答？
P: zhège wèntí yě yào dá?
P: Do I have to answer this question?

D: 這些問題的真正答案都很重要，它幫助我們找到病因，我會替你的隱私保密．
D: 这些问题的真正答案都很重要，它帮助我们找到病因，我会替你的隐私保密．
D: zhèxiē wèntí de zhēnzhèng dáàn dōu hěn zhòngyào, tā bāngzhù wǒmen zhǎodào bìngyīn, wǒ huì tì nǐde yǐnsī bǎomì.
D: Your truthful answers to these questions are important. They can help us figure out what's going on. Everything you share with me will be kept confidential.

P: 開始只跟女人，現在只跟男人．
P: 开始只跟女人，现在只跟男人．
P: kāishǐ zhī gēn nǚrén, xiànzài zhī gēn nánrén.
P: At first, I only had sex with women, now I only have sex with men.

D: 你第一次跟男人的性行為是什麼時候？
D: 你第一次跟男人的性行为是什么时候？
D: nǐ dìyīcì gēn nánrén de xìngxíngwéi shì shénme shíhou?
D: When was the first time that you had sex with a man?

P: 兩三年以前。
P: 两三年以前。
P: liǎng sānnián yǐqián.
P: About two or three years ago.

D: 請你再說一次，現在你有幾個性伴侶？
D: 请你再说一次，现在你有几个性伴侣？
D: qǐng nǐ zàishuō yīcì, xiànzài nǐ yǒu jǐgè xìngbànlǚ?
D: How many sexual partners do you have now?

P: 不只一個，但是也不多。
P: 不只一个，但是也不多。
P: bùzhǐ yīgè, dànshì yě bù duō.
P: More than one, but not too many.

D: 性行為時有沒有採取<u>保護措施</u>？
D: 性行为时有没有采取<u>保护措施</u>？
D: xìngxíngwéi shí yǒu méiyǒu cǎiqǔ bǎohù cuòshī?
D: Do you use any <u>protection</u> when you have sex?

P: 一直都用<u>保險套</u>，我們都很小心。
P: 一直都用<u>保险套</u>，我们都很小心。
P: yīzhí dōu yòng bǎoxiǎntào, wǒmen dōu hěn xiǎoxīn.
P: I always use <u>condoms</u>; we are very careful.

D: 你是<u>插入方</u>，<u>接受方</u>，還是<u>兩者都有</u>？
D: 你是<u>插入方</u>，<u>接受方</u>，还是<u>两者都有</u>？
D: nǐ shì chārù fang, jiēshòu fang, háishi liǎngzhě dōu yǒu?
D: Are you the <u>insertive partner</u>, <u>receptive partner</u>, or are you <u>versatile</u>?

P: 我是<u>1號</u>，絕不是<u>0號</u>。
P: 我是<u>1号</u>，绝不是<u>0号</u>。
P: wǒ shì yīhào jué búshi línghào.
P: I am <u>on top</u>, never <u>on the bottom</u>.

D: 你<u>注射</u>過毒品嗎？
D: 你<u>注射</u>过毒品吗？
D: nǐ zhùshè guò dúpǐn ma?
D: Have you ever used any <u>IV drugs</u>?

P: 沒有。
P: 没有。
P: méiyǒu.
P: No.

D: 你有<u>輸過</u>血嗎？

問診手冊

D: 你有输过血吗？
D: nǐ yǒu shū guò xuě ma?
D: Have you ever received a blood transfusion?

P: 沒有．
P: 没有．
P: méiyǒu.
P: No.

D: 你以前有聽過或做過全套性病篩檢嗎？
D: 你以前有听过或做过全套性病筛检吗？
D: nǐ yǐqián yǒu tīngguò huò zuòguò quántào xìngbìng shāijiǎn ma?
D: Have you heard or have you had a sexually transmitted infection screening?

P: 沒有聽過更沒有做過．
P: 没有听过更没有做过．
P: méiyǒu tīngguò gèng méiyǒu zuòguò.
P: I have never heard about it or done one before.

D: 你知不知道你的性伴侶有沒有性病？
D: 你知不知道你的性伴侣有没有性病？
D: nǐ zhī bù zhīdào nǐde xìngbànlǚ yǒuméiyǒu xìngbìng?
D: Do you know if any of your sexual partners have any sexually transmitted infections?

P: 我從來沒問過．
P: 我从来没问过．
P: wǒ cónglái méi wèn guò.
P: I never asked.

D: 因為你的性伴侶的愛滋病感染情況不明，你有沒有想過除了用保險套之外還用愛滋病毒暴露前預防性投藥？
D: 因为你的性伴侣的爱滋病感染情况不明，你有没有想过除了用保险套之外还用爱滋病毒暴露前预防性投药？
D: yīnwèi nǐde xìngbànlǚ de àizībìng gǎnrǎn qíngkuàng bùmíng, nǐ yǒuméiyǒu xiǎngguò chúle yòng bǎoxiǎntào zhīwài hái yòng àizībìngdú bàolùqián yùfángxìngtóuyào?
D: Since you have sex with multiple partners of unknown HIV status, have you ever thought about using some form of HIV pre-exposure prophylaxis medication along with always using condoms?

P: 我不知道有那種藥存在．
P: 我不知道有那种药存在．
P: wǒ bù zhīdào yǒu nàzhǒng yào cúnzài.
P: I didn't know that existed.

D: 像你一樣的年輕人生這種病是很不平常的事．為了找出原因，我想做全套性病篩檢，包括愛滋病、梅毒、淋病、衣原體、皰疹、B型與C型肝炎．

D: 像你一样的年轻人生这种病是很不平常的事,为了找出原因,我想做全套性病筛检,包括爱滋病、梅毒、淋病、衣原体、疱疹、B型与C型肝炎.

D: xiàng nǐ yīyàng de niánqīng rén shēng zhèzhǒng bìng shì hěn bù píngcháng de shì. wèile zhǎochū yuányīn, wǒ xiǎng zuò quántào xìngbìng shāijiǎn, bāokuò àizībìng, méidú, lìnbìng, yīyuántǐ, pàozhěn, B xíng yǔ C xíng gānyán.

D: It is uncommon for young men like you to get these infections. To find out why, I would like to screen for sexually transmitted infections, including HIV, syphilis, gonorrhea, chlamydia, herpes, Hepatitis B and C.

Vocabulary 單字單詞

泌尿科	泌尿科	mìniàokē	Urology
尿道發炎	尿道发炎	niàodàofāyán	Urethritis
蛇纏腰	蛇缠腰	shéchányāo	Shingles (colloquial)
專科醫生	专科医生	zhuānkē yīshēng	Specialist
病歷	病历	bìnglì	Medical record
檢驗報告	检验报告	jiǎnyàn bàogào	Test reports, test results
帶狀皰疹	带状疱疹	dàizhuàngpàozhěn	Shingles
性病	性病	xìngbìng	Sexually transmitted infection
梅毒	梅毒	méidú	Syphilis
淋病	淋病	lìnbìng	Gonorrhea
皰疹	疱疹	pàozhěn	Herpes
性生活	性生活	xìng shēnghuó	Sex life
性伴侶	性伴侣	xìngbànlǔ	Sexual partner
保護措施	保护措施	bǎohù cuòshī	Protection
保險套	保险套	bǎoxiǎntào	Condom
接受方	接受方	jiēshòufāng	Receptive partner (MSM)
插入方	插入方	chārùfāng	Insertive partner (MSM)
兩者都有	两者都有	liǎngzhě dōuyǒu	Versatile (MSM)
1號	1号	yīhào	On top (MSM)
0號	0号	línghào	On the bottom (MSM)
注射毒品	注射毒品	zhùshè dúpǐn	Intravenous drug
輸血	输血	shūxuě	Blood transfusion
全套性病篩檢	全套性病筛检	quántào xìngbìng shāijiǎn	STI screening
篩檢	筛检	shāijiǎn	Screening
愛滋病感染情況不明	爱滋病感染情况不明	àizībìng gǎnrǎnqíngkuàng bùmíng	Unknown HIV status
愛滋病	艾滋病	àizībìng	HIV/AIDS
暴露前預防性投藥	暴露前预防性投药	bàolùqián yùfángxìng tóuyào	Pre-exposure prophylaxis

問診手冊

衣原體	衣原体	yīyuántǐ	Chlamydia
B型肝炎	B型肝炎	B xínggānyán	Hepatitis B
C型肝炎	C型肝炎	C xínggānyán	Hepatitis C

Supplemental Vocabulary 未出現相關單字

| 靜脈注射 | 静脉注射 | jìngmàizhùshè | IV injection |

Lesson 25: 21 F with headache
21 歲女性，頭痛

Chief Complaint

D: 妳好，我是腦神經內科張醫生，請問妳今天哪兒不舒服？
D: 妳好，我是脑神经内科张医生，请问妳今天哪儿不舒服？
D: nǐhǎo, wǒ shì nǎoshénjīng nèikē zhāng yīshēng, qǐngwèn nǐ jīntiān nǎr bù shūfu?
D: Hi, I am Dr. Zhang from Neurology. What brings you here today?

P: 張醫生，我頭痛了將近兩個月．
P: 张医生，我头痛了将近两个月．
P: zhāng yīshēng, wǒ tóutòng le jiāngjìn liǎng gè yuè.
P: Dr. Zhang, I have had headaches for almost two months.

History of Present Illness

D: 請妳講得詳細一些．妳的痛是怎麼樣開始的？
D: 请妳讲得详细一些．妳的痛是怎么样开始的？
D: qǐng nǐ jiǎng dé xiángxì yīxiē. nǐde tòng shì zěnmeyàng kāishǐ de?
D: Can you describe in more detail how your headaches started? (O)

P: 不知道怎麼開始的，不過第一次頭痛是因為咳嗽和打噴嚏．
P: 不知道怎么开始的，不过第一次头痛是因为咳嗽和打喷嚏．
P: bù zhīdào zěnme kāishǐ de, bùguò dìyīcì tóutòng shì yīnwèi késou hé dǎpēntì.
P: I do not know how it started, but the first time was after I coughed and sneezed.

D: 頭疼都是突然開始還是逐漸加重？
D: 头疼都是突然开始还是逐渐加重？
D: tóuténg dōu shì tūrán kāishǐ háishi zhújiàn jiāzhòng?
D: Does the headache start suddenly or gradually? (O)

P: 都是漸漸地加重．
P: 都是渐渐地加重．
P: dōu shì jiànjiàn de jiāzhòng.
P: It is gradual.

D: 現在每天痛幾次？每次痛多久？
D: 现在每天痛几次？每次痛多久？
D: xiànzài měitiān tòng jǐ cì? měicì tòng duōjiǔ?
D: How many times do you have headaches each day now? How long do they last? (T)

P: 現在幾乎每天早上都會痛，每次痛大概有半小時．
P: 现在几乎每天早上都会痛，每次痛大概有半小时．
P: xiànzài jīhū měitiān zǎoshang dōu huì tòng, měicì tòng dàgài yǒu bàn xiǎoshí.
P: I feel pain almost every morning now, and it lasts about half an hour.

D: 每次痛有多痛？
D: 每次痛有多痛？
D: měicì tòng yǒu duō tòng?
D: How strong is the pain? (S)

P: 有時很痛有時不怎麼痛．
P: 有时很痛有时不怎么痛．
P: yǒushí hěn tòng yǒushí bùzěnme tòng.
P: Sometimes it is very painful, but other times it is not so painful.

D: 是<u>隱隱作痛</u>還是很<u>沉重的痛</u>？
D: 是<u>隐隐作痛</u>还是很<u>沉重的痛</u>？
D: shì yǐnyǐnzuòtòng háishi hěn chénzhòng de tòng?
D: Is it a <u>dull pain</u> or <u>crushing pain</u>? (Q)

P: 都有，通常是隱隱作痛，像有什麼在<u>擠壓著</u>我的頭．
P: 都有，通常是隐隐作痛，像有什么在<u>挤压着</u>我的头．
P: dōu yǒu, tōngcháng shì yǐnyǐnzuòtòng, xiàng yǒu shénme zài jǐyā zhe wǒde tóu.
P: Both. Usually it is a dull pain, like something squeezing my head.

D: 頭哪裡疼痛？
D: 头哪里疼痛？
D: tóu nǎlǐ téngtòng?
D: Where is the pain?

P: 在<u>額頭</u>的兩邊，有時候我的<u>脖子</u>也會痛．
P: 在<u>额头</u>的两边，有时候我的<u>脖子</u>也会痛．
P: zài étóu de liǎngbian, yǒushíhou wǒde bózi yě huì tòng.
P: It is around the <u>forehead</u> on both sides, sometimes my neck as well.

D: 做什麼事或動作會增加或減低妳的頭痛？
D: 做什么事或动作会增加或减低妳的头痛？
D: zuò shénme shì huò dòngzuò huì zēngjiā huò jiǎndī nǐde tóutòng?
D: Do any activities or movements make your headache worse or better? (P)

P: 運動後頭痛似乎好一<u>些</u>，生氣或吵架後就很糟．
P: 运动后头痛似乎好一<u>些</u>，生气或吵架后就很糟．
P: yùndòng hòu tóutòng sìhū hǎo yīxiē, shēngqì huò chǎojià hòu jiù hěn zāo.
P: After exercising, my headache seems better, but when I am angry or after quarreling, it is worse.

D: 這種疼痛影響妳的<u>日常生活</u>，工作，或學習嗎？
D: 这种疼痛影响妳的<u>日常生活</u>，工作，或学习吗？
D: zhèzhǒng téngtòng yǐngxiǎng nǐde rìcháng shēnghuó, gōngzuò, huò xuéxí ma?
D: Has the pain affected your <u>day-to-day activities</u>, work, or studies?

128 Mastering Clinical Conversation

P: 當然，我通常就會有些<u>焦慮</u>，頭痛時更沒辦法<u>專心</u>，不管是做什麼事。
P: 当然，我通常就会有些<u>焦虑</u>，头痛时更没办法<u>专心</u>，不管是做什么事。
P: dāngrán. wǒ tōngcháng jiù huì yǒuxiē jiāolǜ, tóutòng shí gèng méi bànfǎ zhuānxīn, bùguǎn shì zuò shénme shì.
P: Of course. I'm usually quite <u>anxious</u>, but when this hits me, I cannot <u>concentrate</u>, no matter what I am doing.

D: 頭痛開始前有沒有症狀？有沒有任何<u>先兆</u>，像閃光、難聞的氣味。
D: 头痛开始前有没有症状？有没有任何<u>先兆</u>，像闪光、难闻的气味。
D: tóutòng kāishǐ qián yǒu méiyǒu zhèngzhuàng? yǒu méiyǒu rènhé xiānzhào, xiàng shǎnguāng, nánwén de qìwèi?
D: Do you have any symptoms before the headache starts? Do you have <u>auras</u> such as a flickering light or strange smell?

P: 都沒有。
P: 都没有。
P: dōu méiyǒu.
P: No.

D: 頭痛發作時呢？有沒有噁心或嘔吐？會不會對很吵的聲音或很強烈的光線特別<u>敏感</u>，導致妳想在一個安靜又光線暗的房間裡？
D: 头痛发作时呢？有没有恶心或呕吐？会不会对很吵的声音或很强烈的光线特别<u>敏感</u>，导致妳想在一个安静又光线暗的房间里？
D: tóutòng fāzuò shí ne? yǒu méiyǒu èxīn huò ǒutù? huì bùhuì duì hěn chǎo de shēngyīn huò hěn qiángliè de guāngxiàn tèbié mǐngǎn, dǎozhì nǐ xiǎng zài yīgè ānjìng yòu guāngxiàn àn de fángjiān lǐ?
D: How about during the headache? Do you have any nausea or vomiting? Are you particularly <u>sensitive</u> to loud noises or bright lights and prefer to stay in a quiet, dark room?

P: 我不會<u>噁心</u>或<u>嘔吐</u>，聲音和燈光也不會影響我。
P: 我不会<u>恶心</u>或<u>呕吐</u>，声音和灯光也不会影响我。
P: wǒ bùhuì èxīn huò ǒutù, shēngyīn hé dēngguāng yě bùhuì yǐngxiǎng wǒ.
P: No, I don't have any <u>nausea</u> or <u>vomiting</u>, and noises and lights don't bother me.

D: 妳會不會<u>流鼻水和眼淚</u>？妳有沒有覺得哪裡無力，或者<u>視覺上的改變</u>，譬如說有沒有<u>重影</u>？
D: 妳会不会<u>流鼻水和眼泪</u>？妳有没有觉得哪里无力，或者<u>视觉上的改变</u>，譬如说有没有<u>重影</u>？
D: nǐ huì bùhuì liúbíshuǐ hé yǎnlèi? nǐ yǒu méiyǒu juéde nǎlǐ wúlì, huòzhě shìjué shàng de gǎibiàn, pìrúshuō yǒu méiyǒu chóngyǐng?
D: Do you get a <u>runny nose</u> or <u>watery eyes</u>? Do you have any weakness or <u>changes in vision</u>, such as <u>double vision</u>?

P: 這些症狀我都沒有。
P: 这些症状我都没有。
P: zhèxiē zhèngzhuàng wǒ dōu méiyǒu.
P: No, I have none of those symptoms.

D: 妳最近體重有沒有<u>降低</u>？

D: 妳最近體重有沒有降低？
D: nǐ zuìjìn tǐzhòng yǒuméiyǒu jiàngdī?
D: Have you had any recent weight loss?

P: 沒有，我的體重一直都一樣．
P: 没有，我的体重一直都一样．
P: méiyǒu wǒde tǐzhòng yīzhí dōu yīyàng.
P: No, my weight has been the same.

D: 妳頭痛時有沒有失去知覺？妳曾經有癲癇或抽蓄？
D: 妳头痛时有没有失去知觉？妳曾经有癫痫或抽蓄？
D: nǐ tóutòng shí yǒuméiyǒu shīqù zhījué? nǐ céngjīng yǒu diānxián huò chōuxù?
D: Have you ever lost consciousness when you have these headaches? Have you had epilepsy or a seizure before?

P: 都沒有．
P: 都没有．
P: dōu méiyǒu.
P: No.

D: 妳最近有沒有撞過頭？
D: 妳最近有没有撞过头？
D: nǐ zuìjìn yǒuméiyǒu zhuàng guòtóu?
D: Have you recently hit your head?

P: 沒有．
P: 没有．
P: méiyǒu.
P: No.

Past Medical History

D: 妳周邊有沒有人生病？妳有沒有打過腦膜炎的疫苗？
D: 妳周边有没有人生病？妳有没有打过脑膜炎的疫苗？
D: nǐ zhōubiān yǒuméiyǒu rén shēngbìng? nǐ yǒuméiyǒu dǎguò nǎomóyán de yìmiáo?
D: Is there anyone around you that has been sick? Have you been vaccinated for meningitis?

P: 我上大學前打了腦膜炎的疫苗，最近周邊沒人生病．
P: 我上大学前打了脑膜炎的疫苗，最近周边没人生病．
P: wǒ shàng dàxué qián dǎ le nǎomóyán de yìmiáo, zuìjìn zhōubiān méi rén shēngbìng.
P: I got the meningitis vaccine before going to college, and no one around me has been sick.

D: 妳最近有沒有做過手術，譬如說腰椎穿刺？
D: 妳最近有没有做过手术，譬如说腰椎穿刺？
D: nǐ zuìjìn yǒuméiyǒu zuòguò shǒushù, pìrúshuō yāozhuī chuāncì?
D: Have your recently undergone any procedures, such as a lumbar puncture?

P: 沒有.
P: 没有.
P: méiyǒu.
P: No.

Medications and Allergies

D: 妳最近有沒有開始吃什麼新藥？妳有沒有吃<u>避孕藥</u>？
D: 妳最近有没有开始吃什么新药？妳有没有吃<u>避孕药</u>？
D: nǐ zuìjìn yǒuméiyǒu kāishǐ chī shénme xīn yào? nǐ yǒuméiyǒu chī bìyùnyào?
D: Have you taken any new medications recently? Are you on <u>oral contraceptives</u>?

P: 我沒吃任何藥，包括<u>避孕藥</u>.
P: 我没吃任何药，包括<u>避孕药</u>.
P: wǒ méi chī rènhé yào, bāokuò bìyùnyào.
P: I take no medications and am not on <u>birth control</u>.

Family History

D: 妳的家人裡有沒有人患有<u>偏頭痛</u>？
D: 妳的家人里有没有人患有<u>偏头痛</u>？
D: nǐde jiārén lǐ yǒuméiyǒu rén huànyǒu piāntóutòng?
D: Does anyone in your family suffer from <u>migraines</u>?

P: 從來沒聽說過.
P: 从来没听说过.
P: cónglái méi tīngshuō guò.
P: Not that I know of.

D: 這很有可能是<u>緊張型頭痛</u>. 妳頭痛時可以吃個<u>阿斯匹林</u>，<u>泰諾</u>，或<u>布洛芬</u>. 另外，妳應該嘗試<u>一些能夠讓妳放鬆的活動</u>，譬如說<u>冥想</u>或<u>瑜珈</u>. 我們一個月後再見，看看我告訴妳的這些治療方法有沒有用.
D: 这很有可能是<u>紧张型头痛</u>. 妳头痛时可以吃个<u>阿斯匹林</u>，<u>泰诺</u>，或<u>布洛芬</u>. 另外，妳应该尝试一些能够让妳放松的活动，譬如说<u>冥想</u>或<u>瑜珈</u>. 我们一个月后再见，看看我告诉妳的这些治疗方法有没有用.
D: zhè hěn yǒu kěnéng shì jǐnzhāngxíng tóutòng. nǐ tóutòng shí kěyǐ chī gè āsīpǐlín, tàinuò, huò bùluòfēn. lìngwài, nǐ yīnggāi chángshì yīxiē nénggòu ràng nǐ fàngsōng de huódòng, pìrúshuō míngxiǎng huò yújiā. wǒmen yīgè yuè hòu zàijiàn, kànkan wǒ gàosu nǐde zhèxiē zhìliáo fāngfǎ yǒuméiyǒu yòng.
D: This sounds like a <u>tension type headache</u>. You can take an <u>aspirin</u>, <u>Tylenol</u>, or <u>ibuprofen</u> when you have these headaches. In addition, you should try some activities that can help you relax, such as <u>meditation</u> or <u>yoga</u>. Let's set up an appointment one month from now to see how you are doing then.

Vocabulary 單字單詞

| 腦神經內科 | 脑神经内科 | nǎoshénjīngnèikē | Neurology |

頭痛	头痛	tóutòng	Headache
咳嗽	咳嗽	késòu	Cough
打噴嚏	打喷嚏	dǎpēntì	Sneeze
突然	突然	tūrán	Suddenly
逐漸	逐渐	zhújiàn	Gradually
隱隱作痛	隐隐作痛	yǐnyǐnzuòtòng	Dull pain
沉重的痛	沉重的痛	chénzhòngdetòng	Crushing pain
擠壓著	挤压着	jǐyāzhe	Squeezing
額頭	额头	étóu	Forehead
脖子	脖子	bózi	Neck
日常生活	日常生活	rìchángshēnghuó	Day-to-day activities
焦慮	焦虑	jiāolǜ	Anxious
專心	专心	zhuānxīn	Concentrate
先兆	先兆	xiānzhào	Aura
敏感	敏感	mǐngǎn	Sensitive
噁心	恶心	ěxīn	Nausea
嘔吐	呕吐	ǒutù	Vomit, emesis
流鼻水	流鼻水	liúbíshuǐ	Runny nose
流眼淚	流眼泪	liúyǎnlèi	Watery eyes
視覺上的改變	视觉上的改变	shìjuéshǎng de gǎibiàn	Visual changes
重影	重影	chóngyǐng	Double vision
體重降低	体重降低	tǐzhòng jiàngdī	Weight loss
失去知覺	失去知觉	shīqù zhījué	Loss of consciousness
癲癇	癫痫	diānxián	Epilepsy
抽蓄	抽蓄	chōuxù	Seizure
腦膜炎	脑膜炎	nǎomóyán	Meningitis
疫苗	疫苗	yìmiáo	Vaccine
手術	手术	shǒushù	Procedure
腰椎穿刺	腰椎穿刺	yāozhuī chuāncì	Lumbar puncture
避孕藥	避孕药	bìyùnyào	Oral contraceptive, birth control
偏頭痛	偏头痛	piāntóutòng	Migraine
緊張型頭痛	紧张型头痛	jǐnzhāngxíng tóutòng	Tension type headache
阿司匹林	阿司匹林	āsīpǐlín	Aspirin
泰諾	泰诺	tàinuò	Tylenol
布洛芬	布洛芬	bùluòfēn	Ibuprofen
冥想	冥想	míngxiǎng	Meditation
瑜珈	瑜珈	yújiā	Yoga

Supplemental Vocabulary 未出現相關單字

青春痘	青春痘	qīngchūndòu	Pimples

Lesson 26:   66 M with right-sided weakness
66歲男性，右半身癱軟無力

Chief Complaint

D: 您好，我是<u>腦神經外科</u>高醫生，請問您今天為什麼來這裡？
D: 您好，我是<u>脑神经外科</u>高医生，请问您今天为什么来这里？
D: nínhǎo, wǒ shì nǎoshénjīng wàikē gāo yīshēng, qǐngwèn nín jīntiān wèishénme lái zhèlǐ?
D: Hi, I am Dr. Gao from <u>Neurosurgery</u>. What brings you to the hospital?

S: 我父親他最近好幾次突然右半身<u>癱軟無力</u>，<u>麻木</u>，可是每次很快就好了，我擔心他的<u>腦溢血</u>又犯了．
S: 我父亲他最近好几次突然右半身<u>瘫软无力</u>，<u>麻木</u>，可是每次很快就好了，我担心他的<u>脑溢血</u>又犯了．
S: wǒ fùqīn tā zuìjìn hǎojǐ cì tūrán yòu bàn shēn tānruǎn wúlì, mámù, kěshì měicì hěnkuài jiù hǎo le, wǒ dānxīn tāde nǎoyìxuě yòu fàn le.
S: Recently, my father has had several episodes of sudden <u>weakness</u> and <u>numbness</u> on the right side of his body, but each episode was brief. I am worried that he had another <u>brain hemorrhage</u>.

Past Surgical History

D: 你是說他以前得過腦溢血，那是多久以前的事？
D: 你是说他以前得过脑溢血，那是多久以前的事？
D: nǐ shì shuō tā yǐqián dé guò nǎoyìxuě, nà shì duōjiǔ yǐqián de shì?
D: You mean that he has had a cerebral hemorrhage before? When was that?

S: 大概一年半以前，他也是突然右半身癱瘓，<u>口齒不清</u>，送到<u>急診室</u>，<u>診斷</u>是<u>高血壓腦出血</u>．
S: 大概一年半以前，他也是突然右半身瘫痪，<u>口齿不清</u>，送到<u>急诊室</u>，<u>诊断</u>是<u>高血压脑出血</u>．
S: dàgài yī nián bàn yǐqián, tā yě shì tūrán yòu bànshēn tānhuàn, kǒuchǐbùqīng, sòng dào jízhěnshì, zhěnduàn shì gāoxuěyā nǎochūxuě.
S: About 18 months ago. At that time, he also had an episode of sudden <u>lisp</u> and <u>paralysis</u> on the right side. At the <u>emergency room</u>, he was <u>diagnosed</u> with <u>hypertensive intracerebral hemorrhage</u>.

D: 是在哪家醫院診斷的，又是怎麼<u>治療</u>的？
D: 是在哪家医院诊断的，又是怎么<u>治疗</u>的？
D: shì zài nǎ jiā yīyuàn zhěnduàn de, yòu shì zěnme zhìliáo de?
D: Where was he diagnosed? How did they <u>treat</u> it?

S: 在休士頓的一家醫院，做了<u>開顱顯微手術</u>，取出<u>血塊</u>．
S: 在休士顿的一家医院，做了<u>开颅显微手术</u>，取出<u>血块</u>．
S: zài xiū shì dùn de yījiā yīyuàn, zuò le kāilú xiǎnwēi shǒushù, qǔchū xuěkuài.
S: At a hospital in Houston, they did <u>microsurgical craniotomy</u> to remove the <u>clot</u>.

D: <u>手術</u>成功嗎？有沒有<u>併發症</u>？

問診手冊   133

D: 手术成功吗？有没有并发症？
D: shǒushù chénggōng ma? yǒuméiyǒu bìngfāzhèng?
D: Was the surgery successful? Were there any complications?

S: 醫生說手術很成功，當時沒有併發症。
S: 医生说手术很成功，当时没有并发症。
S: yīshēng shuō shǒushù hěn chénggōng, dāngshí méiyǒu bìngfāzhèng.
S: Doctors said the surgery was successful, and there were no complications.

Social History

D: 手術後的復健也順利嗎？
D: 手术后的复健也顺利吗？
D: shǒushù hòu de fùjiàn yě shùnlì ma?
D: How has rehabilitation been?

S: 復健拖的很長，因為他做了一段時間的亞急性復健。雖然沒法恢復到生病前的狀態，至少可以生活自理，我沒有太多抱怨。
S: 复健拖的很长，因为他做了一段时间的亚急性复健。虽然没法恢复到生病前的状态，至少可以生活自理，我没有太多抱怨。
S: fùjiàn tuō de hěn cháng, yīnwèi tā zuò le yīduàn shíjiān de yàjíxìng fùjiàn. suīrán méifǎ huīfù dào shēngbìng qián de zhuàngtài, zhìshǎo kěyǐ shēnghuó zìlǐ, wǒ méiyǒu tài duō bàoyuàn.
S: The rehabilitation process has been long, as he was in subacute rehabilitation for a while. Although he has not recovered to his pre-hemorrhage state, he is able to take care of himself, so I have no complaints about the rehabilitation process.

D: 你說他能生活自理是什麼意思？他需要家居護理員嗎？
D: 你说他能生活自理是什么意思？他需要家居护理员吗？
D: nǐ shuō tā néng shēnghuó zìlǐ shì shénme yìsi? tā xūyào jiājū hùlǐyuán ma?
D: When you say take care of himself, what do you mean? Does he have a home health aide?

S: 他有一個護理員，每天來一個小時，幫他買菜、做飯。
S: 他有一个护理员，每天来一个小时，帮他买菜、做饭。
S: tā yǒu yīgè hùlǐyuán, měitiān lái yīgè xiǎoshí, bāng tā mǎicài, zuòfàn.
S: Yes, he does have a home health aide who comes 1 hour a day to get groceries and make his meals for him.

D: 他用餐需要幫助嗎？走路呢？
D: 他用餐需要帮助吗？走路呢？
D: tā yòngcān xūyào bāngzhù ma? zǒulù ne?
D: Does he need help with eating? How about with walking?

S: 他可以自己用餐。他走路時用拐杖因為他的右邊還是比左邊弱一些。
S: 他可以自己用餐。他走路时用拐杖因为他的右边还是比左边弱一些。
S: tā kěyǐ zìjǐ yòngcān. tā zǒulù shí yòng guǎizhàng yīnwèi tāde yòubian háishi bǐ zuǒbian ruò yīxiē.

S: He eats on his own. He uses a <u>cane</u> to walk because his right side is still a bit weaker than his left.

D: 他能自己<u>洗澡</u>和<u>更衣</u>嗎？他有沒有<u>大小便失禁</u>？他可以自己<u>上廁所</u>嗎？
D: 他能自己<u>洗澡</u>和<u>更衣</u>吗？他有没有<u>大小便失禁</u>？他可以自己<u>上厕所</u>吗？
D: tā néng zìjǐ xǐzǎo hé gēngyī ma? tā yǒuméiyǒu dàxiǎobiàn shījìn? tā kěyǐ zìjǐ shàngcèsuǒ ma?
D: How about for <u>showering</u> and <u>dressing</u> himself? Does he have any <u>incontinence</u>? Can he <u>toilet</u> without assistance?

S: 他可以自己洗澡和更衣．他沒有失禁，可以自己用廁所．
S: 他可以自己洗澡和更衣．他没有失禁，可以自己用厕所．
S: tā kěyǐ zìjǐ xǐzǎo hé gēngyī. tā méiyǒu shījìn, kěyǐ zìjǐ yòng cèsuǒ.
S: He can shower and dress himself. He doesn't have any incontinence and can use the toilet without help.

Medications and Allergies

D: 他有吃<u>薄血藥</u>嗎？其他的藥呢？
D: 他有吃<u>薄血药</u>吗？其他的药呢？
D: tā yǒu chī bóxuě yào ma? qítāde yào ne?
D: Does he take any <u>blood thinners</u>? Does he take any other medications?

S: 他吃<u>阿斯匹林</u>和他的高血壓的藥．我都有帶來．
S: 他吃<u>阿斯匹林</u>和他的高血压的药．我都有带来．
S: tā chī āsīpǐlín hé tāde gāoxuěyā de yào. wǒ dōu yǒu dàilái.
S: He is taking <u>aspirin</u> and his high blood pressure medications. I brought them with me.

D: 他最近癱軟無力的症狀聽起來像是<u>短暫性腦缺血發作</u>，也就是說<u>小中風</u>．他的神經學檢查顯示他的右側肢體無力，從你的描述聽起來他比復健後的狀態更<u>惡化</u>了．為了確診他沒再次<u>中風</u>，他必須做一些檢查，包括腦部的<u>電腦斷層掃描</u>和驗血．
D: 他最近瘫软无力的症状听起来像是<u>短暂性脑缺血发作</u>，也就是说<u>小中风</u>．他的神经学检查显示他的右侧肢体无力，从你的描述听起来他比复健后的状态更<u>恶化</u>了．为了确诊他没再次<u>中风</u>，他必须做一些检查，包括脑部的<u>电脑断层扫描</u>和验血．
D: tā zuìjìn tānruǎnwúlì de zhèngzhuàng tīng qǐlai xiàng shì duǎnzànxìng nǎoquēxuě fāzuò, yějiùshìshuō xiǎozhòngfēng. tāde shénjīngxué jiǎnchá xiǎnshì tāde yòucè zhītǐ wúlì, cóng nǐde miáoshù tīng qǐlai tā bǐ fùjiàn hòu de zhuàngtài gèng èhuà le. wèile quèzhěn tā méi zàicì zhòngfēng, tā bìxū zuò yīxiē jiǎnchá, bāokuò nǎobù de diànnǎo duàncéng sǎomiáo hé yànxuě.
D: The recent episodes of weakness that your father had sounds like a <u>transient ischemic attack</u>, or <u>mini-stroke</u>. His <u>neurological exam</u> does show weakness on the right side of his body, and from your description it sounds like it has <u>worsened</u> from after rehab. To make sure that he doesn't have another <u>stroke</u>, we will have to do some tests, including a <u>CT scan</u> of his <u>head</u> and <u>blood tests</u>.

問診手冊

Vocabulary 單字單詞

腦神經外科	脑神经外科	nǎoshénjīngwàikē	Neurosurgery
癱軟無力	瘫软无力	tānruǎnwúlì	Weakness
麻木	麻木	mámù	Numbness
腦溢血	脑溢血	nǎoyìxuě	Cerebral hemorrhage
癱瘓	瘫痪	tānhuàn	Paralysis
口齒不清	口齿不清	kǒuchǐbùqīng	Lisp
急診室	急诊室	jízhěnshì	Emergency room, emergency department
診斷	诊断	zhěnduàn	Diagnose
高血壓腦出血	高血压脑出血	gāoxuěyā nǎochūxuě	Hypertensive intracerebral hemorrhage
治療	治疗	zhìliáo	Treatment
開顱顯微手術	开颅显微手术	kāilúxiǎnwéishǒushù	Microsurgical craniotomy
血塊	血块	xuěkuài	Clot
手術	手术	shǒushù	Surgery
併發症	并发症	bìngfāzhèng	Complication
復健	复健	fùjiàn	Rehabilitation
亞急性復健	亚急性复健	yàjíxìng fùjiàn	Sub-acute rehabilitation (SAR)
家居護理員	家居护理员	jiājū hùlǐyuán	Home health aide
用餐	用餐	yòngcān	Eat (ADL)
拐杖	拐杖	guǎizhàng	Cane
走路	走路	zǒulù	Walk (ADL)
洗澡	洗澡	xǐzǎo	Bathe, shower (ADL)
更衣	更衣	gēngyī	Dress (ADL)
大小便失禁	大小便失禁	dàxiǎobiàn shījìn	Fecal or urinary incontinence
上廁所	上厕所	shǎngcèsuǒ	Toilet (ADL)
薄血藥	薄血药	bóxuěyào	Blood thinner
阿司匹林	阿司匹林	āsīpǐlín	Aspirin
短暫性腦缺血發作	短暂性脑缺血发作	duǎnzànxìng nǎoquēxuě fāzuò	Transient Ischemic Attack (TIA)
小中風	小中风	xiǎozhòngfēng	Mini-stroke, TIA (colloquial)
神經學檢查	神经学检查	shénjīngxué jiǎnchá	Neurological exam
惡化	恶化	èhuà	Worsen
中風	中风	zhòngfēng	Stroke
電腦斷層掃描	电脑断层扫描	diànnǎoduàncéng sǎomiáo	CT scan
腦部	脑部	nǎobù	Head
驗血	验血	yànxuě	Blood test

Supplemental Vocabulary 未出現相關單字

助行器	助行器	zhùxíngqì	Walker
有輪及椅助行器	有轮及椅助行器	yǒulúnjíyǐ zhùxíngqì	Rollator
方便馬桶	方便马桶	fāngbiàn mǎtǒng	Commode
褥瘡	褥疮	rùchuāng	Pressure ulcer

Lesson 27: 67 M with worsening vision
67 歲男性，視力惡化

Chief Complaint

D: 你好，我是眼科羅醫生，請問我今天可以怎麼幫你？
D: 你好，我是眼科罗医生，请问我今天可以怎么帮你？
D: nǐhǎo, wǒ shì yǎnkē luó yīshēng, qǐngwèn wǒ jīntiān kěyǐ zěnme bāng nǐ?
D: Hi, I am Dr. Luo from Ophthalmology. How can I help you today?

P: 我的視力最近愈來愈差，看路標和在夜裡開車越來越困難，而且很怕光。
P: 我的视力最近愈来愈差，看路标和在夜里开车越来越困难，而且很怕光。
P: wǒde shìlì zuìjìn yùláiyù chà, kàn lùbiāo hé zài yèlǐ kāichē yuèláiyuè kùnnan, érqiě hěn pàguāng.
P: My eyesight has been progressively worsening. I have difficulty reading road signs and driving at night. In addition, I am sensitive to light.

History of Present Illness

D: 你有沒有其他症狀，譬如說疼痛、黑點、飛蚊、重影、視力減退？
D: 你有没有其他症状，譬如说疼痛、黑点、飞蚊、重影、视力减退？
D: nǐ yǒu méiyǒu qítā zhèngzhuàng. pìrúshuō téngtòng, hēidiǎn, fēiwén, chóngyǐng, shìlì jiǎntuì?
D: Have you had other symptoms, such as pain, black spots, floaters, double vision, or visual loss?

P: 都沒有。
P: 都没有。
P: dōu méiyǒu.
P: No.

D: 這些症狀維持多久了？
D: 这些症状维持多久了？
D: zhèxiē zhèngzhuàng wéichí duōjiǔ le?
D: How long have you had these symptoms?

P: 有一個月了，左眼先開始，現在兩眼都是。
P: 有一个月了，左眼先开始，现在两眼都是。
P: yǒu yīgè yuè le, zuǒ yǎn xiān kāishǐ, xiànzài liǎng yǎn dōu shì.
P: About one month. It started in my left eye and now both eyes have these symptoms.

D: 你發生過意外嗎？
D: 你发生过意外吗？
D: nǐ fāshēng guò yìwài ma?
D: Have you been in any accidents?

P: 沒發生過意外。

Mastering Clinical Conversation

P: 没发生过意外。
P: méi fāshēng guò yìwài.
P: No.

Past Medical History

D: 有沒有得過慢性病？譬如糖尿病，甲狀腺疾病或皮膚病？
D: 有没有得过慢性病？譬如糖尿病，甲状腺疾病或皮肤病？
D: yǒuméiyǒu dé guò mànxìngbìng? pìrú tángniàobìng, jiǎzhuàngxiàn jíbìng huò pífūbìng?
D: Do you have any chronic illnesses, such as diabetes, thyroid disease, or skin disease?

P: 我有過敏性濕疹，常常在用外敷的皮質類固醇，偶爾也用口服的。
P: 我有过敏性湿疹，常常在用外敷的皮质类固醇，偶尔也用口服的。
P: wǒ yǒu guòmǐnxìng shīzhěn, chángcháng zài yòng wàifū de pízhìlèigùchún, ǒuěr yě yòng kǒufú de.
P: I have eczema, and I am using topical and occasionally oral corticosteroids for it.

D: 你有沒有什麼眼科疾病，像青光眼，視網膜剝離，或黃斑病變？
D: 你有没有什么眼科疾病，像青光眼，视网膜剥离，或黄斑病变？
D: nǐ yǒu méiyǒu shénme yǎnkē jíbìng, xiàng qīngguāngyǎn, shìwǎngmó bōlí, huò huángbān bìngbiàn?
D: Do you have any eye conditions, such as glaucoma, retinal detachment, or macular degeneration?

P: 好像沒有。
P: 好像没有。
P: hǎoxiàng méiyǒu.
P: I don't think so.

D: 你有沒有近視眼或遠視眼？有沒有老花眼，需要雙光眼鏡？
D: 你有没有近视眼或远视眼？有没有老花眼，需要双光眼镜？
D: nǐ yǒuméiyǒu jìnshìyǎn huò yuǎnshìyǎn? yǒu méiyǒu lǎohuāyǎn, xūyào shuāngguāng yǎnjìng?
D: Did you have nearsightedness or farsightedness? How about presbyopia that requires bifocal lenses?

P: 我有近視眼，也需要老花眼鏡。
P: 我有近视眼，也需要老花眼镜。
P: wǒ yǒu jìnshìyǎn, yě xūyào lǎohuā yǎnjìng.
P: I am nearsighted. I also need reading glasses.

Past Surgical History

D: 你有沒有做過手術？雷射近視手術也算。
D: 你有没有做过手术？雷射近视手术也算。
D: nǐ yǒuméiyǒu zuò guò shǒushù? léishè jìnshì shǒushù yě suàn.
D: Have you ever had surgery? Laser eye surgery counts.

P: 我作過雷射近視手術．
P: 我作过雷射近视手术．
P: wǒ zuò guò léishè jìnshì shǒushù.
P: I have had laser eye surgery.

D: 恢復期有沒有併發症？
D: 恢复期有没有并发症？
D: huīfùqī yǒuméiyǒu bìngfāzhèng?
D: Were there any complications during your recovery?

P: 有，角膜水腫，一個月以後才痊癒．
P: 有，角膜水肿，一个月以后才痊愈．
P: yǒu, jiǎomó shuǐzhǒng, yīgè yuè yǐhòu cái quányù.
P: Yes, I had corneal edema; I fully recovered after one month.

D: 雷射手術前戴隱形眼鏡嗎？
D: 雷射手术前戴隐形眼镜吗？
D: léishè shǒushù qián dài yǐnxíngyǎnjìng ma?
D: Did you wear contact lenses before getting laser eye surgery?

P: 有戴，可是不是每天戴．
P: 有戴，可是不是每天戴．
P: yǒu dài, kěshì búshi měitiān dài.
P: Yes, but I did not wear them every day.

D: 你有沒有做過角膜移植手術？
D: 你有没有做过角膜移植手术？
D: nǐ yǒuméiyǒu zuò guò jiǎomó yízhí shǒushù?
D: Have you had a corneal transplant?

P: 從來沒有．
P: 从来没有．
P: cónglái méiyǒu.
P: Never.

Social History

D: 你吸菸或喝酒嗎？
D: 你吸烟或喝酒吗？
D: nǐ xīyān huò hējiǔ ma?
D: Do you smoke or drink?

P: 我不吸菸，偶爾喝點酒．
P: 我不吸烟，偶尔喝点酒．
P: wǒ bù xīyān, ǒuěr hē diǎn jiǔ.
P: I don't smoke, and I only drink occasionally.

D: 我要做視力測試，散瞳檢查，和裂隙燈顯微鏡檢查。請你的眼睛向前看，不要看著眼底鏡的光。

D: 我要做视力测试，散瞳检查，和裂隙灯显微镜检查。请你的眼睛向前看，不要看着眼底镜的光。

D: wǒ yào zuò shìlì cèshì, sǎntóng jiǎnchá, hé lièxìdēng xiǎnwēijìng jiǎnchá. qǐng nǐde yǎnjing xiàngqián kàn, bùyào kànzhe yǎndǐjìng de guāng.

D: I will need to check your visual acuity, and do a dilated eye exam and slit lamp exam. Please look forward and do not follow the light of the ophthalmoscope.

D: 你有白內障。因為它影響了你的日常生活和開車的能力，我建議你接受去除白內障的手術。這是一個用局部麻醉做的非住院手術。

D: 你有白内障。因为它影响了你的日常生活和开车的能力，我建议你接受去除白内障的手术。这是一个用局部麻醉做的非住院手术。

D: nǐ yǒu báinèizhàng. yīnwèi tā yǐngxiǎng le nǐde rìcháng shēnghuó hé kāichē de nénglì, wǒ jiànyì nǐ jiēshòu qùchú báinèizhàng de shǒushù. zhè shì yīgè yòng júbù mázuì zuò de fēi zhùyuàn shǒushù.

D: You have cataracts. Because they are affecting your everyday life and driving, I recommend that you undergo surgery to remove them. This is an outpatient surgery done under local anesthesia.

Vocabulary 單字單詞

眼科	眼科	yǎnkē	Ophthalmology
視力	视力	shìlì	Eyesight, visual acuity
怕光	怕光	pàguāng	Photosensitivity
黑點	黑点	hēidiǎn	Black spot
飛蚊	飞蚊	fēiwén	Floater
重影	重影	chóngyǐng	Double vision
視力減退	视力减退	shìlì jiǎntuì	Visual loss
慢性病	慢性病	mànxìngbìng	Chronic disease
糖尿病	糖尿病	tángniàobìng	Diabetes mellitus
甲狀腺疾病	甲状腺疾病	jiǎzhuàngxiànjíbìng	Thyroid disease
皮膚病	皮肤病	pífūbìng	Skin disease
過敏性濕疹	过敏性湿疹	guòmǐnxìngshīzhěn	Eczema
外敷	外敷	wàifū	Topical
皮質類固醇	皮质类固醇	pízhí lèigùchún	Corticosteroids
口服	口服	kǒufú	Oral
眼科疾病	眼科疾病	yǎn kē jí bìng	Eye condition
青光眼	青光眼	qīngguāngyǎn	Glaucoma
視網膜剝離	视网膜剥离	shìwǎngmó bōlí	Retinal detachment
黃斑病變	黄斑病变	huángbānbìngbiàn	Macular degeneration
近視眼	近视眼	jìnshìyǎn	Nearsightedness, myopia

問診手冊

遠視眼	远视眼	yuǎnshìyǎn	Farsightedness, hyperopia
老花眼	老花眼	lǎohuāyǎn	Presbyopia
雙光眼鏡	双光眼镜	shuāngguāngyǎnjìng	Bifocal lenses
老花眼鏡	老花眼镜	lǎohuāyǎnjìng	Reading glasses
手術	手术	shǒushù	Surgery
雷射近視手術	雷射近视手术	léishèjìnshìshǒushù	Laser eye surgery
恢復期	恢复期	huīfùqí	Recovery period
併發症	并发症	bìngfāzhèng	Complication
角膜水腫	角膜水肿	jiǎomóshuǐzhǒng	Corneal edema
痊癒	痊愈	quányù	Full recovery
隱形眼鏡	隐形眼镜	yǐnxíngyǎnjìng	Contact lenses
角膜移植手術	角膜移植手术	jiǎomó yízhí shǒushù	Corneal transplant
吸菸	吸烟	xīyān	Smoke
喝酒	喝酒	hējiǔ	Drink (alcohol)
散瞳檢查	散瞳检查	sàntóng jiǎnchá	Dilated eye exam
裂隙燈顯微鏡檢查	裂隙灯显微镜检查	lièxìdēng xiǎnwēijìng jiǎnchá	Slit lamp exam
眼底鏡	眼底镜	yǎndǐjìng	Ophthalmoscope
白內障	白内障	báinèizhàng	Cataract
日常生活	日常生活	rìchángshēnghuó	Everyday life
非住院手術	非住院手术	fēi zhùyuàn shǒushù	Ambulatory surgery, Outpatient surgery
局部麻醉	局部麻醉	júbù mázuì	Local anesthesia

Supplemental Vocabulary 未出現相關單字

骷骨	骷骨	kūgǔ	Avascular necrosis
多發性硬化症	多发性硬化症	duōfāxìng yìnghuàzhèng	Multiple Sclerosis

Lesson 28: 42 M with alcohol dependence
42 歲男性，酗酒

Addiction Screening

D: 你好，我是精神科許醫生，請問我今天可以怎麼幫忙？
D: 你好，我是精神科许医生，请问我今天可以怎么帮忙？
D: nǐhǎo, wǒ shì jīngshén kē xǔ yīshēng, qǐngwèn wǒ jīntiān kěyǐ zěnme bāngmáng?
D: Hi, I am Dr. Xu from Psychiatry. How can I help you today?

P: 內科傅醫生一定要我來見你，我只好來．
P: 内科傅医生一定要我来见你，我只好来．
P: nèikē fù yīshēng yīdìng yào wǒ lái jiàn nǐ, wǒ zhǐhǎo lái.
P: Dr. Fu from Internal Medicine asked me to see you, so I'm here.

D: 以前有沒有看過精神科醫生？
D: 以前有没有看过精神科医生？
D: yǐqián yǒuméiyǒu kàn guò jīngshén kē yīshēng?
D: Have you seen a psychiatrist before?

P: 沒有，我又沒有得過精神病．
P: 没有，我又没有得过精神病．
P: méiyǒu, wǒ yòu méiyǒu dé guò jīngshénbìng.
P: No, I have not had any psychiatric illness.

D: 你一個禮拜喝幾杯酒，都喝甚麼酒？
D: 你一个礼拜喝几杯酒，都喝甚么酒？
D: nǐ yīgè lǐbài hē jǐ bēi jiǔ, dōu hē shénme jiǔ?
D: How many drinks do you have in an average week? What kind of drinks?

P: 我每天都喝好幾杯，通常是白酒．
P: 我每天都喝好几杯，通常是白酒．
P: wǒ měitiān dōu hē hǎojǐ bēi, tōngcháng shì báijiǔ.
P: I have quite a few drinks every day, usually white wine.

D: 你說的好幾杯到底是幾杯？十杯？
D: 你说的好几杯到底是几杯？十杯？
D: nǐ shuō de hǎojǐ bēi dàodǐ shì jǐbēi? shí bēi?
D: What is your definition of quite a few? 10 glasses?

P: 沒那麼多啦！一天只喝四、五杯．
P: 没那么多啦！一天只喝四、五杯．
P: méi nàme duō lā! yītiān zhǐ hē sì, wǔ bēi.
P: Not that many, just 4 or 5 per day.

D: 你什麼時候開始每天喝酒？

問診手冊 143

D: 你什么时候开始每天喝酒？
D: nǐ shénme shíhou kāishǐ měitiān hējiǔ?
D: When did you start drinking?

P: 有十幾年了，剛開始沒有每天喝．
P: 有十几年了，刚开始没有每天喝．
P: yǒu shíjǐ nián le, gāng kāishǐ méiyǒu měitiān hē.
P: It has been more than 10 years; at first, I did not drink every day.

D: 別人說你喝酒，你會生氣嗎？
D: 别人说你喝酒，你会生气吗？
D: biéren shuō nǐ hējiǔ nǐ huì shēngqì ma?
D: Have people annoyed you by criticizing your drinking?

P: 我喝酒通常不會妨礙別人，不知道別人為什麼說我．
P: 我喝酒通常不会妨碍别人，不知道别人为什么说我．
P: wǒ hējiǔ tōngcháng bùhuì fáng'ài biéren, bù zhīdào biéren wèishénme shuō wǒ.
P: I don't understand why others criticize it, because I never bother others while drinking.

D: 看來你喝酒也不會有罪惡感？
D: 看来你喝酒也不会有罪恶感？
D: kànlai nǐ hējiǔ yě bùhuì yǒuzuì ègǎn?
D: Have you ever felt guilty about your drinking habits?

P: 那當然，為什麼要有？
P: 那当然，为什么要有？
P: nà dāngrán, wèishénme yào yǒu?
P: Of course not, why should I?

D: 你有沒有覺得早上要喝酒才能醒過來？
D: 你有没有觉得早上要喝酒才能醒过来？
D: nǐ yǒu méiyǒu juéde zǎoshang yào hējiǔ cáinéng xǐng guòlái?
D: Have you ever felt that you needed a drink in the morning to wake up?

P: 醫生，你怎麼知道，沒喝就沒勁．
P: 医生，你怎么知道，没喝就没劲．
P: yīshēng, nǐ zěnme zhīdào? méi hējiǔ méijìn.
P: Doctor, how did you know? If I do not drink, I feel like I have no energy to do anything.

D: 當你不喝酒的時候，你會很累嗎，會有<u>幻覺</u>嗎？
D: 当你不喝酒的时候，你会很累吗，会有<u>幻觉</u>吗？
D: dāng nǐ bù hējiǔ de shíhou, nǐ huì hěn lèi ma, huì yǒu huànjué ma?
D: When you do not drink, do you feel tired or have <u>hallucinations</u>?

P: 每天不喝就覺得有一件事沒做，幻覺倒是沒有．
P: 每天不喝就觉得有一件事没做，幻觉倒是没有．
P: měitiān bù hē jiù juéde yǒu yī jiàn shì méi zuò, huànjué dàoshi méiyǒu.

P: I don't get hallucinations, but if I don't drink, I feel there is something that I haven't done yet.

D: 不喝時候，手會抖嗎？會不會抽搐？
D: 不喝时候，手会抖吗？会不会抽搐？
D: bù hē shíhou, shǒu huì dǒu ma? huì bùhuì chōuchù?
D: Do your hands shake or jerk when you don't drink?

P: 不會抽搐，可是最近我感覺逐漸喪失控制左手的能力。
P: 不会抽搐，可是最近我感觉逐渐丧失控制左手的能力。
P: bùhuì chōuchù, kěshì zuìjìn wǒ gǎnjué zhújiàn sàngshī kòngzhì zuǒshǒu de nénglì.
P: No, but I have gradually lost the ability to control my left hand.

D: 你有沒有因為喝酒而家庭或工作上有問題？
D: 你有没有因为喝酒而家庭或工作上有问题？
D: nǐ yǒu méiyǒu yīnwèi hējiǔ ér jiātíng huò gōngzuò shàng yǒu wèntí?
D: Has your family or work been affected by drinking?

P: 剛開始我老婆天天唸，我們常為喝酒吵架，後來我只好偷偷喝，久了大家互相習慣了。工作都沒問題。
P: 刚开始我老婆天天念，我们常为喝酒吵架，后来我只好偷偷喝，久了大家互相习惯了。工作都没问题。
P: gāng kāishǐ wǒ lǎopó tiāntiān niàn, wǒmen cháng wèi hējiǔ chǎojià, hòulái wǒ zhǐhǎo tōutōu hē, jiǔ le dàjiā hùxiāng xíguàn le. gōngzuò dōu méi wèntí.
P: At the beginning, my wife criticized me every day, and we fought over my drinking habits. Later I started drinking in secret, and we are all used to this now. I have no problems with my work.

D: 你想過要少喝一點酒嗎？或是嘗試戒酒嗎？
D: 你想过要少喝一点酒吗？或是尝试戒酒吗？
D: nǐ xiǎng guò yào shǎo hē yīdiǎn jiǔ ma? huòshì chángshì jièjiǔ ma?
D: Have you ever thought about cutting back or stopping?

P: 戒酒？沒必要吧，我每天喝的也不多。
P: 戒酒？没必要吧，我每天喝的也不多。
P: jièjiǔ? méi bìyào bā, wǒ měitiān hē de yě bùduō.
P: Stop drinking? There is no need for this; I don't drink that much.

D: 傅醫生有沒有告訴你有慢性酒精中毒的症狀？
D: 傅医生有没有告诉你有慢性酒精中毒的症状？
D: fù yīshēng yǒu méiyǒu gàosu nǐ yǒu mànxìng jiǔjīngzhòngdú de zhèngzhuàng?
D: Did Dr. Fu ever tell you that you have symptoms of chronic alcoholism?

P: 他說了，可是為什麼要我看精神科？
P: 他说了，可是为什么要我看精神科？
P: tā shuō le, kěshì wèishénme yào wǒ kàn jīngshén kē?
P: He did say that, but why do I have to see doctors in the Department of Psychiatry?

問診手冊

D: 這是精神科醫生的工作範圍．
D: 这是精神科医生的工作范围．
D: zhè shì jīngshén kē yīshēng de gōngzuò fànwéi.
D: This is part of our responsibility.

D: 我知道你現在沒有改變的想法．如果將來有，我要你知道我們的大門永遠都是為你開著的．你想戒酒時，可以打電話給<u>診所</u>，和我討論，或是傅醫生，其他醫生，或我們的<u>社工</u>．我們可以安排你參加<u>戒酒康復計劃</u>或<u>戒酒無名會</u>．
D: 我知道你现在没有改变的想法．如果将来有，我要你知道我们的大门永远都是为你开着的．你想戒酒时，可以打电话给<u>诊所</u>，和我讨论，或是傅医生，其他医生，或我们的<u>社工</u>．我们可以安排你参加<u>戒酒康复计划</u>或<u>戒酒无名会</u>．
D: wǒ zhīdào nǐ xiànzài méiyǒu gǎibiàn de xiǎngfǎ. rúguǒ jiānglái yǒu, wǒ yào nǐ zhīdào wǒmen de dàmén yǒngyuǎn dōu shì wèi nǐ kāi zhe de. nǐ xiǎng jièjiǔ shí, kěyǐ dǎdiànhuà gěi zhěnsuǒ, hé wǒ tǎolùn, huòshì fù yīshēng, qítā yīshēng, huò wǒmen de shègōng. wǒmen kěyǐ ānpái nǐ cānjiā jièjiǔ kāngfù jìhuà huò jièjiǔ wúmínghuì.
D: I understand that you have no desire to change right now. However, if you do in the future, I want you to know that we are always available to help you. When you feel ready to quit, you can call our <u>clinic</u> and speak with me, Dr. Fu, another doctor, or one of our <u>social workers</u>. We can set you up for <u>alcohol rehabilitation programs</u> or groups such as <u>Alcoholics Anonymous</u>.

Vocabulary 單字單詞

精神科	精神科	jīngshénkē	Psychiatry
內科	内科	nèikē	Internal Medicine
精神病	精神病	jīngshénbìng	Psychiatric illness
幻覺	幻觉	huànjué	Hallucination
抽搐	抽搐	chōuchù	Convulsion
逐漸	逐渐	zhújiàn	Gradually
戒酒	戒酒	jièjiǔ	Quit drinking
慢性酒精中毒	慢性酒精中毒	mànxìngjiǔjīngzhòngdú	Chronic alcoholism
診所	诊所	zhěnsuǒ	Clinic
社工	社工	shègōng	Social Worker
戒酒康復計劃	戒酒康复计划	jièjiǔ kāngfù jìhuà	Alcohol rehabilitation program
戒酒無名會	戒酒无名会	jièjiǔ wúmínghuì	Alcoholics Anonymous

Lesson 29: 68 F with depression
68 歲女性，憂鬱症

Chief Complaint

D: 妳們好，我是精神科朱醫生，請問我今天可以怎麼幫忙？
D: 妳们好，我是精神科朱医生，请问我今天可以怎么帮忙？
D: nǐmen hǎo, wǒ shì jīngshén kē zhū yīshēng, qǐngwèn wǒ jīntiān kěyǐ zěnme bāngmáng?
D: Hi, I am Dr. Zhu from Psychiatry. How can I help you today?

G: 醫生，我媽媽最近食慾不振，體重下降很多，常常陷入沉思，記憶力突然減退很多，她的家庭醫生杜醫生建議她來見你．
G: 医生，我妈妈最近食欲不振，体重下降很多，常常陷入沉思，记忆力突然减退很多，她的家庭医生杜医生建议她来见你．
G: yīshēng, wǒ māma zuìjìn shíyù bùzhèn, tǐzhòng xiàjiàng hěnduō, chángcháng xiànrù chénsī, jìyìlì tūrán jiǎntuì hěnduō, tāde jiātíng yīshēng dù yīshēng jiànyì tā lái jiàn nǐ.
G: Doctor, recently my mom has had a poor appetite, weight loss, gets lost in her thoughts, and suddenly became forgetful. Her family doctor Dr. To recommended her to see you.

History of Present Illness

D: 您可以用幾個字來形容您今天的心情嗎？
D: 您可以用几个字来形容您今天的心情吗？
D: nín kěyǐ yòng jǐge zì lái xíngróng nín jīntiān de xīnqíng ma?
D: Can you use a few words to describe your mood today?

P: 我很累．
P: 我很累．
P: wǒ hěn lèi.
P: I feel tired.

D: 您的睡眠有改變嗎？
D: 您的睡眠有改变吗？
D: nín de shuìmián yǒu gǎibiàn ma?
D: Have you had any changes in your sleep?

P: 雖然我晚上都睡得夠，我白天都感覺很累．
P: 虽然我晚上都睡得够，我白天都感觉很累．
P: suīrán wǒ wǎnshang dōu shuì dé gòu, wǒ báitiān dōu gǎnjué hěn lèi.
P: Well, I feel tired a lot during the day even though I sleep enough at night.

D: 您會不會對以前喜歡的活動失去興趣了？
D: 您会不会对以前喜欢的活动失去兴趣了？
D: nín huì bùhuì duì yǐqián xǐhuan de huódòng shīqù xìngqù le?
D: Have you lost interest in activities that used to interest you?

問診手冊 147

P: 對，我現在連看電視都覺得無聊．
P: 对，我现在连看电视都觉得无聊．
P: duì, wǒ xiànzài lián kàn diànshì dōu juéde wúliáo.
P: Yes, even watching TV isn't that interesting anymore.

D: 您會不會覺得自己<u>很沒用</u>？
D: 您会不会觉得自己<u>很没用</u>？
D: nín huì bùhuì juéde zìjǐ hěn méiyòng?
D: Do you feel <u>worthless</u>?

P: 會．
P: 会．
P: huì.
P: Yes.

D: 您有沒有困難專心做一件事？
D: 您有没有困难专心做一件事？
D: nín yǒuméiyǒu kùnnan zhuānxīn zuò yī jiàn shì?
D: Do you have difficulty concentrating?

P: 不會，我只是覺得會累．
P: 不会，我只是觉得会累．
P: bùhuì wǒ zhǐshì juéde huì lèi.
P: No, I just feel tired.

Psychiatric History

D: 以前有沒有看過精神科醫生？
D: 以前有没有看过精神科医生？
D: yǐqián yǒuméiyǒu kàn guò jīngshén kē yīshēng?
D: Have you seen a psychiatrist before?

G: 十年前，她在<u>市立醫院</u>看過，是輕度<u>憂鬱症</u>．
G: 十年前，她在<u>市立医院</u>看过，是轻度<u>忧郁症</u>．
G: shí niánqián, tā zài shìlì yīyuàn kàn guò, shì qīngdù yōuyùzhèng.
G: She was seen by a psychiatrist at the <u>municipal hospital</u> ten years ago who said that she had minor <u>depression</u>.

P: 我跟妳說，那醫生才有<u>神經病</u>，給了我一堆藥丸，妳聽過神經病可以吃藥吃好的？跟本是個<u>庸醫</u>，我一顆沒吃就好了．
P: 我跟妳说，那医生才有<u>神经病</u>，给了我一堆药丸，妳听过神经病可以吃药吃好的？跟本是个<u>庸医</u>，我一颗没吃就好了．
P: wǒ gēn nǐ shuō, nà yīshēng cái yǒu shénjīngbìng, gěi le wǒ yī duī yàowán, nǐ tīng guò shénjīngbìng kěyǐ chīyào chī hǎo de? gēnběn shì gè yōngyī, wǒ yī kē méi chī jiù hǎo le.
P: I am telling you that doctor was the one with a <u>mental disorder</u>. He gave me lots of pills to take. Have you heard of any mental disorders that can be cured by medication? He is a <u>quack</u>. I was cured without any pills.

G: 媽，妳是憂鬱症，不是神經病，憂鬱症是有藥可以治好的．
G: 妈，妳是忧郁症，不是神经病，忧郁症是有药可以治好的．
G: mā, nǐ shì yōuyùzhèng, búshi shénjīngbìng, yōuyùzhèng shì yǒu yào kěyǐ zhì hǎo de.
G: Mom, you're not crazy; you just have depression. Depression can be cured by medication.

D: 蕭護士，妳陪阿姨去測生命徵象．
D: 萧护士，妳陪阿姨去测生命征象．
D: xiāo hùshi, nǐ péi āyí qù cè shēngmìng zhēngxiàng.
D: Nurse Xiao, please take the patient to record her vital signs.

D: 妳媽媽怎麼治好的？先告訴我上次的病因．
D: 妳妈妈怎么治好的？先告诉我上次的病因．
D: nǐ māma zěnme zhì hǎo de? xiān gàosu wǒ shàngcì de bìngyīn.
D: How was your mom cured? Please tell me how she became depressed.

G:十年前，我父親在深圳有小三，把全家拋棄，我媽半年生活都不正常，醫生診斷她有憂鬱症，她不肯吃藥，後來她在慈濟的好姊妹，花了很長時間陪她，她才慢慢康復．
G:十年前，我父亲在深圳有小三，把全家抛弃，我妈半年生活都不正常，医生诊断她有忧郁症，她不肯吃药，后来她在慈济的好姊妹，花了很长时间陪她，她才慢慢康复．
G: shí niánqián, wǒ fùqīn zài shēnzhèn yǒu xiǎosān, bǎ quánjiā pāoqì, wǒ mā bànnián shēnghuó dōu bù zhèngcháng, yīshēng zhěnduàn tā yǒu yōuyùzhèng, tā bùkěn chīyào, hòulái tā zài cíjì de hǎo jiěmèi, huā le hěn cháng shíjiān péi tā, tā cái mànmàn kāngfù.
G: My father abandoned our family for another woman in Shenzhen ten years ago. My mom could not live normally for half a year, and the doctor diagnosed her with depression. She refused to take any medication. She gradually recovered because her close friends from Tzu Chi Foundation took care of her for long time.

D: 她上次有自殺的想法或企圖自殺嗎？
D: 她上次有自杀的想法或企图自杀吗？
D: tā shàngcì yǒu zìshā de xiǎngfǎ huò qǐtú zìshā ma?
D: Did she ever think about or attempt suicide?

G: 我後來不小心發現她的遺書，應該想過，還好沒試．
G: 我后来不小心发现她的遗书，应该想过，还好没试．
G: wǒ hòulái bù xiǎoxīn fāxiàn tāde yíshū, yīnggāi xiǎng guò, háihǎo méi shì.
G: One time I found her will by accident. I believe she has thought about it but has not tried.

D: 最近又發生了什麼事？
D: 最近又发生了什么事？
D: zuìjìn yòu fāshēng le shénme shì?
D: What's been going on recently?

G:她的兩個好姊妹去年都過世了．最近她自己又因車禍造成腳骨折，輕微腦震盪，行動不方便，很多事她都沒法自己做．

問診手冊

G: 她的两个好姊妹去年都过世了。最近她自己又因车祸造成脚骨折，轻微脑震荡，行动不方便，很多事她都没法自己做。
G: tāde liǎng gè hǎo jiěmèi qùnián dōu guòshì le. zuìjìn tā zìjǐ yòu yīn chēhuò zàochéng jiǎo gǔzhé, qīngwēi nǎozhèndàng, xíngdòng bù fāngbiàn, hěnduō shì tā dōu méifǎ zìjǐ zuò.
G: Her two best friends passed away last year. Recently, she had a car accident and suffered a minor concussion and a broken leg. She has difficulty walking and has to rely on others for many things.

Social History

D: 請問妳媽媽住在哪裡？現在跟誰一起住？
D: 请问妳妈妈住在哪里？现在跟谁一起住？
D: qǐngwèn nǐ māma zhù zài nǎlǐ? xiànzài gēn shéi yīqǐ zhù?
D: Where does your mother live? Who does she live with?

G: 她一個人住在法拉盛。
G: 她一个人住在法拉盛。
G: tā yī gèrén zhù zài fǎlāshèng.
G: She lives by herself in Flushing.

D: 有親人住在附近嗎？會常回去看她嗎？
D: 有亲人住在附近吗？会常回去看她吗？
D: yǒu qīnrén zhù zài fùjìn ma? huì cháng huíqu kàn tā ma?
D: Are there any relatives who live near her? Do they visit her often?

G: 弟弟在加州，我在長島，我常常回去看她。
G: 弟弟在加州，我在长岛，我常常回去看她。
G: dìdi zài jiāzhōu, wǒ zài chángdǎo, wǒ chángcháng huíqu kàn tā.
G: My younger brother is in California. I live in Long Island, so I visit her often.

D: 她現在行動不便，進出住的地方容易嗎？一人在家安全嗎？
D: 她现在行动不便，进出住的地方容易吗？一人在家安全吗？
D: tā xiànzài xíngdòng bùbiàn, jìnchū zhù de dìfāng róngyì ma? yī rén zài jiā ānquán ma?
D: Since she has difficulty walking, is it hard for her to get from one place to another? Is it safe for her to be alone at home?

G: 公寓有給殘障人士的特別裝置，家裡浴室廚房也為她改裝了。
G: 公寓有给残障人士的特别装置，家里浴室厨房也为她改装了。
G: gōngyù yǒu gěi cánzhàng rénshì de tèbié zhuāngzhì, jiālǐ yùshì chúfáng yě wèi tā gǎizhuāng le.
G: The apartment she lives in has special furnishings for the handicapped, and she has had supports put in both the bathroom and kitchen.

D: 她可以自理生活嗎？譬如準備三餐，洗澡，洗衣，處理家務，和出門購物，等。
D: 她可以自理生活吗？譬如准备三餐，洗澡，洗衣，处理家务，和出门购物，等。
D: tā kěyǐ zìlǐ shēnghuó ma? pìrú zhǔnbèi sān cān, xǐzǎo, xǐyī, chǔlǐ jiāwù, hé chūmén gòuwù, děng?

D: Can she manage on her own? For example, preparing her meals, bathing, doing laundry, doing household chores, and shopping for groceries?

G: 她很少出門，其他生活都可自理，只是意願不高又很慢．
G: 她很少出门，其他生活都可自理，只是意愿不高又很慢．
G: tā hěnshǎo chūmén, qítā shēnghuó dōu kě zìlǐ zhǐshì, yìyuàn bù gāo yòu hěn màn.
G: She rarely goes out. Other than that, she is able to manage on her own, except that she does things slowly and doesn't have any particular desires.

D: 妳媽媽空閒時喜歡做什麼？
D: 妳妈妈空闲时喜欢做什么？
D: nǐ māma kòngxián shí xǐhuan zuò shénme?
D: What does she like to do in her free time?

G: 她有空時都在家看電視．
G: 她有空时都在家看电视．
G: tā yǒukòng shí dōu zài jiā kàn diànshì.
G: She is always watching TV at home.

D: 她和她家人關係好嗎？會常常聯繫嗎？
D: 她和她家人关系好吗？会常常联系吗？
D: tā hé tā jiārén guānxi hǎo ma? huì chángcháng liánxì ma?
D: How is her relationship with the rest of her family? Does she talk to them often?

G: 她的家人都不住美國．
G: 她的家人都不住美国．
G: tāde jiārén dōu bùzhù měiguó.
G: The rest of our relatives don't live in the United States.

D: 有朋友嗎？和朋友一起時都做什麼？
D: 有朋友吗？和朋友一起时都做什么？
D: yǒu péngyou ma? hé péngyou yīqǐ shí dōu zuò shénme?
D: Does she have friends? What activities does she do with her friends?

G: 現在幾乎沒有朋友．
G: 现在几乎没有朋友．
G: xiànzài jīhū méiyǒu péngyou.
G: She doesn't really have any friends now.

D: 她參加社區的老人活動嗎？
D: 她参加社区的老人活动吗？
D: tā cānjiā shèqū de lǎorén huódòng ma?
D: Does she participate in community events for the elderly?

G: 我帶她去過，她不喜歡和陌生人講話，所以不喜歡去．
G: 我带她去过，她不喜欢和陌生人讲话，所以不喜欢去．
G: wǒ dài tā qù guò, tā bù xǐhuan hé mòshēngrén jiǎnghuà, suǒyǐ bù xǐhuan qù.

G: I have taken her to a few of them, but she doesn't like talking to strangers, so she doesn't go.

D: 她現在有<u>宗教信仰</u>嗎？
D: 她现在有<u>宗教信仰</u>吗？
D: tā xiànzài yǒu zōngjiào xìnyǎng ma?
D: Does she have any <u>religious beliefs</u>?

G: 不算有，以前只是慈濟有活動去幫忙，現在也不去了。
G: 不算有，以前只是慈济有活动去帮忙，现在也不去了。
G: bù suàn yǒu, yǐqián zhǐshì cíjì yǒu huódòng qù bāngmáng, xiànzài yě bù qù le.
G: Not really. She went to Tzu Chi to help in the past, but not anymore.

D: 好，我現在要問您一些問題，請盡力回答。今天是幾月、幾號、那一年？
D: 好，我现在要问您一些问题，请尽力回答。今天是几月、几号、那一年？
D: hǎo wǒ xiànzài yào wèn nín yīxiē wèntí qǐng jìnlì huídá jīntiān shì jǐ yuè jǐ hào nà yī nián?
D: OK, I'm going to ask you a series of questions. Please do your best to answer them. What is the current month, day, and year?

P: 現在是二零一六年，我不知道今天是幾月幾號。
P: 现在是二零一六年，我不知道今天是几月几号。
P: xiànzài shì èrlíngyīliù nián, wǒ bù zhīdào jīntiān shì jǐyuè jǐhào.
P: It is 2016. I don't know what the day and month are.

D: 請從 100 開始連續減 7，一直減 7 直到我說停為止。
D: 请从 100 开始连续减 7，一直减 7 直到我说停为止。
D: qǐng cóng 100 kāishǐ liánxù jiǎn 7, yīzhí jiǎn zhídào wǒ shuō tíng wéizhǐ.
D: Starting from 100, please subtract 7 until I tell you to stop.

P: 這對我來說太困難了。
P: 这对我来说太困难了。
P: zhè duì wǒ láishuō tài kùnnan le.
P: This is too difficult for me.

D: 可以試一試，給我一個答案嗎？
D: 可以试一试，给我一个答案吗？
D: kěyǐ shìyīshì, gěi wǒ yīgè dáàn ma?
D: Can you try your best and give me an answer?

P: 我沒辦法做到。
P: 我没办法做到。
P: wǒ méi bànfǎ zuòdào.
P: I don't think I can do it.

D: 從妳媽媽的症狀和檢查結果，她有憂鬱症。這也是她記憶力減退的原因。我要她開始吃一種藥，會減輕她現在的症狀，不過要等至少一個月才會有效果。我也安排她做<u>抽血檢查</u>來確定不是其他原因造成她的記憶力減退。

D: 从妳妈妈的症状和检查结果，她有忧郁症。这也是她记忆力减退的原因。我要她开始吃一种药，会减轻她现在的症状，不过要等至少一个月才会有效果。我也安排她做抽血检查来确定不是其他原因造成她的记忆力减退。

D: cóng nǐ māma de zhèngzhuàng hé jiǎnchá jiēguǒ, tā yǒu yōuyùzhèng. zhè yě shì tā jìyìlì jiǎntuì de yuányīn. wǒ yào tā kāishǐ chī yī zhǒng yào, huì jiǎnqīng tā xiànzài de zhèngzhuàng, bùguò yào děng zhìshǎo yīgè yuè cái huì yǒu xiàoguǒ. wǒ yě ānpái tā zuò chōuxuě jiǎnchá lái quèdìng búshi qítā yuányīn zàochéng tāde jìyìlì jiǎntuì.

D: From her symptoms and test results, your mother has depression, which is also causing her to become forgetful. I want to start her on a medication which should improve her symptoms. It may take at least a month to see the effects. I will also order some <u>blood tests</u> to make sure that other causes of her forgetfulness are excluded.

Vocabulary 單字單詞

精神科	精神科	jīngshénkē	Psychiatry
食慾不振	食欲不振	shíyù búzhèn	Poor appetite
體重下降	体重下降	tǐzhòng xiàjiàng	Weight loss
陷入沉思	陷入沉思	xiànrùchénsī	Lost in thought
記憶力減退	记忆力减退	jìyìlìjiǎntuì	Memory loss, forgetful
記憶	记忆	jìyì	Memory
家庭醫生	家庭医生	jiātíngyīshēng	Family doctor
心情	心情	xīnqíng	Mood
累	累	lèi	Tired
很沒用	很没用	hěnméiyòng	Worthless
市立醫院	市立医院	shìlì yīyuàn	Municipal hospital
憂鬱症	忧郁症	yōuyùzhèng	Depression
神經病	神经病	shénjīngbìng	Mental disorder
庸醫	庸医	yōngyī	Quack
護士	护士	hùshì	Nurse
生命徵象	生命征象	shēngmìng zhēngxiàng	Vital signs
企圖	企图	qìtú	Attempt
自殺	自杀	zìshā	Suicide
遺書	遗书	yíshū	Will
腦震盪	脑震荡	nǎozhèndàng	Concussion
骨折	骨折	gǔzhé	Fracture
行動不便	行动不便	xíngdòngbùbiàn	Limited mobility
殘障人士	残障人士	cánzhàngrénshì	Handicapped
準備三餐	准备三餐	zhǔn bèi sān cān	Prepare meals (IADL)
洗澡	洗澡	xǐ zǎo	Bathe (ADL)
洗衣	洗衣	xǐyī	Laundry (IADL)
處理家務	处理家务	chǔlǐ jiāwù	Household chores (IADL)
出門購物	出门购物	chūmén gòuwù	Shop for groceries (IADL)

問診手冊

意願	意愿	yìyuàn	Desire
社區活動	社区活动	shèqū huódòng	Community events
宗教信仰	宗教信仰	zōngjiàoxìnyǎng	Religious belief
抽血檢查	抽血检查	chōuxuě jiǎnchá	Blood test

Supplemental Vocabulary 未出現相關單字

帕金森氏症	帕金森氏症	pàjīnsēnshìzhèng	Parkinson's disease
老人失智症	老人失智症	lǎorénshīzhìzhèng	Dementia

Lesson 30: 24 M with manic symptoms
24 歲男性，躁狂症狀

D: 你好，我是精神科曹醫生，請問你今天為什麼來醫院？
D: 你好，我是精神科曹医生，请问你今天为什么来医院？
D: nǐhǎo, wǒ shì jīngshén kē cáo yīshēng, qǐngwèn nǐ jīntiān wèishénme lái yīyuàn?
D: Hi, I am Dr. Tsao from Psychiatry. Why are you at the hospital today?

P: 醫生，我告訴你，我感覺好像登上了世界的巔峰，我肯定能變成下一任美國總統！
P: 医生，我告诉你，我感觉好像登上了世界的巅峰，我肯定能变成下一任美国总统！
P: yīshēng, wǒ gàosu nǐ, wǒ gǎnjué hǎoxiàng dēngshàng le shìjiè de diānfēng. wǒ kěndìng néng biànchéng xià yī rèn měiguó zǒngtǒng!
P: Doctor, I'm telling you I feel like I'm on top of the world! I definitely will become the next President of the United States!

D: 你最近都做了些什麼讓你有這樣的感覺？你有沒有花很多錢買東西或投資股票？
D: 你最近都做了些什么让你有这样的感觉？你有没有花很多钱买东西或投资股票？
D: nǐ zuìjìn dōu zuò le xiē shénme ràng nǐ yǒu zhèyàng de gǎnjué? nǐ yǒuméiyǒu huā hěnduō qián mǎi dōngxi huò tóuzī gǔpiào?
D: What have you done recently to make you feel this way? Have you been spending a lot of money buying things or investing in stocks?

P: 我申請了很多張新的信用卡，我有很多需要買的東西。
P: 我申请了很多张新的信用卡，我有很多需要买的东西。
P: wǒ shēnqǐng le hěnduō zhāng xīn de xìnyòngkǎ, wǒ yǒu hěnduō xūyào mǎi de dōngxi.
P: I applied for many new credit cards. There are lots of things I need to buy.

D: 你會不會覺得你精力多到不要睡覺？
D: 你会不会觉得你精力多到不要睡觉？
D: nǐ huì bùhuì juéde nǐ jīnglì duō dào bùyào shuìjiào?
D: Have you felt like you have so much energy you haven't needed to sleep?

P: 嗯，我已經一陣子沒睡了，我連咖啡都不需要。
P: 嗯，我已经一阵子没睡了，我连咖啡都不需要。
P: ēn, wǒ yǐjīng yīzhènzi méi shuì le, wǒ lián kāfēi dōu bù xūyào.
P: Yes, I haven't slept for a while now. I don't even feel I need coffee to keep me up.

D: 都已經多久了？
D: 都已经多久了？
D: dōu yǐjīng duōjiǔ le?
D: How long has this been going on for?

P: 兩天。你來得正好，我打算請你做公共衛生局長。
P: 两天。你来得正好，我打算请你做公共卫生局长。
P: liǎng tiān. nǐ láide zhènghǎo, wǒ dǎsuàn qǐng nǐ zuò gōnggòngwèishēng júzhǎng.

問診手冊   155

P: For two days now. You're here at the right time. I prepared the position of <u>Surgeon General</u> for you.

D: 你會不會想要<u>傷害</u>自己或別人？
D: 你会不会想要<u>伤害</u>自己或别人？
D: nǐ huì bùhuì xiǎngyào shānghài zìjǐ huò biérén?
D: Do you have thoughts of <u>harming</u> yourself or others?

P: 不會．
P: 不会．
P: bùhuì.
P: No.

D: 你最近有沒有用什麼<u>毒品</u>？
D: 你最近有没有用什么<u>毒品</u>？
D: nǐ zuìjìn yǒuméiyǒu yòng shénme dúpǐn?
D: Have you used any <u>drugs</u> recently?

P: 沒有，我不用毒品就已經這麼有精神了，誰還需要它們？
P: 没有，我不用毒品就已经这么有精神了，谁还需要它们？
P: méiyǒu, wǒ bùyòng dúpǐn jiù yǐjīng zhème yǒu jīngshén le, shéi hái xūyào tāmen?
P: No, who needs them when I can feel this energetic without them?

D: 你有沒有聽到別人聽不到的聲音或看到別人看不到的東西？
D: 你有没有听到别人听不到的声音或看到别人看不到的东西？
D: nǐ yǒu méiyǒu tīngdào biérén tīng bùdào de shēngyīn huò kàndào biérén kàn bùdào de dōngxi?
D: Are you hearing or seeing things that other people are not?

P: 沒有．
P: 没有．
P: méiyǒu.
P: No.

D: 你有沒有得過<u>憂鬱症</u>，或有過其他<u>精神心理疾病</u>？
D: 你有没有得过<u>忧郁症</u>，或有过其他<u>精神心理疾病</u>？
D: nǐ yǒuméiyǒu dé guò yōuyùzhèng huò yǒu guò qítā jīngshén xīnlǐ jíbìng?
D: Have you ever had <u>depression</u> or any other <u>mental disorder</u>?

P: 我十九歲時，因<u>躁鬱症</u>接受<u>心理輔導</u>六個月．
P: 我十九岁时，因<u>躁郁症</u>接受<u>心理辅导</u>六个月．
P: wǒ shíjiǔ suì shí, yīn zàoyùzhèng jiēshòu xīnlǐ fǔdǎo liùgè yuè.
P: I had <u>bipolar disorder</u> when I was 19 years old and underwent <u>psychiatric counseling</u> for 6 months.

D: 有住院或是藥物治療嗎？
D: 有住院或是药物治疗吗？

D: yǒu zhùyuàn huòshì yàowù zhìliáo ma?
D: Have you ever been hospitalized or treated with medication?

P: 住院住過一次，之後吃了五年三環素，因病情穩定藥就停了．
P: 住院住过一次，之后吃了五年三环素，因病情稳定药就停了．
P: zhùyuàn zhù guò yīcì, zhīhòu chī le wǔnián sānhuánsù yīn, bìngqíng wěndìng yào jiù tíng le.
P: I was hospitalized once. However, I took a tricyclic antidepressant for five years and stopped after my mood was more stable.

D: 你可以更詳細的說五年前發生了什麼嗎？除了五年前，你以前有感到情緒波動嗎？
D: 你可以更详细的说五年前发生了什么吗？除了五年前，你以前有感到情绪波动吗？
D: nǐ kěyǐ gèng xiángxì de shuō wǔ niánqián fāshēng le shénme ma? chúle wǔ niánqián, nǐ yǐqián yǒu gǎndào qíngxù bōdòng ma?
D: Can you tell me more about what happened five years ago? What other mood swings have you had besides that time?

P: 五年前有一次．我覺得有用不完的精力，所以我的大學室友送我去急診室．我在醫院待了幾天．
P: 五年前有一次．我觉得有用不完的精力，所以我的大学室友送我去急诊室．我在医院待了几天．
P: wǔ niánqián yǒu yīcì, wǒ juéde yǒuyòng bù wán de jīnglì, suǒyǐ wǒde dàxué shìyǒu sòng wǒ qù jízhěnshì. wǒ zài yīyuàn dāi le jǐtiān.
P: It was only that one time five years ago. I felt like I had too much energy that time, so my college roommates brought me to the emergency room. I was in the hospital for a few days.

D: 三環素可能有副作用，你曾經有過心悸，想睡覺，頭暈，口乾，或便秘？
D: 三环素可能有副作用，你曾经有过心悸，想睡觉，头晕，口干，或便秘？
D: sānhuánsù kěnéng yǒu fùzuòyòng, nǐ céngjīng yǒu guò xīnjì, xiǎng shuìjiào, tóuyūn, kǒugàn, huò biànmì?
D: Tricyclic antidepressants may have side effects. Did you experience any, such as palpitations, drowsiness, lightheadedness, dry mouth, or constipation?

P: 我有一點便秘的感覺，嘴巴也很乾．
P: 我有一点便秘的感觉，嘴巴也很干．
P: wǒ yǒu yīdiǎn biànmì de gǎnjué, zuǐba yě hěn gàn.
P: I did notice a bit of constipation, and my mouth was dry.

D: 你有沒有接受過別種治療方法，像電痙攣療法？
D: 你有没有接受过别种治疗方法，像电痉挛疗法？
D: nǐ yǒu méiyǒu jiēshòu guò bié zhǒng zhìliáo fāngfǎ, xiàng diànjìngluán liáofǎ?
D: Have you ever undergone other types of therapy such as electroconvulsive therapy?

P: 沒有，那聽起來會很痛吧？
P: 没有，那听起来会很痛吧？
P: méiyǒu, nà tīng qǐlai huì hěn tòng ba.
P: No. That sounds like it would hurt a lot.

D: 躁鬱症如果停止吃藥會有<u>躁狂</u>或<u>憂鬱</u>再次發作的可能性。我要你做個<u>尿液藥物檢查</u>。你將必須<u>住院</u>。
D: 躁郁症如果停止吃药会有<u>躁狂</u>或<u>忧郁</u>再次发作的可能性。我要你做个<u>尿液药物检查</u>。你将必须<u>住院</u>。
D: zàoyùzhèng rúguǒ tíngzhǐ chīyào huì yǒu zàokuáng huò yōuyù zàicì fāzuò de kěnéngxìng. wǒ yào nǐ zuò gè niàoyì yàowù jiǎnchá. nǐ jiāng bìxū zhùyuàn.
D: If you stop medications for bipolar disorder, you may experience <u>manic</u> or <u>depressive</u> episodes. I will order a <u>urine toxicology screen</u>. You will need to be <u>admitted</u>.

Vocabulary 單字單詞

精神科	精神科	jīngshénkē	Psychiatry
精力	精力	jīnglì	Energy
公共衛生局長	公共卫生局长	gōnggòng wèishēngjúzhǎng	Surgeon General
傷害	伤害	shānghài	Harm
毒品	毒品	dúpǐn	Drugs
憂鬱症	忧郁症	yōuyùzhèng	Depression
精神心理疾病	精神心理疾病	jīngshén xīnlǐ jíbìng	Mental disorder
躁鬱症	躁郁症	zàoyùzhèng	Bipolar disorder
心理輔導	心理辅导	xīnlǐfǔdǎo	Psychiatric counseling
三環素	三环素	sānhuánsù	Tricyclic antidepressant
情緒波動	情绪波动	qíngxù bōdòng	Mood swings
急診室	急诊室	jízhěnshì	Emergency room, emergency department
副作用	副作用	fùzuòyòng	Side effect
心悸	心悸	xīnjì	Palpitations
想睡覺	想睡觉	xiǎngshuìjiào	Drowsiness
頭暈	头晕	tóuyūn	Lightheadedness
口乾	口干	kǒugān	Dry mouth
便秘	便秘	biànmì	Constipation
治療	治疗	zhìliáo	Therapy
電痙攣療法	电痉挛疗法	diànjìngluán liáofǎ	Electroconvulsive Therapy (ECT)
躁狂	躁狂	zàokuáng	Manic
憂鬱	忧郁	yōuyù	Depressed
尿液藥物檢查	尿液药物检查	niàoyì yàowù jiǎnchá	Urine toxicology screen
住院	住院	zhùyuàn	Admit

Supplemental Vocabulary 未出現相關單字

精神分裂症	精神分裂症	jīngshénfēnlièzhèng	Schizophrenia

Lesson 31:   32 F with multiple injuries
32 歲女性，多處外傷

Domestic Violence Screening

D: 妳好，我是一般外科鄧醫生，請問妳怎麼受傷的？
D: 妳好，我是一般外科邓医生，请问妳怎么受伤的？
D: nǐhǎo, wǒ shì yībān wàikē dèng yīshēng, qǐngwèn nǐ zěnme shòushāng de?
D: Hi, I am Dr. Deng from the Department of General Surgery. How did you get hurt?

P: （沒回答，還處於驚嚇中）
P: （没回答，还处于惊吓中）
P: (méi huídá, hái chǔyú jīngxià zhōng)
P: (No answer, appears to be too frightened to speak)

D: 不要害怕，妳想一想再告訴我．妳全身是傷，到底怎麼了？
D: 不要害怕，妳想一想再告诉我．妳全身是伤，到底怎么了？
D: bùyào hàipà, nǐ xiǎng yī xiǎng zài gàosu wǒ. nǐ quánshēn shì shāng, dàodǐ zěnme le?
D: It's OK, please organize your thoughts before you speak. You have injuries all over your body. How did this happen?

P: 我從樓上摔下來，對，就是這樣．
P: 我从楼上摔下来，对，就是这样．
P: wǒ cóng lóushàng shuāi xiàlai, duì, jiùshì zhèyàng.
P: I fell down the stairs– yes, this is what happened.

D: 能告訴我何時摔的？在哪裡摔的？怎麼摔的？
D: 能告诉我何时摔的？在哪里摔的？怎么摔的？
D: néng gàosu wǒ héshí shuāi de? zài nǎlǐ shuāi de? zěnme shuāi de?
D: Can you tell me when, how, and where it happened?

P: 今天早上在家裡，我不知道怎麼摔的．
P: 今天早上在家里，我不知道怎么摔的．
P: jīntiān zǎoshang zài jiālǐ, wǒ bù zhīdào zěnme shuāi de.
P: It happened at home this morning. I don't know how I fell.

D: 現在有哪裡痛？
D: 现在有哪里痛？
D: xiànzài yǒu nǎlǐ tòng?
D: Where does it hurt now?

P: 我呼吸時右邊胸口會痛．那裡有瘀青，碰到也會痛．
P: 我呼吸时右边胸口会痛．那里有瘀青，碰到也会痛．
P: wǒ hūxī shí yòubian xiōngkǒu huì tòng, nàli yǒu yūqīng, pèngdào yě huì tòng.
P: I have some pain on the right side of my chest when I breathe. There is a bruise, and it hurts if I touch it.

問診手冊

D: 摔的時候家裡有別人在嗎？
D: 摔的时候家里有别人在吗？
D: shuāi de shíhou jiālǐ yǒu biéren zài ma?
D: Was there anyone nearby when you fell?

P: 我男朋友在.
P: 我男朋友在.
P: wǒ nánpéngyou zài.
P: My boyfriend was with me.

D: 妳男朋友送妳來醫院嗎？我怎麼沒看見他？
D: 妳男朋友送妳来医院吗？我怎么没看见他？
D: nǐ nánpéngyou sòng nǐ lái yīyuàn ma? wǒ zěnme méi kànjiàn tā?
D: Did he come here with you? I don't see him.

P: 他，他很忙，他去上班了.
P: 他，他很忙，他去上班了.
P: tā, tā hěn máng, tā qù shàngbān le.
P: He is busy; he went to work.

D: 能告訴我實話嗎？妳的傷看起來已經超過兩天了，而且也不是摔的，我們有很多病人身上有像妳這樣的傷，大部分都是家庭暴力，妳是不是也有？
D: 能告诉我实话吗？妳的伤看起来已经超过两天了，而且也不是摔的，我们有很多病人身上有像妳这样的伤，大部分都是家庭暴力，妳是不是也有？
D: néng gàosu wǒ shíhuà ma? nǐde shāng kànqǐlai yǐjīng chāoguò liǎng tiān le, érqiě yě búshi shuāi de, wǒmen yǒu hěnduō bìngrén shēnshang yǒu xiàng nǐ zhèyàng de shāng, dàbùfen dōu shì jiātíngbàolì, nǐ shìbùshì yě yǒu?
D: Can you tell me the truth? Your injuries look like they are more than two days old, and they were not caused by falling. Sometimes when a person comes in for health care with physical symptoms like yours, domestic violence is the cause. Is this the case?

P: 家庭暴力嗎？
P: 家庭暴力吗？
P: jiātíngbàolì ma?
P: Domestic violence?

D: 看起來妳像是被人打的，能告訴我怎麼發生的嗎？
D: 看起来妳像是被人打的，能告诉我怎么发生的吗？
D: kànqǐlai nǐ xiàng shì bèi rén dǎdī. néng gàosu wǒ zěnme fāshēng de ma?
D: It looks as though someone may have hurt you. Could you tell me how this happened?

P: 會坐牢嗎？
P: 会坐牢吗？
P: huì zuòláo ma?
P: Will anyone go to jail?

D: 這不是妳應該問的，是不是妳的男朋友和這有關？
D: 这不是妳应该问的，是不是妳的男朋友和这有关？
D: zhèbu shì nǐ yīnggāi wèn de, shìbùshì nǐde nánpéngyou hé zhè yǒuguān?
D: That should not be your concern. Does your boyfriend have something to do with your injuries?

P: 嗯．
P: 嗯．
P: ēn.
P: Yes.

D: 別怕，醫生的目的只是要幫妳把病治好，不管是身體的外傷還是心理的創傷，妳今天告訴我的，我會替妳保密．
D: 别怕，医生的目的只是要帮妳把病治好，不管是身体的外伤还是心理的创伤，妳今天告诉我的，我会替妳保密．
D: bié pà, yīshēng de mùdì zhǐshì yào bāng nǐ bǎ bìng zhì hǎo, bùguǎn shì shēntǐ de wàishāng háishi xīnlǐ de chuāngshāng, nǐ jīntiān gàosu wǒde, wǒ huì tì nǐ bǎomì.
D: Don't be afraid. Doctors will do their best to heal your wounds, whether they are physical or psychological. What we discuss today is confidential.

P: 他昨天大概心情不好，好像股票賠了很多錢，晚上我不知道哪裡惹了他，他狠狠打了我一頓，身上的傷妳都看到了．
P: 他昨天大概心情不好，好像股票赔了很多钱，晚上我不知道哪里惹了他，他狠狠打了我一顿，身上的伤妳都看到了．
P: tā zuótiān dàgài xīnqíng bùhǎo, hǎoxiàng gǔpiào péi le hěnduō qián, wǎnshang wǒ bù zhīdào nǎlǐ rě le tā, tā hěnhěn dǎ le wǒ yī dùn, shēnshang de shāng nǐ dōu kàndào le.
P: Yesterday, he was not in a good mood; he probably lost lots of money in the stock market. At night, I did not know what I did to anger him, and he beat me like crazy. You saw my injuries.

D: 妳被他打的時候，沒想辦法跑嗎？
D: 妳被他打的时候，没想办法跑吗？
D: nǐ bèi tā dǎdī shíhou, méi xiǎng bànfǎ pǎo ma?
D: When he beat you, why didn't you run away?

P: 他力氣好大，我跑不掉，我也不太敢跑，我還有一個小孩．
P: 他力气好大，我跑不掉，我也不太敢跑，我还有一个小孩．
P: tā lìqi hǎo dà, wǒ pǎo bù diào, wǒ yě bù tài gǎn pǎo, wǒ háiyǒu yīgè xiǎohái.
P: He is too strong; I wasn't able to. In addition, I have a child; I can't just leave her behind.

D: 我明白你的處境一定很困難，他會對小孩施暴嗎？
D: 我明白你的处境一定很困难，他会对小孩施暴吗？
D: wǒ míngbai nǐde chǔjìng yīdìng hěn kùnnan, tā huì duì xiǎohái shībào ma?
D: I understand that you must be in a difficult situation. Did he hurt your child?

P: 那倒不會，只是小孩是前夫的，很怕他．你為什麼會問？

P: 那倒不會，只是小孩是前夫的，很怕他·你為什麼會問？
P: nà dào bùhuì, zhǐshì xiǎohái shì qiánfū de, hěn pà tā. nǐ wèishénme huì wèn?
P: He did not, but the child is afraid of him because she is from my first marriage. Why do you ask?

D: 我得問，因為如果你的小孩有被傷害，我就得報告·以前有發生過這樣的事嗎？
D: 我得问，因为如果你的小孩有被伤害，我就得报告·以前有发生过这样的事吗？
D: wǒ děi wèn, yīnwèi rúguǒ nǐde xiǎohái yǒu bèi shānghài, wǒ jiù děi bàogào. yǐqián yǒu fāshēng guò zhèyàng de shì ma?
D: I ask because if your child has been hurt, then it is something that I have to report. Has this happened before?

P: 有好幾次了，每次我都不敢來醫院，這次實在很痛·醫生，妳看我大腿和手臂都還有舊傷在·
P: 有好几次了，每次我都不敢来医院，这次实在很痛·医生，妳看我大腿和手臂都还有旧伤在·
P: yǒu hǎojǐ cì le, měicì wǒ dōu bùgǎn lái yīyuàn, zhècì shízài hěn tòng, yīshēng, nǐ kàn wǒ dàtuǐ hé shǒubì dōu háiyǒu jiùshāng zài.
P: It has happened a few times. Each time, I did not want to go to the hospital, but this time it really hurt. Doctor, I still have bruises from previous beatings on my thighs and arms.

D: 妳進來的時候我就注意到，而且猜到了·
D: 妳进来的时候我就注意到，而且猜到了·
D: nǐ jìnlái de shíhou wǒ jiù zhùyì dào, érqiě cāi dào le.
D: I noticed that when you walked in, and my guess was right.

P: 原來什麼都瞞不了·
P: 原来什么都瞒不了·
P: yuánlái shénme dōu mán bùliǎo.
P: Oh, so you already knew everything when I walked in.

D: 他曾經酗酒或吸毒嗎？
D: 他曾经酗酒或吸毒吗？
D: tā céngjīng xùjiǔ huò xīdú ma?
D: Is he an alcoholic or does he use drugs?

P: 應該沒有吸毒，喝醉的次數也很少·
P: 应该没有吸毒，喝醉的次数也很少·
P: yīnggāi méiyǒu xīdú, hēzuì de cìshù yě hěnshǎo.
P: I do not think he uses drugs, and he seldom gets drunk.

D: 妳家裡有任何武器嗎？
D: 妳家里有任何武器吗？
D: nǐ jiālǐ yǒu rènhé wǔqì ma?
D: Do you have any weapons at home?

P: 應該沒有吧，只有菜刀·
P: 应该没有吧，只有菜刀·
P: yīnggāi méiyǒu ba, zhǐyǒu càidāo.

P: I don't think so, only a kitchen knife.

D: 我要做X光檢查來確定你沒有骨折。同時，我會安排社工譚女士和你談談。
D: 我要做X光检查来确定你没有骨折。同时，我会安排社工谭女士和你谈谈。
D: wǒ yào zuò X guāng jiǎnchá lái quèdìng nǐ méiyǒu gǔzhé, tóngshí, wǒ huì ānpái shègōng tán nǚshì hé nǐ tántán.
D: I will get some X-rays to make sure that you don't have any fractures. In the meanwhile, I will have our social worker Ms. Tam come talk to you.

Vocabulary 單字單詞

一般外科	一般外科	yībān wàikē	General Surgery
傷	伤	shāng	Injury
胸口	胸口	xiōngkǒu	Chest
瘀青	瘀青	yūqīng	Bruise
摔	摔	shuāi	Fall
家庭暴力	家庭暴力	jiātíngbàolì	Domestic Violence
保密	保密	bǎomì	Confidential
施暴	施暴	shībào	Violence
大腿	大腿	dàtuǐ	Thigh
手臂	手臂	shǒubì	Arm
酗酒	酗酒	xùjiǔ	Alcoholism
毒品	毒品	dúpǐn	Drugs
武器	武器	wǔqì	Weapon
X光檢查	X光检查	X guāng jiǎnchá	X-ray
骨折	骨折	gǔzhé	Fracture
社工	社工	shègōng	Social Worker

Supplemental Vocabulary 未出現相關單字

碎裂	碎裂	suìliè	Shatter
韌帶	韧带	rèndài	Ligament
半月板	半月板	bànyuèbǎn	Meniscus
腕管綜合症	腕管综合症	wànguǎn zōnghézhèng	Carpal tunnel syndrome
手腕帶	手腕带	shǒuwàndài	Wrist brace
手指固定帶	手指固定带	shǒuzhǐ gùdìngdài	Finger brace

Lesson 32:   48 F victim of domestic violence
48 歲女性，家庭暴力

D: 妳好，我是<u>心理諮詢科</u>袁醫生，請問我今天可以怎麼幫忙？
D: 妳好，我是<u>心理咨询科</u>袁医生，请问我今天可以怎么帮忙？
D: nǐhǎo, wǒ shì xīnlǐ zīxún kē yuán yīshēng, qǐngwèn wǒ jīntiān kěyǐ zěnme bāngmáng?
D: Hi, I am Dr. Yuan from <u>Psychiatric Counseling</u>. How can I help you today?

P: 醫生，我先生常<u>酗酒</u>，我能做什麼？
P: 医生，我先生常<u>酗酒</u>，我能做什么？
P: yīshēng, wǒ xiānsheng cháng xùjiǔ, wǒ néng zuò shénme?
P: Doctor, my husband is an <u>alcoholic</u>. What can I do?

D: 他喝酒後有什麼舉止和行為？
D: 他喝酒后有什么举止和行为？
D: tā hējiǔ hòu yǒu shénme jǔzhǐ hé xíngwéi?
D: How does he act after drinking?

P: 喝醉了會鬧，偶爾會生氣．
P: 喝醉了会闹，偶尔会生气．
P: hēzuì le huì nào, ǒuěr huì shēngqì.
P: He loses control when he is drunk, and sometimes he gets mad.

D: 會威脅或傷害妳嗎？不管是有意或無意．
D: 会威胁或伤害妳吗？不管是有意或无意．
D: huì wēixié huò shānghài nǐ ma? bùguǎn shì yǒuyì huò wúyì.
D: Has he ever threatened or hurt you, even unintentionally?

P: 嗯，我想應該不會傷害我．
P: 嗯，我想应该不会伤害我．
P: ēn, wǒ xiǎng yīnggāi bùhuì shānghài wǒ.
P: I don't think he would hurt me.

D: 有其他人知道你先生這些習慣嗎？譬如說，你有沒有可以信賴的親朋好友？
D: 有其他人知道你先生这些习惯吗？譬如说，你有没有可以信赖的亲朋好友？
D: yǒu qítā rén zhīdào nǐ xiānsheng zhèxiē xíguàn ma? pìrúshuō, nǐ yǒuméiyǒu kěyǐ xìnlài de qīnpénghǎoyǒu?
D: Do other people know about your husband's habits? For example, are there any friends or family you could confide in?

P: 當然沒有，我不可能告訴別人的．
P: 当然没有，我不可能告诉别人的．
P: dāngrán méiyǒu, wǒ bù kěnéng gàosu biéren de.
P: Definitely not. I wouldn't want to tell anyone.

D: 妳曾經因為他喝酒而離家出走嗎？

D: 妳曾经因为他喝酒而离家出走吗？
D: nǐ céngjīng yīnwèi tā hējiǔ ér líjiāchūzǒu ma?
D: Have you ever left home because of what happens after he drinks?

P: 有過一次．
P: 有过一次．
P: yǒu guò yīcì.
P: Yes, once.

D: 如果這再發生，你有沒有安全計劃？有沒有可以待的地方，像朋友的家？
D: 如果这再发生，你有没有安全计划？有没有可以待的地方，像朋友的家？
D: rúguǒ zhè zài fāshēng, nǐ yǒuméiyǒu ānquán jìhuà? yǒuméiyǒu kěyǐ dāi de dìfāng, xiàng péngyou de jiā?
D: In case this was to happen again, do you have a safety plan? Is there a place you can stay, such as at a friend's house?

P: 我待過朋友的公寓．她不會問我太多問題，所以我想我去那還算自在．
P: 我待过朋友的公寓．她不会问我太多问题，所以我想我去那还算自在．
P: wǒ dāi guò péngyou de gōngyù, tā bùhuì wèn wǒ tài duō wèntí, suǒyǐ wǒ xiǎng wǒ qù nà hái suàn zìzai.
P: I've stayed at my friend's apartment before. She doesn't ask too many questions, so I think I would feel comfortable going there.

D: 我有一些指定的問題必須問妳，因為家庭暴力是常見的事．
D: 我有一些指定的问题必须问妳，因为家庭暴力是常见的事．
D: wǒ yǒu yīxiē zhǐdìng de wèntí bìxū wèn nǐ, yīnwèi jiātíngbàolì shì chángjiàn de shì.
D: I have a few routine questions to ask because domestic violence is common in many people's lives.

D: 妳仔細想想，妳有被家人威脅或傷害嗎？
D: 妳仔细想想，妳有被家人威胁或伤害吗？
D: nǐ zǐxì xiǎngxiang, nǐ yǒu bèi jiārén wēixié huò shānghài ma?
D: Are you in a relationship in which you have been hurt or threatened?

P: 好像沒有吧，嗯，我是說絕對沒有．
P: 好像没有吧，嗯，我是说绝对没有．
P: hǎoxiàng méiyǒu bā, ēn, wǒ shì shuō juéduì méiyǒu.
P: I don't think so– I mean, absolutely not.

D: 在家裡，妳會擔心妳和小孩的安全嗎？
D: 在家里，妳会担心妳和小孩的安全吗？
D: zài jiālǐ, nǐ huì dānxīn nǐ hé xiǎohái de ānquán ma?
D: Do you worry about your own safety or your children's safety at home?

P: 不會吧，我們是他太太和小孩．他會發現我今天來見妳嗎？
P: 不会吧，我们是他太太和小孩．他会发现我今天来见妳吗？
P: bùhuì bā, wǒmen shì tā tàitai hé xiǎohái. tā huì fāxiàn wǒ jīntiān lái jiàn nǐ ma?

P: Why should I? We are his family. Will he know I am meeting you today?

D: 妳好像很怕妳先生，他是不是曾經傷害過妳？
D: 妳好像很怕妳先生，他是不是曾经伤害过妳？
D: nǐhǎoxiàng hěn pà nǐ xiānsheng, tā shìbùshì céngjīng shānghài guò nǐ?
D: You seem frightened by your husband. Has he hurt you before?

P: 沒有，真的沒有，別再問了。
P: 没有，真的没有，别再问了。
P: méiyǒu, zhēn de méiyǒu, bié zài wèn le.
P: No– really. Please don't ask me more questions.

D: 請冷靜一些，今天的談話我會替妳<u>保密</u>。妳先生是不是不希望妳和別人單獨交談？我有點擔心，他是不是想控制妳和外人的交談內容，他會這麼做嗎？
D: 请冷静一些，今天的谈话我会替妳<u>保密</u>。妳先生是不是不希望妳和别人单独交谈？我有点担心，他是不是想控制妳和外人的交谈内容，他会这么做吗？
D: qǐng lěngjìng yīxiē, jīntiān de tánhuà wǒ huì tì nǐ bǎomì. nǐ xiānsheng shìbùshì bù xīwàng nǐ hé biérén dāndú jiāotán? wǒ yǒudiǎn dānxīn, tā shìbùshì xiǎng kòngzhì nǐ hé wàirén de jiāotán nèiróng, tā huì zhème zuò ma?
D: Please calm down. What we discuss in this room is <u>confidential</u>. Your husband seemed like he did not want to let me speak to you alone. I am concerned that he wants to control what you might tell me. Would he do that?

P: 也沒有，別再問了好嗎？
P: 也没有，别再问了好吗？
P: yě méiyǒu, bié zài wèn le hǎo ma.
P: No– please don't ask me any more questions.

D: 好，今天我們先討論到這裡，改天如果妳想起什麼，隨時歡迎妳再來。除了醫生妳也可以見<u>心理輔導員</u>，我們也有<u>家暴熱線電話</u>，每天二十四小時都為大家服務。我們來約下次見面的時間。
D: 好，今天我们先讨论到这里，改天如果妳想起什么，随时欢迎妳再来。除了医生妳也可以见<u>心理辅导员</u>，我们也有<u>家暴热线电话</u>，每天二十四小时都为大家服务。我们来约下次见面的时间。
D: hǎo, jīntiān wǒmen xiān tǎolùn dào zhèlǐ, gǎitiān rúguǒ nǐ xiǎngqǐ shénme, suíshí huānyíng nǐ zài lái. chúle yīshēng nǐ yě kěyǐ jiàn xīnlǐ fǔdǎoyuán. wǒmen yě yǒu jiābào rèxiàn diànhuà, měitiān èrshísì xiǎoshí dōu wèi dàjiā fúwù. wǒmen lái yuē xiàcì jiànmiàn de shíjiān.
D: Sure, let's stop here for now. If you want to tell me anything in the future, please do not hesitate to stop by. Besides talking to a doctor, you can also arrange to meet with a <u>psychological counselor</u>. We have a <u>domestic violence hotline</u> that is available 24/7. Let's schedule your next visit.

Vocabulary 單字單詞

心理諮詢科	心理咨询科	xīnlǐzīxúnkē	Psychological counseling
酗酒	酗酒	xùjiǔ	Alcoholism

安全計劃	安全计划	ānquán jìhuà	Safety plan
家庭暴力	家庭暴力	jiātíngbàolì	Domestic Violence
保密	保密	bǎomì	Confidential
心理輔導員	心理辅导员	xīnlǐfǔdǎoyuán	Psychological counselor
家暴熱線電話	家暴热线电话	jiābàorèxiàndiànhuà	Domestic violence hotline

Lesson 33:   28 F, pregnant, with stuffy nose
28 歲女性，懷孕，鼻塞

D: 妳好，我是<u>婦產科</u>徐醫生，請問我今天可以怎麼幫妳？
D: 妳好，我是<u>妇产科</u>徐医生，请问我今天可以怎么帮妳？
D: nǐhǎo, wǒ shì fùchǎnkē xú yīshēng, qǐngwèn wǒ jīntiān kěyǐ zěnme bāng nǐ?
D: Hi, I am Dr. Xu from <u>Obstetrics and Gynecology</u>. How can I help you today?

P: 我前幾天開始<u>鼻塞</u>、<u>喉嚨癢</u>、<u>打噴嚏</u>。
P: 我前几天开始<u>鼻塞</u>、<u>喉咙痒</u>、<u>打喷嚏</u>。
P: wǒ qián jǐ tiān kāishǐ bísè, hóulóng yang, dǎpēntì.
P: I have had a <u>stuffy nose</u>, <u>itchy throat</u>, and <u>sneezing</u> for a few days now.

D: 妳懷孕前對甚麼<u>過敏</u>嗎？譬如說，花粉或任何環境。
D: 妳怀孕前对甚么<u>过敏</u>吗？譬如说，花粉或任何环境。
D: nǐ huáiyùn qián duì shénme guòmǐn ma? pìrúshuō, huāfěn huò rènhé huánjìng?
D: Did you have any <u>allergies</u> before you were pregnant, such as pollen or environmental allergies?

P: <u>懷孕</u>前沒有。
P: <u>怀孕</u>前沒有。
P: huáiyùn qián méiyǒu.
P: I had no allergies before my <u>pregnancy</u>.

D: 家裡現在有養小動物或是新的植物嗎？
D: 家里现在有养小动物或是新的植物吗？
D: jiālǐ xiànzài yǒu yǎng xiǎo dòngwù huòshì xīn de zhíwù ma?
D: Do you have small pets or any new plants at home?

P: 因為懷孕把貓送走了，我還有幾盆蘭花。
P: 因为怀孕把猫送走了，我还有几盆兰花。
P: yīnwèi huáiyùn bǎ māo sòngzǒu le, wǒ háiyǒu jǐ pén lánhuā.
P: I gave my cat away due to my pregnancy. I still have few orchids.

D: 有沒有服用<u>中藥</u>或<u>補藥</u>？如果有，是<u>傳統煎藥</u>還是<u>科學中藥</u>？
D: 有没有服用<u>中药</u>或<u>补药</u>？如果有，是<u>传统煎药</u>还是<u>科学中药</u>？
D: yǒuméiyǒu fúyòng zhōngyào huò bǔyào? rúguǒyǒu, shì chuántǒng jiānyào háishi kēxué zhōngyào?
D: Do you take any <u>Chinese medicine</u> or <u>tonic</u>? If you do, is it a <u>boiled medicine</u> or <u>concentrated herbal medicine</u>?

P: 我母親從中藥行抓了兩帖補藥，每周煎，也吃了一個月。
P: 我母亲从中药行抓了两帖补药，每周煎，也吃了一个月。
P: wǒ mǔqīn cóng zhōngyàoháng zhuā le liǎng tiē bǔyào, měizhōu jiān, yě chī le yīgè yuè.
P: My mom ordered two packages of tonics from a Chinese pharmacy; I have boiled it every week for one month already.

D: 有沒有吃維他命或是其他健康食品呢？
D: 有没有吃维他命或是其他健康食品呢？
D: yǒuméiyǒu chī wéitāmìng huòshì qítā jiànkāngshípǐn ne?
D: Do you take any vitamins or any other health supplements?

P: 有吃綜合維生素，葉酸，鈣片，和魚油，沒有特別去找健康食品，我最近愛吃水果和優酪乳．
P: 有吃综合维生素，叶酸，钙片，和鱼油，没有特别去找健康食品，我最近爱吃水果和优酪乳．
P: yǒu chī zōnghé wéishēngsù, yèsuān, gàipiàn, hé yúyóu, méiyǒu tèbié qù zhǎo jiànkāngshípǐn, wǒ zuìjìn ài chī shuǐguǒ hé yōulàorǔ.
P: I am taking a multivitamin, folic acid, calcium supplement, and fish oil. I did not make a special effort to look for health supplements, but I like eating fruit and yogurt recently.

D: 妳會不會對食品過敏呢？譬如說，蝦、芒果、核桃、人蔘．
D: 妳会不会对食品过敏呢？譬如说，虾、芒果、核桃、人蔘．
D: nǐ huì bùhuì duì shípǐn guòmǐn ne, pìrú shuō, xiā, mángguǒ, hétao, rén shēn?
D: Do you have any food allergies, such as to shrimp, mango, walnut, or ginseng?

P: 不知道，到目前為止好像沒有，而且你說的食品我都不愛．
P: 不知道，到目前为止好像没有，而且你说的食品我都不爱．
P: bù zhīdào, dào mùqián wéizhǐ hǎoxiàng méiyǒu, érqiě nǐ shuō de shípǐn wǒ dōu bù ài.
P: Not any that I know of. I do not like any of the foods you mentioned.

D: 妳今年有沒有打過流感疫苗？
D: 妳今年有没有打过流感疫苗？
D: nǐ jīnnián yǒuméiyǒu dǎ guò liúgǎn yìmiáo?
D: Have you gotten the flu shot this year?

P: 懷孕前打過，大概是一月份．
P: 怀孕前打过，大概是一月份．
P: huáiyùn qián dǎ guò, dàgài shì yīyuèfèn.
P: I got my flu shot before I was pregnant, back in January.

D: 西醫和中醫用不同的方式解釋人的身體．我沒辦法確認也不能否定用中醫的好處．在你懷孕的過程中，如果你有任何中醫治療請通知我，這會對我很有幫助．
D: 西医和中医用不同的方式解释人的身体．我没办法确认也不能否定用中医的好处．在你怀孕的过程中，如果你有任何中医治疗请通知我，这会对我很有帮助．
D: xīyī hé zhōngyī yòng bùtóng de fāngshì jiěshì rén de shēntǐ. wǒ méi bànfǎ quèrèn yě bùnéng fǒudìng yòng zhōngyī de hǎochu. zài nǐ huáiyùn de guòchéng zhōng, rúguǒ nǐ yǒu rènhé zhōngyī zhìliáo qǐng tōngzhī wǒ, zhè huì duì wǒ hěn yǒu bāngzhù.
D: Western medicine does not explain the body the same way as Traditional Chinese Medicine. I cannot confirm or deny the benefits of using the latter. It would be helpful for you to notify me what treatments you are taking as your pregnancy progresses.

Vocabulary 單字單詞

婦產科	妇产科	fùchǎnkē	Obstetrics/Gynecology
鼻塞	鼻塞	bísāi	Stuffy nose
喉嚨癢	喉咙痒	hóulóngyǎng	Itchy throat
打噴嚏	打喷嚏	dǎpēntì	Sneeze
過敏	过敏	guòmǐn	Allergy
懷孕	怀孕	huáiyùn	Pregnancy
中藥	中药	zhōngyào	Chinese medicine
補藥	补药	bǔyào	Tonic
傳統煎藥	传统煎药	chuántǒngjiānyào	Boiled medicine
科學中藥	科学中药	kēxuézhōngyào	Concentrated herbal medicine
維他命	维他命	wéitāmìng	Vitamin
維生素	维生素	wéishēngsù	Vitamin
健康食品	健康食品	jiànkāngshípǐn	Health supplement
綜合維他命	综合维他命	zōnghéwéitāmìng	Multivitamin
葉酸	叶酸	yèsuān	Folic acid
鈣片	钙片	gàipiàn	Calcium supplement
胺魚油	鱼油	yúyóu	Fish oil
優酪乳	优酪乳	yōulùorǔ	Yogurt
食品過敏	食品过敏	shípǐn guòmǐn	Food allergy
人蔘	人蔘	rénshēn	Ginseng
流感疫苗	流感疫苗	liúgǎnyìmiáo	Flu shot, flu vaccine
西醫	西医	xīyī	Western medicine
中醫	中医	zhōngyī	Traditional Chinese Doctor/Medicine
治療	治疗	zhìliáo	Treatment

Lesson 34: 30 F establishing prenatal care
30 歲女性，初次產前檢查

D: 你好，我是婦產科蔡醫生，請問我今天可以怎麼幫妳？
D: 你好，我是妇产科蔡医生，请问我今天可以怎么帮妳？
D: nǐhǎo, wǒ shì fùchǎnkē cài yīshēng, qǐngwèn wǒ jīntiān kěyǐ zěnme bāng nǐ?
D: Hi, I am Dr. Cai from Obstetrics and Gynecology. How can I help you today?

P: 醫生，我的家庭醫生建議我做產前檢查。
P: 医生，我的家庭医生建议我做产前检查。
P: yīshēng, wǒde jiātíng yīshēng jiànyì wǒ zuò chǎnqián jiǎnchá.
P: My family doctor suggested that I get prenatal care.

D: 沒問題，何女士。妳最後一次月經是哪一天？
D: 没问题，何女士。妳最后一次月经是哪一天？
D: méi wèntí, hé nǚshì. nǐ zuìhòu yīcì yuèjīng shì nǎ yī tiān?
D: No problem Miss Ho. When was your last menstrual period?

P: 剛剛好六周前。
P: 刚刚好六周前。
P: gānggang hǎo liù zhōu qián.
P: It was exactly 6 weeks ago.

D: 好，妳的預產期是十月十五號。妳懷孕過幾次？
D: 好，妳的预产期是十月十五号。妳怀孕过几次？
D: hǎo, nǐde yù chǎnqī shì shíyuè shíwǔ hào. nǐ huáiyùn guò jǐ cì?
D: OK, your due date is October 15th. How many times have you been pregnant?

P: 是第三次，第一次懷孕流產了。
P: 是第三次，第一次怀孕流产了。
P: shì dìsāncì, dìyīcì huáiyùn liúchǎn le.
P: This is the third time. The first pregnancy ended with abortion.

D: 噢，對不起，請問是自然流產還是人工流產？
D: 噢，对不起，请问是自然流产还是人工流产？
D: ō, duìbuqǐ. qǐngwèn shì zìrán liúchǎn háishi réngōngliúchǎn?
D: I am sorry to hear that. Was it a spontaneous abortion or induced abortion?

P: 是子宮外孕所以做了人工流產。
P: 是子宫外孕所以做了人工流产。
P: shì zǐgōngwàiyùn suǒyǐ zuò le réngōngliúchǎn.
P: I had an ectopic pregnancy and had to get an induced abortion.

D: 那是什麼時候的事？有沒有併發症？
D: 那是什么时候的事？有没有并发症？
D: nà shì shénme shíhou de shì? yǒuméiyǒu bìngfāzhèng?

問診手冊

D: When did that happen? Were there any <u>complications</u>?

P: 我十五歲在加州大學洛杉磯分校醫學院做的，沒有併發症．
P: 我十五岁在加州大学洛杉矶分校医学院做的，没有并发症．
P: wǒ shíwǔ suì zài jiāzhōu dàxué luòshānjī fēnxiào yīxuéyuàn zuò de, méiyǒu bìngfāzhèng.
P: It was done at UCLA Medical Center when I was 15 years old. There were no complications.

D: 第二次懷孕呢？是<u>足月懷孕</u>嗎？
D: 第二次怀孕呢？是<u>足月怀孕</u>吗？
D: dìèrcì huáiyùn ne? shì zúyuè huáiyùn ma?
D: How about the second pregnancy? Was it a <u>full-term pregnancy</u>?

P: 第二次是在懷孕三十五周的時候因<u>不正常出血</u><u>早產</u>．
P: 第二次是在怀孕三十五周的时候因<u>不正常出血</u><u>早产</u>．
P: dìèrcì shì zài huáiyùn sānshíwǔ zhōu de shíhou yīn bù zhèngcháng chūxuě zǎochǎn.
P: It was a <u>premature birth</u> at 35 weeks due to <u>abnormal bleeding</u>.

D: 那又是什麼時候的事？
D: 那又是什么时候的事？
D: nà yòu shì shénme shíhou de shì?
D: When did this one happen?

P: 那是我二十五歲時．我的女兒快五歲了．
P: 那是我二十五岁时．我的女儿快五岁了．
P: nà shì wǒ èrshíwǔ suì shí. wǒde nǚér kuài wǔ suì le.
P: When I was 25 years old. My daughter is almost 5 years old now.

D: 第二次懷孕有沒有<u>妊娠併發症</u>？譬如說，<u>妊娠糖尿病</u>、<u>妊娠高血壓</u>，或<u>子癇前症</u>．
D: 第二次怀孕有没有<u>妊娠并发症</u>？譬如说，<u>妊娠糖尿病</u>、<u>妊娠高血压</u>，或<u>子痫前症</u>．
D: dìèrcì huáiyùn yǒu méiyǒu rènshēn bìngfāzhèng? pìrúshuō, rènshēn tángniàobìng, rènshēn gāoxuěyā, huò zǐxián qiánzhèng.
D: Did you have any <u>pregnancy complications</u> during the second pregnancy? For example, <u>gestational diabetes</u>, <u>pregnancy induced hypertension</u>, or <u>preeclampsia</u>.

P: 妳說的併發症我都沒有．可是我懷得很辛苦，<u>水腫</u>、<u>背痛</u>、<u>便秘</u>都沒少．
P: 妳说的并发症我都没有．可是我怀得很辛苦，<u>水肿</u>、<u>背痛</u>、<u>便秘</u>都没少．
P: nǐ shuō de bìngfāzhèng wǒ dōu méiyǒu. kěshì wǒ huái dé hěn xīnkǔ, shuǐzhǒng, bèitòng, biànmì dōu méi shǎo.
P: I didn't have any of those complications. However, it was very challenging. I had <u>edema</u>, <u>back pain</u>, and <u>constipation</u>.

D: <u>分娩過程</u>一切都正常？
D: <u>分娩过程</u>一切都正常？
D: fēnmiǎn guòchéng yīqiè dōu zhèngcháng?
D: Was everything normal during <u>childbirth</u>?

P: 是剖腹生產，因失血過多有輕微貧血，六個月後恢復正常．
P: 是剖腹生产，因失血过多有轻微贫血，六个月后恢复正常．
P: shì pōufù shēngchǎn, yīn shīxuě guòduō yǒu qīngwēi pínxuě, liù gè yuè hòu huīfù zhèngcháng.
P: It was a C-section. I suffered from anemia for six months due to excessive bleeding.

D: 今天是妳第一次做產前檢查，所以有很多檢查要做．我要做內診，子宮頸抹片檢查，盆腔超音波，和經陰道超音波．我也要安排妳做全套性病篩檢，包括愛滋病的檢查，和尿分析與尿培養．我要抽血做血液常規檢查，電解質分析，甲狀腺功能檢查，和多種病毒的抗體指數．
D: 今天是妳第一次做产前检查，所以有很多检查要做．我要做内诊，子宫颈抹片检查，盆腔超音波，和经阴道超音波．我也要安排妳做全套性病筛检，包括爱滋病的检查，和尿分析与尿培养．我要抽血做血液常规检查，电解质分析，甲状腺功能检查，和多种病毒的抗体指数．
D: jīntiān shì nǐ dìyīcì zuò chǎnqián jiǎnchá, suǒyǐ yǒu hěnduō jiǎnchá yào zuò. wǒ yào zuò nèizhěn, zǐgōngjǐng mǒpiàn jiǎnchá, pénqiāng chāoyīnbō, hé jīngyīndào chāoyīnbō. wǒ yě yào ānpái nǐ zuò quántào xìngbìng shāijiǎn, bāokuò àizībìng de jiǎnchá, hé niàofēnxī yǔ niàopéiyǎng. wǒ yào chōuxuě zuò xuěyì chángguī jiǎnchá, diànjiězhì fēnxī, jiǎzhuàngxiàn gōngnéng jiǎnchá, hé duōzhǒng bìngdú de kàngtǐ zhǐshù.
D: Today, you'll be doing a series of tests since it's your first prenatal care visit for this pregnancy. You'll undergo a pelvic exam, Pap smear, and pelvic ultrasound and transvaginal ultrasound. I will screen for sexually transmitted diseases including HIV, as well as a urinalysis and urine culture. I want to get blood tests, including a routine blood examination and blood chemistries, thyroid function tests, and antibody levels to various viruses.

Vocabulary 單字單詞

婦產科	妇产科	fùchǎnkē	Obstetrics/Gynecology
家庭醫生	家庭医生	jiātíngyīshēng	Family doctor
產前檢查	产前检查	chǎnqiánjiǎnchá	Prenatal care
最後一次月經	最后一次月经	zuìhòuyīcì yuèjīng	Last Menstrual Period
月經	月经	yuèjīng	Menstrual period
預產期	预产期	yùchǎnqī	Due date
懷孕	怀孕	huáiyùn	Pregnancy
流產	流产	liúchǎn	Abortion
自然流產	自然流产	zìránliúchǎn	Spontaneous abortion
人工流產	人工流产	réngōngliúchǎn	Induced abortion
子宮外孕	子宫外孕	zǐgōngwàiyùn	Ectopic pregnancy
併發症	并发症	bìngfāzhèng	Complication
足月懷孕	足月怀孕	zúyuèhuáiyùn	Full-term pregnancy
不正常出血	不正常出血	bùzhèngchángchūxiě	Abnormal bleeding
早產	早产	zǎochǎn	Premature birth
妊娠併發症	妊娠并发症	rènshēn bìngfāzhèng	Pregnancy complication
妊娠	妊娠	rènshēn	Pregnancy (formal)
妊娠糖尿病	妊娠糖尿病	rènshēn tángniàobìng	Gestational diabetes

妊娠高血壓	妊娠高血压	rènshēn gāoxuěyā	Pregnancy induced hypertension
子癇前症	子痫前症	zǐxián qiánzhèng	Preeclampsia
子癇	子痫	zǐxián	Eclampsia
水腫	水肿	shuǐzhǒng	Edema
背痛	背痛	bèitòng	Back pain
便秘	便秘	biànmì	Constipation
生產	生产	shēngchǎn	Childbirth
分娩	分娩	fēnmiǎn	Parturition
剖腹生產	剖腹生产	pōufùshēngchǎn	Caesarean section
失血過多	失血过多	shīxuěguòduō	Excessive bleeding
貧血	贫血	pínxiě	Anemia
內診	内诊	nèizhěn	Pelvic exam
子宮頸抹片檢查	子宫颈抹片检查	zǐgōngjǐngmǒpiàn jiǎnchá	Pap smear
子宮頸	子宫颈	zǐgōngjǐng	Cervix
子宮	子宫	zǐgōng	Uterus
盆腔超音波	盆腔超音波	pénqiāng chāoyīnbō	Pelvic ultrasound
盆腔	盆腔	pénqiāng	Pelvis
盆骨	盆骨	péngǔ	Pelvis
超音波	超音波	chāoyīnbō	Ultrasound
經陰道超音波	经阴道超音波	jīngyīndào chāoyīnbō	Transvaginal ultrasound
陰道	阴道	yīndào	Vagina
全套性病篩檢	全套性病筛检	quántào xìngbìng shāijiǎn	STI screening
性病	性病	xìngbìng	Sexually transmitted infection
篩檢	筛检	shāijiǎn	Screening
愛滋病	艾滋病	àizībìng	HIV/AIDS
尿分析	尿分析	niàofēnxī	Urinalysis
尿培養	尿培养	niàopéiyǎng	Urine culture
抽血	抽血	chōuxuě	Blood test
血液常規檢查	血液常规检查	xuěyì chángguī jiǎnchá	Routine blood exam (CBC)
電解質分析	电解质分析	diànjiězhì fēnxī	Blood chemistry, metabolic panel
電解質	电解质	diànjiězhì	Electrolytes
甲狀腺功能檢查	甲状腺功能检查	jiǎzhuàngxiàn gōngnéng jiǎnchá	Thyroid function test
甲狀腺	甲状腺	jiǎzhuàngxiàn	Thyroid
抗體指數	抗体指数	kàngtǐ zhǐshù	Antibody level
抗體	抗体	kàngtǐ	Antibody
病毒	病毒	bìngdú	Virus

Supplemental Vocabulary 未出現相關單字

| 孕婦 | 孕妇 | yùnfù | Pregnant woman |

Lesson 35:   35 F with unequal breast size
35 歲女性，乳房大小不一

D: 妳好，我是<u>整形外科</u>孫醫生，請問妳今天為什麼來這裡？
D: 妳好，我是<u>整形外科</u>孙医生，请问妳今天为什么来这里？
D: nǐhǎo, wǒ shì zhěngxíngwàikē sūn yīshēng, qǐngwèn nǐ jīntiān wèishénme lái zhèlǐ?
D: Hi, I am Dr. Sun from <u>Plastic Surgery</u>. Why are you here today?

P: 我有個困擾，實在不知道怎麼開口．
P: 我有个困扰，实在不知道怎么开口．
P: wǒ yǒu gè kùnrǎo, shízài bù zhīdào zěnme kāikǒu.
P: I have a concern, but I don't know how to describe it.

D: 請妳慢慢說．
D: 请妳慢慢说．
D: qǐng nǐ mànmàn shuō.
D: Please take your time and tell me.

P: 我的左右乳房大小不一樣，讓我很<u>尷尬</u>．
P: 我的左右乳房大小不一样，让我很<u>尴尬</u>．
P: wǒde zuǒyòu rǔfáng dàxiǎo bù yīyàng, ràng wǒ hěn gāngà.
P: I feel <u>embarrassed</u> because my left and right breasts are not the same size.

D: 妳什麼時候發現的？
D: 妳什么时候发现的？
D: nǐ shénme shíhou fāxiàn de?
D: When did you find out about this?

P: 我兩年前做了<u>乳房重建手術</u>，剛開始都沒問題，半年後我注意到大小有一點不一樣．
P: 我两年前做了<u>乳房重建手术</u>，刚开始都没问题，半年后我注意到大小有一点不一样．
P: wǒ liǎng niánqián zuò le rǔfáng chóngjiàn shǒushù, gāng kāishǐ dōu méi wèntí, bànnián hòu wǒ zhùyì dào dàxiǎo yǒu yīdiǎn bù yīyàng.
P: I had <u>reconstructive breast surgery</u> two years ago. There was no problem after the surgery, but I noticed that the sizes were different 6 months later.

D: 妳為什麼做乳房重建手術？
D: 妳为什么做乳房重建手术？
D: nǐ wèishénme zuò rǔfáng chóngjiàn shǒushù?
D: Why did you get reconstructive breast surgery?

P: 我得了<u>乳癌</u>，<u>左乳房切除</u>後，我選擇乳房重建．
P: 我得了<u>乳癌</u>，<u>左乳房切除</u>后，我选择乳房重建．
P: wǒ déle rǔái, zuǒ rǔfáng qiēchú hòu, wǒ xuǎnzé rǔfáng chóngjiàn.
P: I had <u>breast cancer</u> and underwent a left <u>mastectomy</u>. After, I chose to get reconstructive surgery.

D: 妳的手術和麻醉過程都順利嗎？
D: 妳的手术和麻醉过程都顺利吗？
D: nǐde shǒushù hé mázuì guòchéng dōu shùnlì ma?
D: Did the surgery and anesthesia both go well?

P: 我覺得都順利，除了重建後大小不一樣．
P: 我觉得都顺利，除了重建后大小不一样．
P: wǒ juéde dōu shùnlì, chúle chóngjiàn hòu dàxiǎo bù yīyàng.
P: I think both went fine, except the difference in size afterwards.

D: 你上一次乳房X光攝影是甚麼時候做的？
D: 你上一次乳房X光摄影是甚么时候做的？
D: nǐ shàng yīcì rǔfáng X guāng shèyǐng shì shénme shíhou zuò de?
D: When was your last mammogram?

P: 因為搬家我有一年沒做了．
P: 因为搬家我有一年没做了．
P: yīnwèi bānjiā wǒ yǒu yī nián méi zuò le.
P: I have not had one for more than a year because I recently moved.

D: 妳的乳房有沒有腫塊？皮膚有沒有紋路或色澤上的改變？乳頭有沒有分泌物？
D: 妳的乳房有没有肿块？皮肤有没有纹路或色泽上的改变？乳头有没有分泌物？
D: nǐde rǔfáng yǒuméiyǒu zhǒngkuài? pífū yǒuméiyǒu wénlù huò sèzé shàng de gǎibiàn? rǔtóu yǒuméiyǒu fēnmìwù?
D: Have you noticed any lumps in your breasts? How about skin texture or color changes? Is there any nipple discharge?

P: 我每個月都有做乳房自我檢查，沒發現任何改變．
P: 我每个月都有做乳房自我检查，没发现任何改变．
P: wǒ měi gè yuè dōu yǒu zuò rǔfáng zìwǒ jiǎnchá, méi fāxiàn rènhé gǎibiàn.
P: I've been doing breast self-exams every month and haven't noticed any changes.

D: 妳得照乳房X光攝影．請妳帶著結果回來覆診，我們那時候再討論如何修正大小不一樣的問題．
D: 妳得照乳房X光摄影．请妳带着结果回来覆诊，我们那时候再讨论如何修正大小不一样的问题．
D: nǐ děi zhào rǔfáng X guāng shèyǐng. qǐng nǐ dài zhe jiēguǒ huílai fùzhěn, wǒmen nà shíhou zài tǎolùn rúhé xiūzhèng dàxiǎo bù yīyàng de wèntí.
D: You need to get a mammogram. Please return with the results and we can discuss what your options are for fixing the difference in breast size.

Vocabulary 單字單詞

整形外科	整形外科	zhěngxíngwàikē	Plastic Surgery
尷尬	尴尬	gāngà	Embarrassed
乳房重建手術	乳房重建手术	rǔfángchóngjiàn shǒushù	Breast reconstruction surgery
乳房	乳房	rǔfáng	Breast
手術	手术	shǒushù	Surgery
乳癌	乳癌	rǔ'ái	Breast cancer
乳房切除	乳房切除	rǔfángqiēchú	Mastectomy
麻醉	麻醉	mázuì	Anesthesia
乳房X光攝影	乳房X光摄影	rǔfáng X guāng shèyǐng	Mammogram
腫塊	肿块	zhǒngkuài	Lump
紋路	纹路	wénlù	Texture
色澤	色泽	sèzé	Color, tone
乳頭分泌物	乳头分泌物	rǔtóu fēnmìwù	Nipple discharge
乳頭	乳头	rǔtóu	Nipple
分泌物	分泌物	fēnmìwù	Discharge
乳房自我檢查	乳房自我检查	rǔfáng zìwǒ jiǎnchá	Breast self-exam

Lesson 36: 15 F with abdominal pain
15 歲女性，腹部痛

Obstetric History

D: 你好，我是急診科薛醫生．我聽住院醫師熊醫生說妳腹部的右邊特別痛，而且妳下體出血，可是其他的地方沒有出血．妳並沒有覺得噁心，也沒吐過．我說的對嗎？
D: 你好，我是急诊科薛医生．我听住院医师熊医生说妳腹部的右边特别痛，而且妳下体出血，可是其他的地方没有出血．妳并没有觉得恶心，也没吐过．我说的对吗？
D: nǐhǎo, wǒ shì jízhěn kē xuē yīshēng. wǒ tīng zhùyuàn yīshī xióng yīshēng shuō nǐ fùbù de yòubian tèbié tòng, érqiě nǐ xiàtǐ chūxuě, kěshì qítāde dìfang méiyǒu chūxuě. nǐ bìng méiyǒu juéde èxīn, yě méi tǔ guò. wǒ shuō de duì ma?
D: Hi, I am Dr. Hsueh from Emergency Medicine. I heard from Resident Doctor Xiong that you have been having a lot of pain on the right side of your abdomen. Additionally, you've been having some vaginal bleeding but no bleeding anywhere else. You haven't felt nauseous or vomited. Is that correct?

P: 對．
P: 对．
P: duì.
P: Yes.

D: 我接下來問的問題有可能熊醫生已經問過了．請問妳多大年紀？
D: 我接下来问的问题有可能熊医生已经问过了．请问妳多大年纪？
D: wǒ jiēxiàlái wèn de wèntí yǒu kěnéng xióng yīshēng yǐjīng wèn guò le. qǐngwèn nǐ duō dà niánjì?
D: I am going to ask you some questions that Dr. Xiong may have already asked. How old are you?

P: 我十五歲．
P: 我十五岁．
P: wǒ shíwǔ suì.
P: I am 15 years old.

D: 你上一次月經是什麼時候來的？
D: 你上一次月经是什么时候来的？
D: nǐ shàngyīcì yuèjīng shì shénme shíhou lái de?
D: When was your last period?

P: 我記不清楚，好像已經過了三個星期都沒來．
P: 我记不清楚，好像已经过了三个星期都没来．
P: wǒ jì bù qīngchu, hǎoxiàng yǐ jīngguò le sān gè xīngqī dōu méi lái.
P: I do not remember. I think I haven't had one for three weeks.

D: 第一次月經是什麼時候來的？
D: 第一次月经是什么时候来的？

問診手冊

D: dìyīcì yuèjīng shì shénme shíhou lái de?
D: How old were you when you got your <u>first period</u>?

P: 第一次月經大概是十二歲以前來的．
P: 第一次月经大概是十二岁以前来的．
P: dìyīcì yuèjīng dàgài shì shíèr suì yǐqián lái de.
P: It was before I was twelve.

D: 妳的月經<u>正常</u>嗎？
D: 妳的月经<u>正常</u>吗？
D: nǐde yuèjīng zhèngcháng ma?
D: Is your period <u>regular</u>?

P: 大部分月經都正常．
P: 大部分月经都正常．
P: dàbùfen yuèjīng dōu zhèngcháng.
P: Most of time it is regular.

D: 平常月<u>經</u>來的時候，妳會<u>痛</u>嗎？
D: 平常月<u>经</u>来的时候，妳会<u>痛</u>吗？
D: píngcháng yuèjīng lái de shíhou nǐ huì tòng ma?
D: Do you have any <u>pain during the period</u>?

P: 好像也不會痛．
P: 好像也不会痛．
P: hǎoxiàng yě bùhuì tòng.
P: Not really.

D: 月經平時來幾天？<u>流量</u>多還是少？
D: 月经平时来几天？<u>流量</u>多还是少？
D: yuèjīng píngshí lái jǐ tiān? liúliàng duō háishi shǎo?
D: How many days does your period last? How is the <u>volume</u>?

P: 平時來五六天左右，量還不少．
P: 平时来五六天左右，量还不少．
P: píngshí lái wǔ liù tiān zuǒyòu, liáng hái bùshǎo.
P: It is about five to six days and kind of heavy.

Sexual History

D: 程女士，我希望和您女兒單獨談一談，能不能請您迴避一下？
D: 程女士，我希望和您女儿单独谈一谈，能不能请您回避一下？
D: chéng nǚshì, wǒ xīwàng hé nín nǚér dāndú tán yī tán, néng bùnéng qǐng nín huíbì yīxià?
D: Mrs. Cheng, I would like to speak with your daughter alone. Could you step outside for a few minutes?

D: 現在妳媽媽不在，下面這些問題我會問每一個有這樣症狀的病患，來幫助我做正確判斷．我會問一些敏感問題，請你誠實回答我的問題，我會替妳保密．
D: 现在妳妈妈不在，下面这些问题我会问每一个有这样症状的病患，来帮助我做正确判断．我会问一些敏感问题，请你诚实回答我的问题，我会替妳保密．
D: xiànzài nǐ māma bùzài, xiàmian zhèxiē wèntí wǒ huì wèn měi yīgè yǒu zhèyàng zhèngzhuàng de bìnghuàn, lái bāngzhù wǒ zuò zhèngquè pànduàn. wǒ huì wèn yīxiē mǐngǎn wèntí, qǐng nǐ chéngshí huídá wǒde wèntí, wǒ huì tì nǐ bǎomì.
D: Now that your mom is not here, I am going to ask some standard questions that I ask of all my patients who have these kinds of symptoms so I can better help you. Please tell me the truth for those sensitive questions; what we talk about is confidential.

D: 妳有沒有男朋友？
D: 妳有没有男朋友？
D: nǐ yǒu méiyǒu nánpéngyou?
D: Do you have a boyfriend?

P: 嗯，我有一個男朋友．
P: 嗯，我有一个男朋友．
P: ēn, wǒ yǒu yīgè nánpéngyou.
P: Yes, I have a boyfriend.

D: 妳們有過性行為嗎？
D: 妳们有过性行为吗？
D: nǐ men yǒu guò xìngxíngwéi ma?
D: Have you had sex with your boyfriend?

P: 嗯，醫生妳說對了．
P: 嗯，医生妳说对了．
P: ēn, yīshēng nǐ shuō duìle.
P: You are right, doctor.

D: 最近有過性行為嗎？
D: 最近有过性行为吗？
D: zuìjìn yǒu guò xìngxíngwéi ma?
D: Have you had sex recently?

P: 嗯．
P: 嗯．
P: ēn.
P: Yes.

D: 還有和別人有過性行為嗎？
D: 还有和别人有过性行为吗？
D: háiyǒu hé biéren yǒu guò xìngxíngwéi ma?
D: Have you had sex with anyone other than your boyfriend?

P: 沒有啦．

P: 沒有啦．
P: méiyǒu lā.
P: Of course not.

D: 有沒有採取避孕措施？用甚麼方法避孕？
D: 有没有采取避孕措施？用甚么方法避孕？
D: yǒuméiyǒu cǎiqǔ bìyùn cuòshī? yòng shénme fāngfǎ bìyùn?
D: Are you using any contraceptives? What type have you been using?

P: 平時都是用避孕套．
P: 平时都是用避孕套．
P: píngshí dōu shì yòng bìyùntào.
P: Usually we use condoms.

D: 每次都用嗎？妳們知道怎麼用避孕套嗎？
D: 每次都用吗？妳们知道怎么用避孕套吗？
D: měicì dōu yòng ma? nǐmen zhīdào zěnme yòng bìyùntào ma?
D: Do you use one every time? Do you know how to use it?

P: 很容易，網上都有教，有幾次剛好用完了，就沒有用．
P: 很容易，网上都有教，有几次刚好用完了，就没有用．
P: hěn róngyì, wǎngshàng dōu yǒu jiāo, yǒu jǐ cì gānghǎo yòng wánle, jiù méiyǒu yòng.
P: It is easy. Many websites show you how. There were a few times we ran out and didn't use one.

D: 妳以前有懷孕過或墮胎過嗎？
D: 妳以前有怀孕过或墮胎过吗？
D: nǐ yǐqián yǒu huáiyùn guò huò duòtāi guò ma?
D: Have you been pregnant or had an abortion before?

P: 都沒有．
P: 都没有．
P: dōu méiyǒu.
P: No.

D: 請躺在床上，我現在要做骨盆檢查，包括用一次性的鴨嘴器來做鴨嘴器檢查．如果很不舒服請告訴我．
D: 请躺在床上，我现在要做骨盆检查，包括用一次性的鸭嘴器来做鸭嘴器检查．如果很不舒服请告诉我．
D: qǐng tǎng zài chuáng shàng, wǒ xiànzài yào zuò gǔpén jiǎnchá, bāokuò yòng yīcìxìng de yāzuǐqì lái zuò yāzuǐqì jiǎnchá. rúguǒ hěn bù shūfu qǐng gàosu wǒ.
D: Please lay down on the bed. I am going to do a pelvic exam now. This includes a speculum exam with one of our disposable speculums. If you feel uncomfortable, please let me know.

Mastering Clinical Conversation

D: 我擔心這是<u>子宮外孕</u>·我也想排除<u>輸卵管卵巢膿瘍</u>，<u>卵巢囊腫破裂</u>，或<u>骨盆腔感染</u>·為了確診，妳需要做<u>尿分析</u>，<u>妊娠試驗</u>，<u>血液常規檢查</u>，<u>交叉配血試驗</u>，<u>凝血功能檢查</u>，和<u>盆骨超聲波</u>·我也會請<u>婦科</u>潘醫生來和妳討論·

D: 我担心这是<u>子宫外孕</u>·我也想排除<u>输卵管卵巢脓疡</u>，<u>卵巢囊肿破裂</u>，或<u>骨盆腔感染</u>·为了确诊，妳需要做<u>尿分析</u>，<u>妊娠试验</u>，<u>血液常规检查</u>，<u>交叉配血试验</u>，<u>凝血功能检查</u>，和<u>盆骨超声波</u>·我也会请<u>妇科</u>潘医生来和妳讨论·

D: wǒ dānxīn zhè shì zǐgōngwàiyùn. wǒ yě xiǎng páichú shūluǎnguǎn luǎncháo nóngyáng, luǎncháo nángzhǒng pòliè, huò gǔpénqiāng gǎnrǎn. wèile quèzhěn, nǐ xūyào zuò niàofēnxī, rènshēn shìyàn, xuěyì chángguī jiǎnchá, jiāochā pèixuě shìyàn. níngxuě gōngnéng jiǎnchá, hé péngǔ chāoshēngbō. wǒ yě huì qǐng fùkē pān yīshēng lái hé nǐ tǎolùn.

D: I am worried that this might be an <u>ectopic pregnancy</u>. I'd also like to make sure your symptoms are not caused by a <u>tubo-ovarian abscess</u>, <u>ovarian cyst rupture</u>, or <u>pelvic inflammatory disease</u>. To make sure, I will need a <u>urinalysis</u>, <u>pregnancy test</u>, <u>routine blood exam</u>, <u>blood typing</u>, <u>coagulation studies</u>, and <u>pelvic ultrasound</u>. I will also call Dr. Pan, a <u>gynecologist</u>, to come and speak with you.

Vocabulary 單字單詞

急診科	急诊科	jízhěnkē	Emergency Medicine
住院醫師	住院医师	zhùyuànyīshī	Resident
腹部	腹部	fùbù	Abdomen
下體出血	下体出血	xiàtǐchūxuě	Vaginal bleeding
噁心	恶心	ěxīn	Nausea
嘔吐	呕吐	ǒutù	Vomit, emesis
上一次月經	上一次月经	shǎngyīcì yuèjīng	Last Menstrual Period
月經	月经	yuèjīng	Menstrual period
第一次月經	第一次月经	dìyīcì yuèjīng	First period
正常	正常	zhèngcháng	Regular
經痛	经痛	jīngtòng	Menstrual pain
流量	流量	liúliàng	Volume
保密	保密	bǎomì	Confidential
性行為	性行为	xìngxíngwéi	Sexual relations
避孕措施	避孕措施	bìyùncuòshī	Contraception
避孕套	避孕套	bìyùntào	Condom
懷孕	怀孕	huáiyùn	Pregnancy
墮胎	堕胎	duòtāi	Abortion
躺	躺	tǎng	Lie down
骨盆檢查	盆骨检查	péngǔ jiǎnchá	Pelvic exam
盆骨	盆骨	péngǔ	Pelvis
一次性	一次性	yīcìxìng	Disposable
鴨嘴器	鸭嘴器	yāzuǐqì	Speculum
鴨嘴器檢查	鸭嘴器检查	yāzuǐqì jiǎnchá	Speculum exam
子宮外孕	子宫外孕	zǐgōngwàiyùn	Ectopic pregnancy

問診手冊

輸卵管卵巢膿瘍	输卵管卵巢脓疡	shūluǎnguǎn luǎncháo nóngyáng	Tubo-ovarian abscess
輸卵管	输卵管	shūluǎnguǎn	Fallopian tubes
卵巢	卵巢	luǎncháo	Ovary
卵巢囊腫破裂	卵巢囊肿破裂	luǎncháo nángzhǒng pòliè	Ovarian cyst rupture
骨盆腔感染	骨盆腔感染	gǔpénqiāng gǎnrǎn	Pelvic Inflammatory Disease
尿分析	尿分析	niàofēnxī	Urinalysis
妊娠試驗	妊娠试验	rènshēn shìyàn	Pregnancy test
血液常規檢查	血液常规检查	xuěyì chángguī jiǎnchá	Routine blood exam (CBC)
交叉配血試驗	交叉配血试验	jiāochāpèixuě shìyàn	Blood type and crossmatch
凝血功能檢查	凝血功能检查	níngxuěgōngnéng jiǎnchá	Coagulation study
盆腔超聲波	盆腔超声波	pénqiāng chāoshēngbō	Pelvic ultrasound
超聲波	超声波	chāoshēngbō	Ultrasound
婦科	妇科	fùkē	Gynecology

Supplemental Vocabulary 未出現相關單字

初經	初经	chūjīng	Menarche

Lesson 37: 55 F with vaginal bleeding
55歲女性，陰道出血

D: 董女士，我得問一些敏感問題來幫助我判斷妳陰道出血和腹部疼痛的原因，請妳具實回答。當然我會替妳保密，未經妳的同意，我不會告訴妳的家人和朋友。

D: 董女士，我得问一些敏感问题来帮助我判断妳阴道出血和腹部疼痛的原因，请妳具实回答。当然我会替妳保密，未经妳的同意，我不会告诉妳的家人和朋友。

D: dǒng nǚshì, wǒ děi wèn yīxiē mǐngǎn wèntí lái bāngzhù wǒ pànduàn nǐ yīndào chūxuě hé fùbù téngtòng de yuányīn, qǐng nǐ jùshí huídá. dāngrán wǒ huì tì nǐ bǎomì, wèijīng nǐde tóngyì, wǒ bùhuì gàosu nǐde jiārén hé péngyou.

D: Mrs. Dong, to figure out why you are having vaginal bleeding and abdominal pain, I need to ask you a few sensitive questions to see if we can figure out what's going on. Please tell me the truth. Everything we talk about is between you and me. I will not tell your friends or family anything you do not want me to.

D: 妳停經了嗎？如果是，甚麼時候開始停經？
D: 妳停经了吗？如果是，甚么时候开始停经？
D: nǐ tíngjīng le ma? rúguǒ shì, shénme shíhou kāishǐ tíngjīng?
D: Have you reached menopause? If yes, when did it happen?

P: 對，兩年前開始停經。
P: 对，两年前开始停经。
P: duì, liǎng niánqián kāishǐ tíngjīng.
P: Yes, it was two years ago.

D: 妳現在還維持性生活嗎？
D: 妳现在还维持性生活吗？
D: nǐ xiànzài hái wéichí xìngshēnghuó ma?
D: Are you sexually active?

P: 是的。
P: 是的。
P: shìde.
P: Yes.

D: 妳上一次性行為是什麼時候？
D: 妳上一次性行为是什么时候？
D: nǐ shàngyīcìxìng xíngwéi shì shénme shíhou?
D: When was last time you had sex?

P: 只要身體狀況允許，每個星期都有。
P: 只要身体状况允许，每个星期都有。
P: zhǐyào shēntǐ zhuàngkuàng yǔnxǔ, měi gè xīngqī dōu yǒu.
P: As long as my body can handle it, I have sex every week.

D: 行房的時候會不會痛？

D: 行房的时候会不会痛？
D: xíngfáng de shíhou huì bùhuì tòng?
D: Do you feel pain during intercourse?

P: 剛停經時會痛，用了荷爾蒙補充治療後好很多．
P: 刚停经时会痛，用了荷尔蒙补充治疗后好很多．
P: gāng tíngjīng shí huì tòng, yòng le héěrméng bǔchōng zhìliáo hòu hǎo hěnduō.
P: There was pain in the months right after menopause, but it has been much better since I started hormone replacement therapy.

D: 除了妳的先生之外，妳有其他的性伴侶嗎？
D: 除了妳的先生之外，妳有其他的性伴侣吗？
D: chúle nǐde xiānsheng zhīwài, nǐ yǒu qítāde xìngbànlǚ ma?
D: Do you have any sexual partners besides your husband?

P: 我離婚了，現在有兩個親密的男朋友．
P: 我离婚了，现在有两个亲密的男朋友．
P: wǒ líhūn le, xiànzài yǒu liǎng gè qīnmì de nánpéngyou.
P: I am divorced. Now, I have two close boyfriends.

D: 妳曾經有過幾個性伴侶？
D: 妳曾经有过几个性伴侣？
D: nǐ céngjīng yǒu guò jǐgè xìngbànlǚ?
D: How many sexual partners have you had in your lifetime?

P: 記不清了，不好說，大概有一打吧．
P: 记不清了，不好说，大概有一打吧．
P: jì bù qīng le, bùhǎo shuō, dàgài yǒu yīdǎ bā?
P: I do not remember. It is hard to say, about one dozen?

D: 還記得你第一次性行為是什麼時候？
D: 还记得你第一次性行为是什么时候？
D: hái jìde nǐ dìyīcì xìngxíngwéi shì shénme shíhou?
D: When was your first sexual experience?

P: 說起來很難為情，大概是十二三歲吧．
P: 说起来很难为情，大概是十二三岁吧．
P: shuōqǐ lái hěn nánwéiqíng, dàgài shì shíèr sān suì bā.
P: It is embarrassing to say– it happened when I was 12 or 13 years old.

D: 得過性病嗎？有沒有懷孕過或流產過？
D: 得过性病吗？有没有怀孕过或流产过？
D: dé guò xìngbìng ma? yǒu méiyǒu huáiyùn guò huò liúchǎn guò?
D: Have you had any sexually transmitted infections? Have you had any pregnancies or abortions?

P: 沒得過性病，懷過兩次，兩次都小產．

P: 没得过性病，怀过两次，两次都<u>小产</u>。
P: méi dé guò xìngbìng, huái guò liǎng cì, liǎng cì dōu xiǎochǎn.
P: No sexually transmitted infections. I have been pregnant twice, but both were <u>miscarriages</u>.

D: 妳最後一次做<u>子宮頸抹片</u>和<u>乳房攝影</u>是什麼時候？都正常嗎？
D: 妳最后一次做<u>子宫颈抹片</u>和<u>乳房摄影</u>是什么时候？都正常吗？
D: nǐ zuìhòu yīcì zuò zǐgōngjǐng mǒpiàn hé rǔfáng shèyǐng shì shénme shíhòu? dōu zhèngcháng ma?
D: When was your last <u>Pap smear</u> and <u>mammogram</u>? Have they ever been abnormal?

P: 去年都做了。我乳房攝影一向都正常。二十年前有過不正常的子宮頸抹片檢查，不過之後都正常了。
P: 去年都做了。我乳房摄影一向都正常。二十年前有过不正常的子宫颈抹片检查，不过之后都正常了。
P: qùnián dōu zuò le. wǒ rǔfáng shèyǐng yīxiàng dōu zhèngcháng. èrshí niánqián yǒu guò bù zhèngcháng de zǐgōngjǐng mǒpiàn jiǎnchá, bùguò zhīhòu dōu zhèngcháng le.
P: I did both last year. My mammograms have always been normal. I had one abnormal Pap smear 20 years ago, but they have been normal ever since.

D: 那次有異常的子宮頸抹片，有沒有做<u>圓錐切片</u>，<u>陰道鏡</u>，或<u>錐狀切除手術</u>？
D: 那次有异常的子宫颈抹片，有没有做<u>圆锥切片</u>，<u>阴道镜</u>，或<u>锥状切除手术</u>？
D: nà cì yǒu yìcháng de zǐgōngjǐng mǒpiàn, yǒu méiyǒu zuò yuánzhuī qiēpiàn, yīndàojìng, huò zhuīzhuàng qiēchú shǒushù?
D: When you had the abnormal Pap smear, did you have to undergo a <u>cone biopsy</u>, <u>colposcopy</u>, or <u>cervical conization</u>?

P: 都沒有。
P: 都没有。
P: dōu méiyǒu.
P: No.

D: 妳有沒有得過<u>子宮肌瘤</u>，<u>子宮肌腺症</u>，或<u>子宮內膜異位</u>？
D: 妳有没有得过<u>子宫肌瘤</u>，<u>子宫肌腺症</u>，或<u>子宫內膜異位</u>？
D: nǐ yǒuméiyǒu dé guò zǐgōngjīliú, zǐgōng jīxiàn zhèng, huò zǐgōng nèimó yìwèi?
D: Have ever been told you have <u>uterine fibroids</u>, <u>adenomyosis</u>, or <u>endometriosis</u>?

P: 都沒有，我不知道那是什麼。
P: 都没有，我不知道那是什么。
P: dōu méiyǒu, wǒ bù zhīdào nà shì shénme.
P: No, I don't know what they are.

D: 妳有家人患有<u>乳癌</u>，<u>卵巢癌</u>，<u>子宮癌</u>，或<u>子宮頸癌</u>嗎？
D: 妳有家人患有<u>乳癌</u>，<u>卵巢癌</u>，<u>子宫癌</u>，或<u>子宫颈癌</u>吗？
D: nǐ yǒu jiārén huànyǒu rǔái, luǎncháoái, zǐgōngái, huò zǐgōngjǐngái ma?
D: Does anyone in your family have a history of <u>breast cancer</u>, <u>ovarian cancer</u>, <u>uterine cancer</u>, or <u>cervical cancer</u>?

問診手冊

P: 好像沒有.
P: 好像没有.
P: hǎoxiàng méiyǒu.
P: I don't think so.

D: 為了排除癌症的可能性，我要做內診，子宮頸抹片檢查，子宮內膜切片，和盆骨超音波.
D: 为了排除癌症的可能性，我要做内诊，子宫颈抹片检查，子宫内膜切片，和盆骨超音波.
D: wèile páichú áizhèng de kěnéngxìng, wǒ yào zuò nèizhěn, zǐgōngjǐng mǒpiàn jiǎnchá, zǐgōng nèimó qiēpiàn, hé péngǔ chāoyīnbō.
D: To make sure this is not cancer, I will need to do a pelvic exam, Pap smear, endometrial biopsy, and pelvic ultrasound.

Vocabulary 單字單詞

繁體	简体	Pinyin	English
陰道出血	阴道出血	yīndàochūxuě	Vaginal bleeding
腹部疼痛	腹部疼痛	fùbù téngtòng	Abdominal pain
腹部	腹部	fùbù	Abdomen
停經	停经	tíngjīng	Menopause
維持性生活	维持性生活	wéichí xìngshēnghuó	Sexually active
性行為	性行为	xìngxíngwéi	Sexual intercourse
行房	行房	xíng fáng	Sexual intercourse
荷爾蒙補充治療	荷尔蒙补充治疗	hè'ěrméngbǔchōng zhìliáo	Hormone replacement therapy
荷爾蒙	荷尔蒙	hé'ěrméng	Hormone
性伴侶	性伴侣	xìngbànlǚ	Sexual partner
性病	性病	xìngbìng	Sexually transmitted infection
懷孕	怀孕	huáiyùn	Pregnancy
流產	流产	liúchǎn	Abortion
小產	小产	xiǎo chǎn	Miscarriage
子宮頸抹片檢查	子宫颈抹片检查	zǐgōngjǐngmǒpiàn jiǎnchá	Pap smear
子宮頸	子宫颈	zǐgōngjǐng	Cervix
子宮	子宫	zǐgōng	Uterus
乳房攝影	乳房摄影	rǔfáng shèyǐng	Mammogram
圓錐切片	圆锥切片	yuánzhuī qiēpiàn	Cone biopsy
切片	切片	qiēpiàn	Biopsy
陰道鏡	阴道镜	yīndàojìng	Colposcopy
錐狀切除手術	锥状切除手术	zhuīzhuàng qiēchúshǒushù	Cervical conization
子宮肌瘤	子宫肌瘤	zǐgōng jīliú	Uterine fibroids
子宮肌腺症	子宫肌腺症	zǐgōngjīxiànzhèng	Adenomyosis
子宮內膜異位	子宫内膜异位	zǐgōng nèimó yìwèi	Endometriosis
乳癌	乳癌	rǔ'ái	Breast cancer

卵巢癌	卵巢癌	luǎncháoái	Ovarian cancer
卵巢	卵巢	luǎncháo	Ovary
子宮癌	子宫癌	zǐgōngái	Uterine cancer
子宮頸癌	子宫颈癌	zǐgōngjǐng ái	Cervical cancer
癌症	癌症	áizhèng	Cancer
內診	内诊	nèizhěn	Pelvic exam
子宮內膜切片	子宫内膜切片	zǐgōngnèimó qiēpiàn	Endometrial Biopsy
盆骨超音波	盆骨超音波	péngǔ chāoyīnbō	Pelvic ultrasound
盆骨	盆骨	péngǔ	Pelvis
超音波	超音波	chāoyīnbō	Ultrasound

Supplemental Vocabulary *未出現相關單字*

人乳頭瘤病毒	人乳头瘤病毒	rénrǔtóuliú bìngdú	Human Papillomavirus (HPV)
標靶治療	标靶治疗	biāobǎ zhìliáo	Targeted therapy
復壁穿刺活檢	复壁穿刺活检	fùbìchuāncì huójiǎn	Transabdominal biopsy
腹水	腹水	fùshuǐ	Ascites

問診手冊

Lesson 38: 37 M with infertility
37歲男性，不孕症

D: 你好，我是泌尿科曾醫生，請問你今天哪裡不舒服？
D: 你好，我是泌尿科曾医生，请问你今天哪里不舒服？
D: nǐhǎo, wǒ shì mìniào kē céng yīshēng, qǐngwèn nǐ jīntiān nǎlǐ bù shūfu?
D: Hi, I am Dr. Tseng from Urology. What brings you here today?

P: 我和我太太結婚十年，可是生不出小孩。結婚頭五年，我們不想要小孩。後來三年，我們因工作兩地分居，一年只見兩三次。最近兩年我們積極做人，都沒結果。我們都看了中醫，做了調理，可是也沒用。
P: 我和我太太结婚十年，可是生不出小孩。结婚头五年，我们不想要小孩。后来三年，我们因工作两地分居，一年只见两三次。最近两年我们积极做人，都没结果。我们都看了中医，做了调理，可是也没用。
P: wǒ hé wǒ tàitai jiéhūn shínián, kěshì shēng bù chū xiǎohái. jiéhūn tóu wǔ nián, wǒmen bù xiǎngyào xiǎohái. hòulái sānnián, wǒmen yīn gōngzuò liǎng de fēnjū, yīnián zhǐ jiàn liǎng sān cì. zuìjìn liǎng nián wǒmen jījí zuòrén, dōu méi jiēguǒ. wǒmen dōu kàn le zhōngyī, zuò le tiáolǐ, kěshì yě méiyòng.
P: I have been married for 10 years, but we still haven't conceived a baby yet. The first 5 years, we did not want to have a baby. The next three years, we were separated in different locations due to our jobs. We only saw each other 2 to 3 times a year. For the past two years, we have been trying very hard to have a baby, but we haven't been successful. Both of us saw a Traditional Chinese Doctor and followed his suggestions, but it didn't work either.

D: 前五年你們都用甚麼避孕措施？
D: 前五年你们都用甚么避孕措施？
D: qián wǔ nián nǐmen dōu yòng shénme bìyùn cuòshī?
D: What type of contraception did you use for the first 5 years?

P: 避孕套和避孕藥雙管齊下。
P: 避孕套和避孕药双管齐下。
P: bìyùntào hé bìyùnyào shuāngguǎnqíxià.
P: We used both oral contraceptives and condoms.

D: 下面的敏感問題，別的醫生大概也問過，可是我必須問。
D: 下面的敏感问题，别的医生大概也问过，可是我必须问。
D: xià miàndī mǐngǎn wèntí, biéde yīshēng dàgài yě wèn guò, kěshì wǒ bìxū wèn.
D: I have a few sensitive questions that other doctors may have asked already, but I have to know the answers to them.

D: 你們多久行房一次？
D: 你们多久行房一次？
D: nǐmen duōjiǔ xíngfáng yīcì?
D: How often do you have sex?

P: 排卵期時儘量天天做，剩下的時間一星期不到一次．
P: 排卵期时尽量天天做，剩下的时间一星期不到一次．
P: páiluǎnqī shí jǐnliàng tiāntiān zuò, shèngxià de shíjiān yī xīngqī bùdào yīcì.
P: Every day around the ovulation date, but less than once a week the rest of the cycle.

D: 你結婚十年，你對現在的性生活滿意嗎？
D: 你结婚十年，你对现在的性生活满意吗？
D: nǐ jiéhūn shínián, nǐ duì xiànzài de xìngshēnghuó mǎnyì ma?
D: Are you satisfied with your sex life after 10 years of marriage?

P: 不是很滿意，為生小孩而做，兩個人心理壓力很大．
P: 不是很满意，为生小孩而做，两个人心理压力很大．
P: búshi hěn mǎnyì, wéishēng xiǎohái ér zuò, liǎng gèrén xīnlǐ yālì hěndà.
P: Not very happy. We are both very stressed because we are doing it to conceive a baby.

D: 除了你的太太之外，你曾經或現在有其他的女人嗎？
D: 除了你的太太之外，你曾经或现在有其他的女人吗？
D: chúle nǐde tàitai zhīwài, nǐ céngjīng huò xiànzài yǒu qítāde nǚrén ma?
D: Are you in or have you had a sexual relationship with anyone besides your wife?

P: 嗯，我可以不回答嗎？
P: 嗯，我可以不回答吗？
P: ēn, wǒ kěyǐ bù huídá ma?
P: Can I refuse to answer this question?

D: 你有沒有特別的嗜好？譬如說特別的姿勢，口交，肛交．
D: 你有没有特别的嗜好？譬如说特别的姿势，口交，肛交．
D: nǐ yǒu méiyǒu tè biéde shìhào? pìrú shuō tè biéde zīshì, kǒu jiāo, gāng jiāo?
D: Do you have any fetishes, such as unique sex positions, oral sex, or anal sex?

P: 這問題我也不想回答．
P: 这问题我也不想回答．
P: zhè wèntí wǒ yě bùxiǎng huídá.
P: I also don't want to answer this question.

D: 除了女人之外，你也跟男人發生性行為嗎？
D: 除了女人之外，你也跟男人发生性行为吗？
D: chúle nǚrén zhīwài, nǐ yě gēn nánrén fāshēng xìngxíngwéi ma?
D: Besides women, have you had sex with men?

P: 只有女人．
P: 只有女人．
P: zhǐyǒu nǚrén.
P: Only women.

D: 你的太太有沒有懷孕過？

D: 你的太太有没有怀孕过？
D: nǐde tàitai yǒu méiyǒu huáiyùn guò?
D: Has your wife ever been pregnant before?

P: 從來沒有．
P: 从来没有．
P: cónglái méiyǒu.
P: Never.

D: 你太太有做過輸卵管結紮手術嗎？你有做過輸精管結紮手術嗎？
D: 你太太有做过输卵管结扎手术吗？你有做过输精管结扎手术吗？
D: nǐ tàitai yǒu zuò guò shūluǎnguǎn jiézā shǒushù ma? nǐ yǒu zuò guò shūjīngguǎn jiézā shǒushù ma?
D: Has your wife ever undergone tubal sterilization? Have you ever undergone vasectomy?

P: 我們都沒有做過結紮手術．
P: 我们都没有做过结扎手术．
P: wǒmen dōu méiyǒu zuò guò jiézā shǒushù.
P: Neither of us has undergone sterilization procedures before.

D: 你或你太太有得過性病嗎？
D: 你或你太太有得过性病吗？
D: nǐ huò nǐ tàitai yǒu dé guò xìngbìng ma?
D: Have you or your wife ever had a sexually transmitted disease?

P: 我們都沒有．
P: 我们都没有．
P: wǒmen dōu méiyǒu.
P: No.

D: 你有沒有發現毛髮改變，生殖器官改變，胸部變大，或性慾改變？
D: 你有没有发现毛发改变，生殖器官改变，胸部变大，或性欲改变？
D: nǐ yǒuméiyǒu fāxiàn máofà gǎibiàn, shēngzhí qìguān gǎibiàn, xiōngbù biàn dà, huò xìngyù gǎibiàn?
D: Have you noticed any changes in your hair pattern, changes in your genitals, enlarged breasts, or changes in your libido?

P: 都沒有．
P: 都没有．
P: dōu méiyǒu.
P: No.

D: 你或你太太的家人有沒有遺傳病？
D: 你或你太太的家人有没有遗传病？
D: nǐ huò nǐ tàitai de jiārén yǒu méiyǒu yíchuánbìng?
D: Does anyone in your family or your wife's family have any genetic diseases?

P: 沒有.
P: 没有.
P: méiyǒu.
P: No.

D: 你們得做一些檢查來找出<u>不孕</u>的原因.首先,你太太得做<u>卵巢儲量測量</u>,也要照<u>子宮輸卵管攝影</u>來確定她的<u>子宮</u>是否正常以及<u>輸卵管</u>是否<u>阻塞</u>.她也得寫<u>月經日記</u>.同時,你得做<u>精液分析</u>,也可能要做賀爾蒙檢驗.我們可以日後再討論<u>遺傳病檢查</u>.

D: 你们得做一些检查来找出<u>不孕</u>的原因.首先,你太太得做<u>卵巢储量测量</u>,也要照<u>子宫输卵管摄影</u>来确定她的<u>子宫</u>是否正常以及<u>输卵管</u>是否<u>阻塞</u>.她也得写<u>月经日记</u>.同时,你得做<u>精液分析</u>,也可能要做贺尔蒙检验.我们可以日后再讨论遗传病检查.

D: nǐmen děi zuò yīxiē jiǎnchá lái zhǎochū bùyùn de yuányīn. Shǒuxiān, nǐ tàitai děi zuò luǎncháo chǔliàng cèliáng, yě yào zhào zǐgōng shūluǎnguǎn shèyǐng lái quèdìng tāde zǐgōng shìfǒu zhèngcháng yǐjí shūluǎnguǎn shìfǒu zǔsè. tā yě dé xiě yuèjīng rìjì. tóngshí, nǐ děi zuò jīngyè fēnxī, yě kěnéng yào zuò hèěrméng jiǎnyàn. wǒmen kěyǐ rìhòu zài tǎolùn yíchuánbìng jiǎnchá.

D: I am going to run some tests to determine the cause of <u>infertility</u>. First, I will need your wife to undergo a test for <u>ovarian reserve</u> as well as a <u>hysterosalpingogram</u> to make sure her <u>uterus</u> is normal and her <u>fallopian tubes</u> are not <u>blocked</u>. She will also need to keep a <u>menstrual diary</u>. In addition, you will need to undergo <u>semen analysis</u>, and possibly <u>hormonal studies</u>. We can discuss <u>genetic testing</u> at a later date.

Vocabulary 單字單詞

泌尿科	泌尿科	mìniàokē	Urology
中醫	中医	zhōngyī	Traditional Chinese Doctor/Medicine
避孕措施	避孕措施	bìyùncuòshī	Contraception
避孕套	避孕套	bìyùntào	Condom
避孕藥	避孕药	bìyùnyào	Oral contraceptive, birth control
行房	行房	xíng fáng	Sexual intercourse
排卵期	排卵期	páiluǎnqí	Ovulation date
性生活	性生活	xìng shēnghuó	Sex life
特別嗜好	特別嗜好	tèbié shìhào	Fetish
口交	口交	kǒujiāo	Oral sex
肛交	肛交	gāngjiāo	Anal sex
懷孕	怀孕	huáiyùn	Pregnancy
輸卵管結紮手術	输卵管结扎手术	shūluǎnguǎn jiézā shǒushù	Tubal sterilization
輸精管結紮手術	输精管结扎手术	shūjīngguǎn jiézā shǒushù	Vasectomy
輸精管	输精管	shūjīngguǎn	Vas deferens
結紮手術	结扎手术	jiézā shǒushù	Sterilization procedure
性病	性病	xìngbìng	Sexually transmitted infection

毛髮	毛发	máofà	Hair pattern
生殖器官	生殖器官	shēngzhí qìguān	Gential
胸部	胸部	xiōngbù	Breast
性慾	性欲	xìngyù	Libido
遺傳病	遗传病	yíchuánbìng	Genetic disease
不孕症	不孕症	búyùnzhèng	Infertility
卵巢儲量	卵巢储量	luǎncháo chǔliàng	Ovarian reserve
子宮輸卵管攝影	子宫输卵管摄影	zǐgōng shūluǎnguǎn shèyǐng	Hysterosalpingogram
子宮	子宫	zǐgōng	Uterus
輸卵管	输卵管	shūluǎnguǎn	Fallopian tubes
阻塞	阻塞	zǔsè	Obstruction, blockage
月經日記	月经日记	yuèjīng rìjì	Menstrual diary
精液分析	精液分析	jīngyì fēnxī	Semen analysis
賀爾蒙檢驗	贺尔蒙检验	hèěrméng jiǎnyàn	Hormonal studies
賀爾蒙	贺尔蒙	hèěrméng	Hormone
遺傳病檢查	遗传病检查	yíchuánbìng jiǎnchá	Genetic testing

Supplemental Vocabulary 未出現相關單字

唐氏綜合症	唐氏综合症	tángshì zōnghézhèng	Down syndrome
特納綜合症	特纳综合症	tènà zōnghézhèng	Turner syndrome
脫髮	脱发	tuōfà	Alopecia

B. Sentence Structure
句型

Introduction 醫院和人體部位簡介

請問你叫什麼名字？	1
請問妳多大年紀？	36
今年幾歲？	1
你的生日是哪天？	1
你帶了身分證和保險卡嗎？	1
你說普通話嗎？	1
你聽得懂我的普通話嗎？	1
請問你說甚麼語言？	1
請問門診的掛號處在哪裡？	1
請問醫院有翻譯嗎？	1
請問內科在哪裡？	1
請問你的家庭醫生是誰？	1
請你把衣服和褲子脫下，只留內褲．	1
如果有哪裡不舒服請跟我講．	1
會有一些不舒服，請忍耐一下．	1
你還有什麼別的問題嗎？	1
你有任何問題想問我嗎？	7

Chief Complaint 主訴

請問妳今天為什麼來這裡？	3, 7, 9, 12, 15, 17, 20, 22, 24, 26, 30, 35
請問你今天哪裡不舒服？	1, 4-8, 19, 20, 23, 25, 38
請問我今天可以怎麼幫妳？	1, 11, 13, 16, 18, 21, 27-29, 32-34

History of Present Illness 現病史

我可以問你一些問題嗎？	1
請你再說一次．	24
你認為自己有甚麼病？	24
你可以更詳細的說發生了什麼嗎？	30
妳現在還有甚麼其他的症狀？	16, 25, 27
妳周邊有沒有人生病？	25

OPQRST 描述症狀與疼痛

是什麼時候開始痛？	(O)	9, 13-16, 20-22, 35
你是怎麼發現痛的？	(O)	22
是怎麼樣開始痛的？	(O)	25
都是突然開始還是逐漸加重？	(O)	25
怎樣才會更痛？	(P)	13
怎樣才不會那麼痛？	(P)	13, 17
你自己有沒有用甚麼方去減輕痛苦？	(P)	22
做什麼事或動作會增加或減低妳的頭痛？	(P)	25

196   Mastering Clinical Conversation

你能描素一下是怎麼痛？	(Q)	13, 14, 17, 22
是持續不斷的痛還是間歇的痛？	(Q)	17
是隱隱作痛還是很沉重的痛？	(Q)	25
身上哪裡痛？	(R)	5, 13, 14, 17, 20-22, 25
身上其他部位痛嗎？	(R)	13
有沒有蔓延到別處？	(R)	14, 16, 17, 22
怎麼擴散的？		20
每次痛有多痛？	(S)	17, 25
從一到十用個數字橫量一下，十是最痛．	(S)	17
現在痛不痛？	(T)	22
每天痛幾次？	(T)	25
痛的時候每次維持多久？	(T)	22, 25, 27, 30
每隔多久痛一次？	(T)	17
有愈來愈痛嗎？	(T)	16, 17
以前有這樣痛過嗎？	(T)	14, 16
開始前有沒有症狀？		25
發作時有沒有症狀？		25
什麼時候特別癢？		20

Medications and Allergies 藥物與過敏史

一直有按時吃藥嗎？	11
他有吃其他的藥嗎？	8, 14, 22, 24, 26
妳最近有沒有開始吃什麼新藥？	25
你以前服過或注射過青黴素嗎？	8, 22
妳有沒有吃避孕藥？	25
你有沒有用抗凝血劑或抗血小板藥品？	12, 16
他有吃薄血藥嗎？	26
他有在服用任何免疫抑制劑嗎？	7
她有沒有隨身帶著腎上腺素注射劑？	6
有沒有服用中藥或補藥？	8, 33
是傳統煎藥還是科學中藥？	33
有沒有吃維他命或是其他健康食品呢？	33
醫生給你開了什麼抗生素？	8
藥有沒有帶來？	11
我可以看一下嗎？	11
這個藥可能有副作用．	30
你以前有對甚麼藥過敏嗎？	8, 33
她對任何食物過敏嗎？	6, 33

Past Medical History and Past Surgical History 過去病史－內科與外科

你有沒有得過慢性病？	3, 6, 12, 14, 15, 17, 19, 21, 25, 27
妳還有什麼疾病？	12, 23
這是多久以前的事？	6
你有沒有得過癌症？	22
妳小時候有得過什麼病嗎？	11
你有因為任何原因被送進急診室或住過醫院嗎？	3, 9, 23, 30
以前有過這種情況嗎？	6
你有沒有做過手術？	10, 14, 25, 27
你有做過大腸鏡檢查嗎？	15, 16, 30
怎麼被診斷出的？	3, 9
現在還需要做血液透析嗎？	23
你今年打了流感疫苗嗎？	9, 23, 25, 33
妳以前有沒有輸過血？	14, 24
治療過程都順利嗎？	23
妳的手術和麻醉過程都順利嗎？	10, 26, 35
手術後的復健也順利嗎？	26
有沒有併發症？	7, 10, 26, 23, 27
妳的脈搏以前有不規律嗎？	11
完全康復了？	10, 23
妳媽媽怎麼治好的？	7, 29
是怎麼治療的？	23, 26
您的醫生怎麼說？	18
醫生告訴妳原因了嗎？	10
請問診斷的結果是什麼？	11
請告訴我上次的病因．	29
來見我之前你有沒有看過別的醫生？	22
是在哪家醫院診斷的？	26
在哪家醫院做的？	7, 10
那是什麼時候的事？	10, 26

Trauma History 創傷病史

你發生過意外嗎？	27
最近有沒有撞到哪裡？	17, 25
能告訴我何時摔的？	31
怎麼摔的？	21, 31
在哪裡摔的？	31
一共摔了幾次？	21
摔的時候有別人在嗎？	31

Anesthesia History 麻醉科病史

妳最後一次進食是什麼時候？		10
妳有沒有鬆動的牙齒或牙套？		10
妳有沒有困難把嘴巴完全張開或把頭往後仰？		10
妳有沒有在吃任何藥？		10
妳有對什麼藥過敏嗎？		10
妳麻醉醒後有沒有噁心或嘔吐？		10
妳有沒有家人有過麻醉的併發症？		10

Pediatric History 小兒科病史

妳有量她的體溫嗎？怎麼量的？		4
妳幫她換了幾次尿布？	(S)	4
尿布都是什麼顏色？	(Q)	4
妳有餵她吃藥嗎？		4
精神好嗎？		4
你餵母乳還是奶粉，還是兩種都用？		4
他周圍的小朋友有沒有人生病？		4, 5

Birth History, Development, Immunization （出生史，發育，預防接種）

妳懷孕期間有任何併發症嗎？		4
妳生產時有任何併發症嗎？		4
她是足月寶寶嗎？		4
她是自然產嗎？		4
她出生時的身高、體重、頭圍都在正常範圍裡嗎？		4
她的成長和預期的一樣嗎？		4
她最後一個健康檢查是什麼時候？		4
他有去小兒科醫生那裡做健康檢查嗎？		5
請把他的疫苗接種記錄卡給我看一下·		5
她有定期施打疫苗嗎？		4
最近打了什麼疫苗？		5
他有達成發展里程碑嗎？		4, 5

Adolescent History (HEADSS) 青少年—精神與社會史

你現在住哪裡？住在什麼樣的建築裡？	Home	7
你覺得家裡和附近都安全嗎？	Home	7
你打算到哪裡上學，要上幾年級？	Education	7
你學校成績怎麼樣？	Education	7
你有沒有個性化教育計劃？	Education	7
畢業以後有什麼打算？	Education	7
你有些什麼嗜好？	Activities	7
你和朋友都做些什麼？	Activities	7
你參加任何社團活動嗎？	Activities	7
你參加體育活動嗎？	Activities	7

你有沒有打工？	Activities	7
家裡有沒有槍？	Drugs	7
你試過毒品嗎？	Drugs	7
你的朋友裡有沒有人吸菸或喝酒？	Drugs	7
你認識吸菸或喝酒的同學嗎？你自己有試過嗎？	Drugs	7
你曾經離家出走過嗎？	Suicide	7
你現在有不開心嗎？	Suicide	7
你有沒有傷心到想要傷害自己？	Suicide	7
你曾經試過傷害自己嗎？	Suicide	7
你約會過嗎？和男生，女生，還是兩者都有？	Sex	7
你現在有交往對象嗎？	Sex	7
你接吻過嗎？	Sex	7
你曾經發生過性關係嗎？	Sex	7
你有沒有做過性病或愛滋病的檢查？	Sex	7

Past Psychiatric History 精神病史

以前有沒有看過精神科醫生？	28, 29
你有沒有得過其他精神心理疾病？	30
最近又發生了什麼事？	29
你最近都做了些什麼讓你有這樣的感覺？	30
她有自殺的想法或企圖自殺嗎？	29
你會不會想要傷害自己或別人？	30
你有沒有聽到別人聽不到的聲音或看到別人看不到的東西？	30
您可以用幾個字來形容今天的心情嗎？	29

Family History 家族史

你或你太太的家人有沒有遺傳病？	3, 4, 37
你有任何家人有心血管疾病嗎？	3, 12, 14, 16, 17, 19, 20, 25
可以說說你家的成員和身體狀況嗎？	38
請問你的父母還健在嗎？他們身體好嗎？	3
父親幾歲過世？得什麼病過世？	3
你有幾個兄弟姐妹？他們身體狀況如何？	3, 4
有小孩嗎？有健康問題嗎？	3
祖父母和外祖父母那一輩呢？還健在嗎？	19

Obstetric/Gynecologic History 產科與婦科史

妳最後一次月經是哪一天？	34, 36
第一次月經是什麼時候來的？	36
妳的月經正常嗎？	36
平常月經來的時候，妳會痛嗎？	36

月經平時來幾天？流量多還是少？	36
妳停經了嗎？如果是，甚麼時候開始停經？	37
妳以前有懷孕過或墮胎過嗎？	36, 37, 38
懷孕過幾次？	34
請問是自然流產還是人工流產？	34
是足月懷孕嗎？	34
有沒有妊娠併發症？	34
分娩過程一切都正常？	34
我現在要做內診，如果很不舒服請告訴我。	36
你上一次乳房X光攝影是甚麼時候做的？	35
妳的乳房有沒有腫塊？	35
皮膚有沒有紋路或色澤上的改變？	35
乳頭有沒有分泌物？	35
妳最後一次做子宮頸抹片和乳房攝影是什麼時候？都正常嗎？	37
你有沒有發現毛髮改變，生殖器官改變，胸部變大，或性慾改變？	38

Sexual History 性生活史

下面我要問一些敏感問題，請你誠實回答，我會替妳保密。	36
問診時每一位病人我都需要和她單獨談一談，請您迴避一下。	36
你有過幾個性伴侶？	24
現在你有幾個性伴侶？	24, 37
妳們有過性行為嗎？	36
最近有過性行為嗎？	36
還有和別人有過性行為嗎？	36-38
妳現在還維持性生活嗎？	37
妳上一次性行為是什麼時候？	37
你們多久行房一次？	24, 38
行房的時候會不會痛？	37
第一次性行為是什麼時候？	37
你對現在的性生活滿意嗎？	38
你有沒有特別的嗜好？譬如說特別的姿勢，口交，肛交。	38
有沒有採取避孕措施？	36
用甚麼方法避孕？	36, 38
每次都用避孕套嗎？	36
妳們知道怎麼用避孕套嗎？	36
你太太有做過輸卵管結紮手術嗎？	38
你有做過輸精管結紮手術嗎？	38
你以前有過性病嗎？	24, 37, 38
你知不知道你的性伴侶有沒有性病？	24
你以前有聽過或做過全套性病篩檢嗎？	24

LGBTQ Sexual History 性生活史－同性、雙性、變性、酷兒

跟男人，女人，還是男女都有？	24, 38
你第一次跟男人的性行為是什麼時候？	24
你是插入方，接受方，還是兩者都有？	24
你有沒有想過除了用保險套之外還用愛滋病毒暴露前預防性投藥？	24
性行為時有沒有採取保護措施？	24

Social History 社會史

Food, Drugs, and Exercise 飲食，毒品，與運動

你平常都吃些甚麼？	19
請問你每天三餐都怎麼吃？	3
你吸菸嗎？	9, 10, 12, 14, 15, 19, 22, 27
抽多久了，每天抽多少？	9, 19
你喝酒嗎？	10, 12, 14, 15, 19, 27
你有用違禁毒品嗎？	10, 14, 22, 30
你注射過毒品嗎？	24
你吃檳榔嗎？	15
你多久運動一次？都做甚麼運動？	3
你的體重有增加或減少嗎？	16, 20, 25

Family, Friends, and Religion 親戚，朋友，和信仰

和她家人關係好嗎？會常常聯繫嗎？	29
有親人住在附近嗎？	29
妳空閒時喜歡做什麼？	29
最近有沒有旅行？	5, 14, 23
她現在有宗教信仰嗎？	29

Home and Work 家裡與工作

來美國多久了？	19
現在跟誰一起住？	29
請問你是哪裡人？祖籍哪裡？	19
請問妳住在哪裡？	29
你以前有接觸過輻射嗎？	20
你做甚麼工作？	3, 19, 22
你是學什麼專業？	22
你在工作中受過傷嗎？	22
你對你的工作滿意嗎？	3
你工作的環境乾淨嗎？	19
你現在每天的工作時間多長？一周做幾天？	19
你經濟上獨立嗎？	22
工作壓力很大嗎？	3

Health Care Proxy 醫療護理代理人

你的岳父會想知道詳細的病情嗎？	18

他有沒有醫療護理代理人？ 18
都是哪位家屬幫他做醫療上的決定？ 18

Activities of Daily Living 日常生活活動
他需要家居護理員嗎？ 26
他用餐需要幫助嗎？走路呢？ 26
他能自己洗澡和更衣嗎？ 26
他有沒有大小便失禁？他可以自己上廁所嗎？ 26
她可以自理生活嗎？ 29
她現在進出住的地方容易嗎？ 29
一個人在家安全嗎？ 29

Addiction Screening 成癮篩查
你一個禮拜喝幾杯酒，都喝甚麼酒？ 28
你什麼時候開始每天喝酒？ 28
當你不喝酒的時候，你會很累嗎，會有幻覺嗎？ 28
不喝時候，手會抖嗎？會不會抽搐？ 28
你有沒有因為喝酒而家庭或工作上有問題？ 28

你想過要少喝一點酒嗎？或是嘗試戒酒嗎？ (C) 28
別人說你喝酒，你會生氣嗎？ (A) 28
看來你喝酒也不會有罪惡感？ (G) 28
你有沒有覺得早上要喝酒才能醒過來？ (E) 28

Domestic Violence Screening 家庭暴力篩查
家庭暴力是常見的事，有一些指定的問題我必須問． 32
請問妳怎麼受傷的？ 31
妳好像很怕妳先生，他是不是曾經傷害過妳？ 32
妳有被家人威脅或傷害嗎？ 32
妳被他打的時候，沒想辦法跑嗎？ 31
他會對小孩施暴嗎？ 31
在家裡，妳會擔心妳和小孩的安全嗎？ 32
以前有發生過這樣的事嗎？ 31
他曾經酗酒或吸毒嗎？ 31
他喝酒時或酒後有什麼舉止和行為？ 32
有其他人知道你先生這些習慣嗎？ 32
妳曾經因為他喝酒而離家出走嗎？ 32
如果這再發生，你有沒有安全計劃？ 32
有沒有可以待的地方，像朋友的家？ 32
妳家裡有任何武器嗎？ 31

C. Vocabulary Index
單字索引

腹腔	腹腔	fùqiāng	Abdomen	1
腹部	腹部	fùbù	Abdomen	14, 16, 36, 37
腹主動脈瘤	腹主动脉瘤	fù zhǔdòngmàiliú	Abdominal aortic aneurysm	22
腹部檢查	腹部检查	fùbù jiǎnchá	Abdominal exam	22
腹部疼痛	腹部疼痛	fùbù téngtòng	Abdominal pain	37
腹腔超音波	腹腔超音波	fùqiāngchāoyīnbō	Abdominal ultrasound	3, 14
異常	异常	yìcháng	Abnormal	20
不正常出血	不正常出血	bùzhèngchángchūxiě	Abnormal bleeding	34
異常的發現	异常的发现	yìcháng de fāxiàn	Abnormal finding	16
心室收縮功能異常	心室收缩功能异常	xīnshì shōusuōgōngnéng yìcháng	Abnormal movement of the heart wall	12
墮胎	堕胎	duòtāi	Abortion	36
流產	流产	liúchǎn	Abortion	34, 37
超標	超标	chāobiāo	Above normal range	3
擦傷	擦伤	cāshāng	Abrasion	21
膿瘍	脓疡	nóngyáng	Abscess	13
呼吸輔助肌	呼吸辅助肌	hūxī fǔzhù jī	Accessory muscles	6
針灸	针灸	zhēnjiū	Acupuncture (TCM)	22
急性冠狀動脈綜合症	急性冠状动脉综合症	jíxìng guānzhuàngdòngmài zōnghézhèng	Acute Coronary Syndrome	12
急性發作	急性发作	jíxìng fāzuò	Acute exacerbation	9
急性腎衰竭	急性肾衰竭	jíxìngshènshuāijié	Acute kidney failure	23
腺癌	腺癌	xiànái	Adenocarcinoma	15
子宮肌腺症	子宫肌腺症	zǐgōngjīxiànzhèng	Adenomyosis	37
住院	住院	zhùyuàn	Admit	9, 12, 14, 30
有氧運動	有氧运动	yǒuyǎng yùndòng	Aerobic exercise	2
戒酒康復計劃	戒酒康复计划	jièjiǔ kāngfù jìhuà	Alcohol rehabilitation program	28
戒酒無名會	戒酒无名会	jièjiǔ wúmínghuì	Alcoholics Anonymous	28
酗酒	酗酒	xùjiǔ	Alcoholism	31, 32
過敏	过敏	guòmǐn	Allergy	6, 33
過敏免疫科	过敏免疫科	guòmǐn miǎnyì kē	Allergy and Immunology	8
脫髮	脱发	tuōfà	Alopecia	38
老人癡呆症	老人痴呆症	lǎorénchīdāizhèng	Alzheimer's disease	21
救護車	救护车	jiùhùchē	Ambulance	11
非住院手術	非住院手术	fēi zhùyuàn shǒushù	Ambulatory surgery, Outpatient surgery	21, 27
阿莫西林	阿莫西林	āmòxīlín	Amoxicillin	8
肛交	肛交	gāngjiāo	Anal sex	38
祖籍	祖籍	zǔjí	Ancestral home	19
貧血	贫血	pínxiě	Anemia	7, 20, 34
麻醉	麻醉	mázuì	Anesthesia	35
麻醉醫生	麻醉医生	mázuìyīshēng	Anesthesiologist	10
麻醉科	麻醉科	mázuìkē	Anesthesiology	10
麻藥	麻药	máyào	Anesthetic	10

心絞痛	心绞痛	xīnjiǎotòng	Angina	12
通波仔(粵)	通波仔(粵)	tōngbōzǎi (yuè)	Angioplasty (Cantonese)	12
腳踝	脚踝	jiǎohuái	Ankle	21
肛腸外科	肛肠外科	gāngchángwàikē	Anorectal surgery	13
肛門鏡檢查	肛门镜检查	gāngménjìng jiǎnchá	Anoscopy	13
胃乳片	胃乳片	wèirǔpiàn	Antacid	21
抗生素	抗生素	kàngshēngsù	Antibiotic	8
抗體	抗体	kàngtǐ	Antibody	34
抗體指數	抗体指数	kàngtǐ zhǐshù	Antibody level	34
抗凝血劑	抗凝血剂	kàng níngxuě jì	Anticoagulant	12, 16
抗組織胺藥	抗组织胺药	kàng zǔzhīàn yào	Antihistamine	6
抗血小板藥品	抗血小板药品	kàng xuěxiǎobǎn yàopǐn	Antiplatelet drug	12, 16
肛門	肛门	gāngmén	Anus	1, 13
焦慮	焦虑	jiāolǜ	Anxious	25
盲腸切除術	盲肠切除术	mángchángqiēchú shù	Appendectomy	14
闌尾	阑尾	lánwěi	Appendix	1
食慾	食欲	shíyù	Appetite	15
預約	预约	yùyuē	Appointment	1
手臂	手臂	shǒubì	Arm	1, 20, 31
腋下	腋下	yìxià	Armpit, axilla	4
心律不整	心律不整	xīnlǜ bùzhěng	Arrhythmia	11
動脈	动脉	dòngmài	Artery	12
腹水	腹水	fùshuǐ	Ascites	37
阿司匹林	阿司匹林	āsīpǐlín	Aspirin	12, 22, 25, 26
哮喘	哮喘	xiàochuǎn	Asthma	6, 10
動脈粥樣硬化	动脉粥样硬化	dòngmàizhōuyàng yìnghuà	Atherosclerosis	11
香港腳	香港脚	xiānggǎngjiǎo	Athletes' foot	20
心房顫動	心房颤动	xīnfáng chàndòng	Atrial fibrillation	11
企圖	企图	qìtú	Attempt	29
先兆	先兆	xiānzhào	Aura	25
自體免疫疾病	自体免疫疾病	zìtǐmiǎnyì jíbìng	Autoimmune disease	20
除顫器	除颤器	chúchànqì	Automatic Implantable Cardioverter Defibrillator (AICD)	11
骷骨	骷骨	kūgǔ	Avascular necrosis	27
禽流感	禽流感	qínliúgǎn	Avian influenza	23
背	背	bèi	Back	1
背痛	背痛	bèitòng	Back pain	34
刮痧	刮痧	guāshā	Back scraping (TCM)	22
細菌	细菌	xìjūn	Bacteria	7
細菌感染	细菌感染	xìjūn gǎnrǎn	Bacterial infection	17
洗澡	洗澡	xǐ zǎo	Bathe (ADL)	29
洗澡	洗澡	xǐzǎo	Bathe, shower (ADL)	26
檳榔	槟榔	bīngláng	Betel nuts	15
雙光眼鏡	双光眼镜	shuāngguāngyǎnjìng	Bifocal lenses	27
膽管疾病	胆管疾病	dǎnguǎn jíbìng	Biliary disease	14

膽紅素	胆红素	dǎnhóngsù	Bilirubin	14
切片	切片	qiēpiàn	Biopsy	37
切片檢查	切片检查	qiēpiàn jiǎnchá	Biopsy	10, 15
活檢	活检	huójiǎn	Biopsy	15, 18
活體組織檢查	活体组织检查	huótǐzǔzhī jiǎnchá	Biopsy	15
躁鬱症	躁郁症	zàoyùzhèng	Bipolar disorder	30
雙磷酸鹽類藥物	双磷酸盐类药物	shuānglínsuānyánlèi yàowù	Bisphosphonate	21
黑點	黑点	hēidiǎn	Black spot	27
膀胱	膀胱	pángguāng	Bladder	18
膀胱癌	膀胱癌	pángguāngái	Bladder cancer	18
出血	出血	chūxuě	Bleeding (internal)	16
水泡	水泡	shuǐpào	Blister	20
帶血	带血	dàixuě	Blood (in)	17
電解質分析	电解质分析	diànjiězhì fēnxī	Blood chemistry, metabolic panel	34
捐血	捐血	juānxuě	Blood donation	3
鼻涕帶血	鼻涕带血	bítìdàixiě	Blood in mucus	19
血尿	血尿	xuěniào	Blood in urine, hematuria	18
血脂	血脂	xuězhī	Blood lipids	2
血壓	血压	xuěyā	Blood pressure	1, 2, 6
血糖	血糖	xuětáng	Blood sugar	2, 20
抽血	抽血	chōuxuě	Blood test	5, 34
抽血檢查	抽血检查	chōuxuě jiǎnchá	Blood test	11, 19, 20, 29
驗血	验血	yànxuě	Blood test	1, 7, 9, 14, 17, 18, 26
驗血檢查	验血检查	yànxuě jiǎnchá	Blood test	12
薄血藥	薄血药	bóxuěyào	Blood thinner	16, 26
輸血	输血	shūxuě	Blood transfusion	14, 24
血型	血型	xuěxíng	Blood type	7
交叉配血試驗	交叉配血试验	jiāochāpèixuě shìyàn	Blood type and crossmatch	36
血管	血管	xuěguǎn	Blood vessel	12
帶血	带血	dàixuě	Bloody (vomit)	14
大便出血	大便出血	dàbiànchūxuě	Bloody stool, hematochezia	16
全身痠痛	全身酸痛	quánshēnsuāntòng	Body ache	23
體溫	体温	tǐwēn	Body temperature	1
傳統煎藥	传统煎药	chuántǒngjiānyào	Boiled medicine	33
骨髓	骨髓	gǔsuǐ	Bone marrow	7
骨髓移植	骨髓移植	gǔsuǐyízhí	Bone marrow transplant	7
骨質密度	骨质密度	gǔzhì mìdù	Bone mineral density	21
正骨	正骨	zhènggǔ	bonesetting	22
排便	排便	páibiàn	Bowel movement	13, 20
腸阻塞	肠阻塞	cháng zǔsè	Bowel obstruction	14
乳房	乳房	rǔfáng	Breast	35
胸部	胸部	xiōngbù	Breast	38
乳癌	乳癌	rǔ'ái	Breast cancer	35, 37

乳房重建手術	乳房重建手术	rǔfángchóngjiànshǒushù	Breast reconstruction surgery	35
乳房自我檢查	乳房自我检查	rǔfáng zìwǒ jiǎnchá	Breast self-exam	35
餵母乳	喂母乳	wèimǔrǔ	Breastfeeding	4
鮮紅色	鲜红色	xiānhóngsè	Bright red	16
退燒	退烧	tuìshāo	Bring down a fever	4
指甲變脆	指甲变脆	zhǐjia biàncuì	Brittle nails	20
支氣管擴張症	支气管扩张症	zhīqìguǎn kuòzhāngzhèng	Bronchiectasis	9
支氣管鏡檢查	支气管镜检查	zhīqìguǎnjìng jiǎnchá	Bronchoscopy	10
瘀青	瘀青	yūqīng	Bruise	21, 31
灼痛	灼痛	zhuótòng	Burning pain	13
奶油	奶油	nǎiyóu	Butter	2
黃油	黄油	huángyóu	Butter	2
屁股	屁股	pìgu	Buttocks	22
剖腹生產	剖腹生产	pōufùshēngchǎn	Caesarean section	34
鈣片	钙片	gàipiàn	Calcium supplement	21, 33
卡路里	卡路里	kǎlùlǐ	Calories	2
癌症	癌症	áizhèng	Cancer	3, 14, 15, 19, 22, 37
拐杖	拐杖	guǎizhàng	Cane	26
碳水化合物	碳水化合物	tànshuǐhuàhéwù	Carbohydrates	2
心導管	心导管	xīndǎoguǎn	Cardiac catheterization	12
心臟導管插入術	心脏导管插入术	xīnzàngdǎoguǎn chārùshù	Cardiac catheterization	12
心電監護儀	心电监护仪	xīndiàn jiānhù yí	Cardiac monitoring	12
心臟內科	心脏内科	xīnzàngnèikē	Cardiology	11
心肌病	心肌病	xīnjībìng	Cardiomyopathy	11
心血管疾病	心血管疾病	xīnxuěguǎnjíbìng	Cardiovascular disease	3, 12
照顧者	照顾者	zhàoguzhě	Caregiver	18
腕管綜合症	腕管综合症	wànguǎn zōnghézhèng	Carpal tunnel syndrome	31
白內障	白内障	báinèizhàng	Cataract	27
麩質過敏症	麸质过敏症	fūzhìguòmǐnzhèng	Celiac disease	13
骨水泥	骨水泥	gǔshuǐní	Cement	21
中心	中心	zhōngxīn	Center	7
腦溢血	脑溢血	nǎoyìxuě	Cerebral hemorrhage	26
腦血管疾病	脑血管疾病	nǎoxuěguǎnjíbìng	Cerebrovascular disease	2, 3
子宮頸癌	子宫颈癌	zǐgōngjǐng ái	Cervical cancer	37
錐狀切除手術	锥状切除手术	zhuīzhuàng qiēchúshǒushù	Cervical conization	37
子宮頸	子宫颈	zǐgōngjǐng	Cervix	34, 37
健康檢查	健康检查	jiànkāng jiǎnchá	Checkup	5
化學品	化学品	huàxuépǐn	Chemicals	19
化療	化疗	huàliáo	Chemotherapy	15
胸口	胸口	xiōngkǒu	Chest	31
胸口痛	胸口痛	xiōngkǒu tòng	Chest pain	9, 12
胸口悶	胸口闷	xiōngkǒu mēn	Chest tightness	8, 9, 11
胸腔X光	胸腔X光	xiōngqiāng X guāng	Chest X-ray	12

胸部X光	胸部X光	xiōngbù X guāng	Chest X-ray	9
胸腔	胸腔	xiōngqiāng	Chest, Thorax	1
水痘	水痘	shuǐdòu	Chickenpox	5
生產	生产	shēngchǎn	Childbirth	34
中藥	中药	zhōngyào	Chinese medicine	8, 33
醬菜	酱菜	jiàngcài	Chinese pickles	15, 19
脊椎矯正師	脊椎矫正师	jǐzhuījiǎozhèngshī	Chiropractor	22
衣原體	衣原体	yīyuántǐ	Chlamydia	24
膽囊切除手術	胆囊切除手术	dǎnnáng qiēchú shǒushù	Cholecystectomy	14
總膽管結石	总胆管结石	zǒngdǎnguǎn jiéshí	Choledocholithiasis	14
膽固醇	胆固醇	dǎngùchún	Cholesterol	2, 3
慢性酒精中毒	慢性酒精中毒	mànxìngjiǔjīngzhòngdú	Chronic alcoholism	28
慢性支氣管炎	慢性支气管炎	mànxìngzhīqìguǎnyán	Chronic bronchitis	9
慢性疾病	慢性疾病	mànxìng jíbìng	Chronic disease	14
慢性病	慢性病	mànxìngbìng	Chronic disease	3, 27
慢性胃炎	慢性胃炎	mànxìng wèiyán	Chronic gastritis	15
慢性腸胃病	慢性肠胃病	mànxìng chángwèibìng	Chronic gastrointestinal disease	15
慢性病	慢性病	mànxìngbìng	Chronic illness	2
慢性腎病	慢性肾病	mànxìngshènbìng	Chronic kidney disease	2
慢性肝病	慢性肝病	mànxìnggānbìng	Chronic liver disease	2
慢性阻塞性肺病	慢性阻塞性肺病	mànxìngzǔsèxìng fèibìng	Chronic Obstructive Pulmonary Disease	9
疼痛跛行	疼痛跛行	téngtòng bǒxíng	Claudication	11
鎖骨	锁骨	suǒgǔ	Clavicle	10
診所	诊所	zhěnsuǒ	Clinic	23, 28
血塊	血块	xuěkuài	Clot	26
凝血功能檢查	凝血功能检查	níngxuěgōngnéng jiǎnchá	Coagulation study	36
大腸鏡檢查	大肠镜检查	dàchángjìng jiǎnchá	Colonoscopy	16
色澤	色泽	sèzé	Color, tone	35
直腸癌	直肠癌	zhícháng'ái	Colorectal cancer	16
陰道鏡	阴道镜	yīndàojìng	Colposcopy	37
昏迷	昏迷	hūnmí	Coma	11
方便馬桶	方便马桶	fāngbiàn mǎtǒng	Commode	26
總膽管	总胆管	zǒngdǎnguǎn	Common bile duct	14
感冒	感冒	gǎnmào	Common cold	5, 8, 9
社區活動	社区活动	shèqū huódòng	Community events	29
全套血球計數	全套血球计数	quántào xuěqiú jìshù	Complete blood count	14
併發症	并发症	bìngfāzhèng	Complication	4, 7, 10, 18, 23, 26, 27, 34
綜合防治	综合防治	zōnghé fángzhì	Comprehensive care	2
壓縮性骨折	压缩性骨折	yāsuōxìng gǔzhé	Compression fracture	21
專心	专心	zhuānxīn	Concentrate	25
科學中藥	科学中药	kēxuézhōngyào	Concentrated herbal medicine	33
腦震盪	脑震荡	nǎozhèndàng	Concussion	29

保險套	保险套	bǎoxiǎntào	Condom	24
避孕套	避孕套	bìyùntào	Condom	36, 38
圓錐切片	圆锥切片	yuánzhuī qiēpiàn	Cone biopsy	37
保密	保密	bǎomì	Confidential	31, 32, 36
確診	确诊	quèzhěn	Confirm (a diagnosis)	18
結膜炎	结膜炎	jiémóyán	Conjunctivitis	5
同意書	同意书	tóngyìshū	Consent form	7
持續	持续	chíxù	Constant	14
持續不斷	持续不断	chíxù búduàn	Constant	17
便秘	便秘	biànmì	Constipation	13, 16, 20, 30, 34
隱形眼鏡	隐形眼镜	yǐnxíngyǎnjìng	Contact lenses	27
避孕措施	避孕措施	bìyùncuòshī	Contraception	36, 38
造影劑	造影剂	zàoyǐngjì	Contrast agent	6
抽搐	抽搐	chōuchù	Convulsion	28
病人自付	病人自付	bìngrénzìfù	Co-pay	1
角膜水腫	角膜水肿	jiǎomóshuǐzhǒng	Corneal edema	27
角膜移植手術	角膜移植手术	jiǎomó yízhí shǒushù	Corneal transplant	27
冠狀動脈搭橋手術	冠状动脉搭桥手术	guānzhuàngdòngmài dāqiáoshǒushù	Coronary artery bypass (CABG)	12
冠心病	冠心病	guànxīnbìng	Coronary heart disease	2
皮質類固醇	皮质类固醇	pízhí lèigùchún	Corticosteroids	27
咳嗽	咳嗽	késòu	Cough	5, 8, 9, 23, 25
諮詢	咨询	zīxún	Counseling	3
連續陽壓呼吸器	连续阳压呼吸器	liánxù yángyā hūxīqì	CPAP	23
心肺復甦術	心肺复苏术	xīnfèifùsūshù	CPR	18
絞痛	绞痛	jiǎotòng	Cramping	13
克隆氏症	克隆氏症	kèlóngshìzhèng	Crohn's disease	13
胯下	胯下	kuàxià	Crotch, groin	17, 22
沉重的痛	沉重的痛	chénzhòngdetòng	Crushing pain	25
電腦斷層掃描	电脑断层扫描	diànnǎoduàncéng sǎomiáo	CT scan	15, 17, 18, 19, 26
治好	治好	zhìhǎo	Cured	7
醃製物	腌制物	yānzhìwù	Cured food	2, 19
氰化物中毒	氰化物中毒	qínghuàwùzhòngdú	Cyanide poisoning	23
膀胱炎	膀胱炎	pángguāngyán	Cystitis	18
膀胱鏡手術	膀胱镜手术	pángguāngjìngshǒushù	Cystoscopy	18
托兒所	托儿所	tuōérsuǒ	Daycare	4
育兒園	育儿园	yùéryuán	Daycare center	5
日常生活	日常生活	rìchángshēnghuó	Day-to-day activities	25
腫瘤細胞減滅術	肿瘤细胞减灭术	zhǒngliúxìbāo jiǎnmièshù	Debulking	18
肌腱反射	肌腱反射	jījiàn fǎnshè	Deep tendon reflexes	20
老人失智症	老人失智症	lǎorénshīzhìzhèng	Dementia	29
牙醫	牙医	yáyī	Dentist	19
牙套	牙套	yátào	Dentures	10

憂鬱	忧郁	yōuyù	Depressed	30
憂鬱症	忧郁症	yōuyùzhèng	Depression	29, 30
皮膚科	皮肤科	pífūkē	Dermatology	20
意願	意愿	yìyuàn	Desire	29
嬰兒發展里程碑	婴儿发展里程碑	yīngér fāzhǎn lǐchéngbēi	Developmental milestones	4
發展里程碑	发展里程碑	fāzhǎn lǐchéngbēi	Developmental milestones	5
雙能量X光吸收檢查	双能量X光吸收检查	shuāngnéngliàng X guāng xīshōu jiǎnchá	DEXA scan	21
尿崩症	尿崩症	niàobēngzhèng	Diabetes insipidus	23
糖尿病	糖尿病	tángniàobìng	Diabetes mellitus	2, 3, 12, 27
診斷	诊断	zhěnduàn	Diagnose	3, 8, 9, 11, 14, 23, 26
化驗室	化验室	huàyànshì	Diagnostic Lab	1
洗腎	洗肾	xǐshèn	Dialysis	23
拉肚子	拉肚子	lādùzi	Diarrhea	4
腹瀉	腹泻	fùxiè	Diarrhea	13
舒張壓	舒张压	shūzhāngyā	Diastolic blood pressure	11
飲食	饮食	yǐnshí	Diet	2
呼吸困難	呼吸困难	hūxīkùnnán	Difficulty breathing	6, 8, 9, 23
吞嚥困難	吞咽困难	tūnyànkùnnán	Difficulty swallowing, dysphagia	15
肛門指檢	肛门指检	gāngmén zhǐjiǎn	Digital rectal exam	13, 18
散瞳檢查	散瞳检查	sǎntóng jiǎnchá	Dilated eye exam	27
白喉	白喉	báihóu	Diphtheria	5
出院	出院	chūyuàn	Discharge	14, 23
分泌物	分泌物	fēnmìwù	Discharge	35
一次性	一次性	yīcìxìng	Disposable	36
憩室炎	憩室炎	qìshìyán	Diverticulitis	16
憩室疾病	憩室疾病	qìshì jíbìng	Diverticulosis	16
頭昏	头昏	tóuhūn	Dizziness	11
頭暈	头晕	tóuyūn	Dizziness	8
家庭暴力	家庭暴力	jiātíngbàolì	Domestic Violence	31, 32
家暴熱線電話	家暴热线电话	jiābàorèxiàndiànhuà	Domestic violence hotline	32
重影	重影	chóngyǐng	Double vision	25, 27
唐氏綜合症	唐氏综合症	tángshì zōnghézhèng	Down syndrome	38
更衣	更衣	gēngyī	Dress (ADL)	26
喝酒	喝酒	hējiǔ	Drink (alcohol)	7, 10, 12, 14, 15, 19, 21, 27
社交場合喝酒	社交场合喝酒	shèjiāochǎnghé hējiǔ	Drink socially	10
想睡覺	想睡觉	xiǎngshuìjiào	Drowsiness	30
藥物過敏	药物过敏	yàowùguòmǐn	Drug allergy	8, 10
毒品	毒品	dúpǐn	Drugs	7, 10, 14, 30, 31
乾	干	gān	Dry	20
口乾	口干	kǒugān	Dry mouth	30
白百破	白百破	báibǎipò	DTaP, DPT	5

預產期	预产期	yùchǎnqī	Due date	34
隱隱作痛	隐隐作痛	yǐnyǐnzuòtòng	Dull pain	16, 25
耳朵	耳朵	ěrduo	Ear	1
用餐	用餐	yòngcān	Eat (ADL)	26
進食	进食	jìnshí	Eat or drink	10
心臟超音波	心脏超音波	xīnzàng chāoyīnbō	Echocardiogram	11, 12
超聲心動圖	超声心动图	chāoshēng xīndòngtú	Echocardiogram	11, 12
子癇	子痫	zǐxián	Eclampsia	34
子宮外孕	子宫外孕	zǐgōngwàiyùn	Ectopic pregnancy	34, 26
過敏性濕疹	过敏性湿疹	guòmǐnxìngshīzhěn	Eczema	27
水腫	水肿	shuǐzhǒng	Edema	34
心電圖	心电图	xīndiàntú	Electrocardiogram	11, 12
電痙攣療法	电痉挛疗法	diànjìngluán liáofǎ	Electroconvulsive Therapy (ECT)	30
電解質	电解质	diànjiězhì	Electrolytes	14, 17, 34
尷尬	尷尬	gāngà	Embarrassed	35
急診	急诊	jízhěn	Emergency	17
緊急醫療服務	紧急医疗服务	jǐnjí yīliáo fúwù	Emergency Medical Services	12
急診科	急诊科	jízhěnkē	Emergency Medicine	12, 14, 36
急診室	急诊室	jízhěnshì	Emergency room, emergency department	3, 4, 6, 8, 11, 21, 23, 26, 30
肺氣腫	肺气肿	fèiqìzhǒng	Emphysema	9
空腹	空腹	kōngfù	Empty stomach	21
空著肚子	空着肚子	kōngzhe dùzi	Empty stomach	21
內分泌科	内分泌科	nèifēnmìkē	Endocrinology	2, 21
子宮內膜切片	子宫内膜切片	zǐgōngnèimó qiēpiàn	Endometrial Biopsy	37
子宮內膜異位	子宫内膜异位	zǐgōng nèimó yìwèi	Endometriosis	37
內視鏡切片	内视镜切片	nèishìjìng qiēpiàn	Endoscope-guided biopsy	19
逆行性膽胰管攝影	逆行性胆胰管摄影	nìxíngxìng dǎnyíguǎn shèyǐng	Endoscopic Retrograde Cholangiopancreatography	14
胃鏡超音波	胃镜超音波	wèijìng chāoyīnbō	Endoscopic ultrasound	15
精力	精力	jīnglì	Energy	30
胃炎	胃炎	wèiyán	Enteritis	4
入口	入口	rùkǒu	Entrance	1
癲癇	癫痫	diānxián	Epilepsy	25
腎上腺素注射劑	肾上腺素注射剂	shènshàngxiànsù zhùshèjì	Epi-pen	6
氣不順	气不顺	qì búshùn	Erratic breathing	8
食道癌	食道癌	shídàoái	Esophageal cancer	15
食道	食道	shídào	Esophagus	15
日常生活	日常生活	rìchángshēnghuó	Everyday life	27
檢查	检查	jiǎnchá	Exam	1
失血過多	失血过多	shīxuèguòduō	Excessive bleeding	34
運動	运动	yùndòng	Exercise	2
接觸	接触	jiēchù	Expose	20

外痔瘡	外痔疮	wài zhìchuāng	External hemorrhoid	13
劇痛	剧痛	jùtòng	Extreme pain	22
眼睛	眼睛	yǎnjing	Eye	1
眼科疾病	眼科疾病	yǎn kē jí bìng	Eye condition	27
眼科檢查	眼科检查	yǎnkē jiǎnchá	Eye exam	2
視力	视力	shìlì	Eyesight, visual acuity	27
臉部	脸部	liǎnbù	Face	5
摔	摔	shuāi	Fall	31
摔跤	摔跤	shuāijiāo	Fall	21
輸卵管	输卵管	shūluǎnguǎn	Fallopian tubes	36, 38
家庭醫生	家庭医生	jiātíngyīshēng	Family doctor	1, 29, 34
家族病史	家族病史	jiāzúbìngshǐ	Family history	19
遠視眼	远视眼	yuǎnshìyǎn	Farsightedness, hyperopia	27
空腹血糖	空腹血糖	kōngfùxuětáng	Fasting blood sugar	2, 3
無脂牛奶	无脂牛奶	wúzhīniúnǎi	Fat free milk	2
疲倦	疲倦	píjuàn	Fatigue	20
疲勞	疲劳	píláo	Fatigue	3, 12
肥肉	肥肉	féiròu	Fatty meat	2
大便免疫化學試驗	大便免疫化学试验	dàbiàn miǎnyìhuàxué shìyàn	Fecal Immunochemical Test (FIT)	16
大便潛血檢查	大便潜血检查	dàbiànqiánxuě jiǎnchá	Fecal Occult Blood Test (FOBT)	16
大小便失禁	大小便失禁	dàxiǎobiàn shījìn	Fecal or urinary incontinence	22, 26
特別嗜好	特别嗜好	tèbié shìhào	Fetish	38
發燒	发烧	fāshāo	Fever	4, 5, 8, 9, 14, 17
纖維	纤维	xiānwéi	Fiber	2, 13
手指	手指	shǒuzhǐ	Finger	1
手指固定帶	手指固定带	shǒuzhǐ gùdìngdài	Finger brace	31
指甲	指甲	zhǐjia	Fingernail	20
拔火罐	拔火罐	báhuǒguàn	Fire cupping (TCM)	22
第一次月經	第一次月经	dìyīcì yuèjīng	First period	36
胺魚油	鱼油	yúyóu	Fish oil	33
肛裂	肛裂	gānglìe	Fissure	13
廔管	廔管	guǎn	Fistula	13
飛蚊	飞蚊	fēiwén	Floater	27
流感	流感	liúgǎn	Flu	23
流感疫苗	流感疫苗	liúgǎnyìmiáo	Flu shot, flu vaccine	9, 23, 33
葉酸	叶酸	yèsuān	Folic acid	33
追蹤	追踪	zhuīzōng	Follow	7
食品過敏	食品过敏	shípǐn guòmǐn	Food allergy	33
食物標籤	食物标签	shíwùbiāoqiān	Food label	2
腳	脚	jiǎo	Foot	1
足部檢查	足部检查	zúbù jiǎnchá	Foot exam	2
額頭	额头	étóu	Forehead	25
甲醛	甲醛	jiǎquán	Formaldehyde	19

奶粉	奶粉	nǎifěn	Formula	4
斷裂	断裂	duànliè	Fracture	10
骨折	骨折	gǔzhé	Fracture	21, 29, 31
尿頻	尿频	niàopín	Frequent urination, polyuria	18
油炸	油炸	yóuzhá	Fried	2
痊癒	痊愈	quányù	Full recovery	27
足月	足月	zúyuè	Full term pregnancy	4
足月懷孕	足月怀孕	zúyuèhuáiyùn	Full-term pregnancy	34
痊癒	痊愈	quányù	Fully recover	7, 23
進一步檢查	进一步检查	jìnyībù jiǎnchá	Further testing	18
增加	增加	zēngjiā	Gained (weight)	20
膽囊	胆囊	dǎnnáng	Gallbladder	14
膽結石	胆结石	dǎnjiéshí	Gallstone	3, 14
腸胃科	肠胃科	chángwèikē	Gastroenterology	3, 14, 15, 16
腸胃病	肠胃病	chángwèibìng	Gastrointestinal disease	21
胃鏡	胃镜	wèijìng	Gastroscopy	15
全身麻醉	全身麻醉	quánshēnmázuì	General anesthesia	10
一般外科	一般外科	yībān wàikē	General Surgery	31
普通外科	普通外科	pǔtōng wàikē	General Surgery	14
遺傳性疾病	遗传性疾病	yíchuánxìng jíbìng	Genetic disease	4
遺傳病	遗传病	yíchuánbìng	Genetic disease	3, 38
遺傳病檢查	遗传病检查	yíchuánbìng jiǎnchá	Genetic testing	38
生殖器官	生殖器官	shēngzhí qìguān	Gential	38
妊娠糖尿病	妊娠糖尿病	rènshēn tángniàobìng	Gestational diabetes	34
胃腸道基質瘤	胃肠道基质瘤	wèichángdào jīzhìliú	GI Stromal Tumor	16
人蔘	人蔘	rénshēn	Ginseng	33
青光眼	青光眼	qīngguāngyǎn	Glaucoma	27
麩質	麸质	fūzhì	Gluten	13
麵筋	面筋	miànjīn	Gluten	13
醫療目標	医疗目标	yīliáomùbiāo	Goals of care	18
淋病	淋病	lìnbìng	Gonorrhea	24
痛風	痛风	tòngfēng	Gout	2
逐漸	逐渐	zhújiàn	Gradually	25, 28
逐漸康復	逐渐康复	zhújiàn kāngfù	Gradually recover	7
植體對抗宿主反應疾病	植体对抗宿主反应疾病	zhítǐ duìkàng sùzhǔ fǎnyìng jíbìng	Graft Versus Host Disease	7
燒烤食物	烧烤食物	shāokǎoshíwù	Grilled food	2
牙齦	牙龈	yáyín	Gums	19
婦科	妇科	fùkē	Gynecology	36
幽門螺旋桿菌	幽门螺旋杆菌	yōumén luóxuán gǎnjūn	*H. pylori*	15
毛髮	毛发	máofà	Hair pattern	38
幻覺	幻觉	huànjué	Hallucination	28
殘障人士	残障人士	cánzhàngrénshì	Handicapped	29
快樂	快乐	kuàilè	Happy	7
傷害	伤害	shānghài	Harm	30

花粉過敏	花粉过敏	huāfěn guòmǐn	Hay Fever	10
腦部	脑部	nǎobù	Head	26
頭	头	tóu	Head	1, 19
頭圍	头围	tóuwéi	Head circumference	4
頭痛	头痛	tóutòng	Headache	8, 25
醫護人員	医护人员	yīhùrényuán	Health care personnel	1
醫療護理代理人	医疗护理代理人	yīliáo hùlǐ dàilǐrén	Health care proxy	18
健康食品	健康食品	jiànkāngshípǐn	Health supplement	33
心	心	xīn	Heart	1
心臟病發作	心脏病发作	xīnzàngbìng fāzuò	Heart attack	12
心臟病	心脏病	xīnzàngbìng	Heart disease	2, 3
心率	心率	xīnlǜ	Heart rate	11
心跳	心跳	xīntiào	Heartbeat	11
燒心	烧心	shāoxīn	Heartburn	21
身高	身高	shēngāo	Height	1
身高	身高	shēngāo	Height, Length (Peds)	4
血液科	血液科	xuěyèkē	Hematology	7
血液透析	血液透析	xuěyètòuxī	Hemodialysis	23
血色素	血红素	xuèhóngsù	Hemoglobin	20
糖化血紅素	糖化血红素	tánghuā xuèhóngsù	Hemoglobin A1c	2, 20
溶血	溶血	róngxuě	Hemolysis	7
血友病	血友病	xuěyǒubìng	Hemophilia	7
痔瘡	痔疮	zhìchuāng	Hemorrhoid	13
痔瘡	痔疮	zhìchuāng	Hemorrhoid	16
肝炎	肝炎	gānyán	Hepatitis	3
B型肝炎	B型肝炎	B xínggānyán	Hepatitis B	3, 5, 24
B肝	B肝	B gān	Hepatitis B	3, 5
乙型肝炎	乙型肝炎	yǐxínggānyán	Hepatitis B	3, 5
乙肝	乙肝	yǐgān	Hepatitis B	3, 5
乙肝病毒攜帶者	乙肝病毒携带者	Yǐgānbìngdú xiédàizhě	Hepatitis B carrier	3
B肝的化驗	B肝的化验	B gān de huàyàn	Hepatitis B viral panel	3
C型肝炎	C型肝炎	C xínggānyán	Hepatitis C	24
中藥	中药	zhōngyào	Herbal medication	14
腰椎間盤脫出	腰椎间盘脱出	yāozhuījiānpán tuōchū	Herniated disc	22
疱疹	疱疹	pàozhěn	Herpes	24
高脂食物	高脂食物	gāozhīshíwù	High fat food	2
發高燒	发高烧	fāgāoshāo	High fever	23
高燒	高烧	gāoshāo	High fever	4
臀部	臀部	túnbù	Hips	22
愛滋病	艾滋病	àizībìng	HIV/AIDS	7, 24, 34
聲音沙啞	声音沙哑	shēngyīnshāyǎ	Hoarseness	19
家中	家中	jiāzhōng	Home (based)	18
家居護理員	家居护理员	jiājū hùlǐyuán	Home health aide	26
家居氧療	家居氧疗	jiājū yǎngliáo	Home oxygen	9

賀爾蒙檢驗	贺尔蒙检验	hèěrméng jiǎnyàn	Hormonal studies	38
荷爾蒙	荷尔蒙	héěrméng	Hormone	37
賀爾蒙	贺尔蒙	hèěrméng	Hormone	38
荷爾蒙補充治療	荷尔蒙补充治疗	hè'ěrméngbǔchōng zhìliáo	Hormone replacement therapy	37
安寧服務	安宁服务	ānníngfúwù	Hospice care	18
住院治療	住院治疗	zhùyuànzhìliáo	Hospitalization	3
熱敷	热敷	rèfū	Hot compress	22
燙食物	烫食物	tàngshíwù	Hot food	2
很燙的飲料	很烫的饮料	hěntàng de yǐnliào	Hot liquids	15
處理家務	处理家务	chǔlǐ jiāwù	Household chores (IADL)	29
人乳頭瘤病毒	人乳头瘤病毒	rénrǔtóuliú bìngdú	Human Papillomavirus (HPV)	37
駝背	驼背	tuóbèi	Hunchback, kyphosis	21
傷害自己	伤害自己	shānghài zìjǐ	Hurt yourself	7
高脂血	高脂血	gāozhīxuě	Hyperlipidemia, high cholesterol	2, 12
高血壓	高血压	gāoxuěyā	Hypertension	2, 3, 12, 23
高血壓腦出血	高血压脑出血	gāoxuěyā nǎochūxuě	Hypertensive intracerebral hemorrhage	26
甲亢	甲亢	jiǎkàng	Hyperthyroidism	20
甲狀腺功能亢進症	甲状腺功能亢进症	jiǎzhuàngxiàn gōngnéng kàngjìn zhèng	Hyperthyroidism	20
甲狀腺功能低	甲状腺功能低	jiǎzhuàngxiàn gōngnéng dī	Hypothyroidism	20
甲狀腺機能減退	甲状腺机能减退	jiǎzhuàngxiàn jīnéngjiǎntuì	Hypothyroidism	20
子宮輸卵管攝影	子宫输卵管摄影	zǐgōng shūluǎnguǎn shèyǐng	Hysterosalpingogram	38
布洛芬	布洛芬	bùluòfēn	Ibuprofen	17, 22, 25
身分證	身分证	shēnfēnzhèng	ID card	1
違禁毒品	违禁毒品	wéijìn dúpǐn	Illicit drugs	22
免疫功能	免疫功能	miǎnyìgōngnéng	Immune function	23
免疫系統功能	免疫系统功能	miǎnyìxìtǒng gōngnéng	Immune function	2
疫苗接種記錄卡	疫苗接种记录卡	yìmiáojiēzhòng jìlùkǎ	Immunization record card	5
免疫抑制劑	免疫抑制剂	miǎnyì yìzhì jì	Immunosuppressant	7
消化不良	消化不良	xiāohuàbùliáng	Indigestion	21
個性化教育計劃	个性化教育计划	gèxìnghuà jiàoyù jìhuà	Individualized Education Plan	7
人工流產	人工流产	réngōngliúchǎn	Induced abortion	34
感染	感染	gǎnrǎn	Infection	7, 17
發炎	发炎	fāyán	Infection	14
傳染病科	传染病科	chuánrǎnbìngkē	Infectious Disease	23
不孕症	不孕症	búyùnzhèng	Infertility	38
注入	注入	zhùrù	Inject	21
注射	注射	zhùshè	Inject	8

傷	伤	shāng	Injury	21, 31
內側	内侧	nèicè	Inner (surface)	20
住院部	住院部	zhùyuànbù	Inpatient unit	1
插入方	插入方	chārùfāng	Insertive partner (MSM)	24
保險卡	保险卡	bǎoxiǎnkǎ	Insurance card	1
間歇	间歇	jiànxiē	Intermittent	11, 17
實習醫生	实习医生	shíxíyīshēng	Intern	1
內痔瘡	内痔疮	nèi zhìchuāng	Internal hemorrhoid	13
內科	内科	nèikē	Internal Medicine	1, 28
內臟	内脏	nèizàng	Internal organs	17
翻譯	翻译	fānyì	Interpreter	1
介入放射科	介入放射科	jièrù fàngshèkē	Interventional Radiology	21
腸	肠	cháng	Intestine	1
注射毒品	注射毒品	zhùshè dúpǐn	Intravenous drug	24
脈搏不規律	脉搏不规律	màibóbùguīlǜ	Irregular pulse	11
大腸激躁症	大肠激躁症	dàcháng jīzào zhèng	Irritable Bowel Syndrome	13
隔離	隔离	gélí	Isolation	5
癢	痒	yǎng	Itch	13, 20
喉嚨癢	喉咙痒	hóulóngyǎng	Itchy throat	33
靜脈注射	静脉注射	jìngmàizhùshè	IV injection	24
黃疸	黄疸	huángdǎn	Jaundice	14
下顎	下颚	xià'è	Jaw	19
核黃疸	核黄疸	héhuángdǎn	Kernicterus	4
腎	肾	shèn	Kidney	1
腎臟病	肾脏病	shènzàngbìng	Kidney disease	3
腎功能	肾功能	shèngōngnéng	Kidney function	17
腎功能檢查	肾功能检查	shèngōngnéng jiǎnchá	Kidney function test	14
腎結石	肾结石	shènjiéshí	Kidney stone	17
膝蓋	膝盖	xīgài	Knee	1
椎體成形術	椎体成形术	chuítǐchéngxíng shù	Kyphoplasty	21
打骨水泥	打骨水泥	dá gǔshuǐní	Kyphoplasty or vertebroplasty (colloquial)	21
動物油	动物油	dòngwùyóu	Lard	2
結腸	结肠	jiécháng	Large intestine	13
聲帶發炎	声带发炎	shēngdàifāyán	Laryngitis	19
雷射近視手術	雷射近视手术	léishèjìnshìshǒushù	Laser eye surgery	27
上一次月經	上一次月经	shǎngyīcì yuèjīng	Last Menstrual Period	36
最後一次月經	最后一次月经	zuìhòuyīcì yuèjīng	Last Menstrual Period	34
洗衣	洗衣	xǐyī	Laundry (IADL)	29
左心室肥大	左心室肥大	zuǒxīnshìféidà	Left Ventricular Hypertrophy	11
腿	腿	tuǐ	Leg	1
指標	指标	zhǐbiāo	Level (blood test)	20
性慾	性欲	xìngyù	Libido	38
躺	躺	tǎng	Lie down	21, 22, 36
生活習慣	生活习惯	shēnghuó xíguàn	Lifestyle habit	2

韌帶	韧带	rèndài	Ligament	31
頭暈	头晕	tóuyūn	Lightheadedness	13, 30
行動不便	行动不便	xíngdòngbùbiàn	Limited mobility	29
口齒不清	口齿不清	kǒuchǐbùqīng	Lisp	26
肝	肝	gān	Liver	1
肝癌	肝癌	gān'ái	Liver cancer	3
肝病	肝病	gānbìng	Liver disease	3, 14
肝功能檢查	肝功能检查	gāngōngnéng jiǎnchá	Liver function test	3, 14
局部麻醉	局部麻醉	júbù mázuì	Local anesthesia	27
鬆動的牙齒	松动的牙齿	sōngdòng de yáchǐ	Loose teeth	10
食慾不振	食欲不振	shíyùbùzhèn	Loss of appetite	16
失去知覺	失去知觉	shīqù zhījué	Loss of consciousness	25
減少	减少	jiǎnshǎo	Lost (weight)	20
陷入沉思	陷入沉思	xiànrùchénsī	Lost in thought	29
乳液	乳液	rǔyì	Lotion	20
下腰痛	下腰痛	xiàyāotòng	Low back pain	22
腰痛	腰痛	yāo tòng	Low back pain	21
血壓低	血压低	xuěyādī	Low blood pressure	6
低脂牛奶	低脂牛奶	dīzhīniúnǎi	Low fat milk	2
低鹽食物	低盐食物	dīyánshíwù	Low salt food	2
低糖食物	低糖食物	dītángshíwù	Low sugar food	2
腰椎穿刺	腰椎穿刺	yāozhuī chuāncì	Lumbar puncture	25
腰椎骨折	腰椎骨折	yāozhuī gǔzhé	Lumbar spinal fracture	22
腫塊	肿块	zhǒngkuài	Lump	35
肺	肺	fèi	Lung	1
肺腺癌	肺腺癌	fèixiànái	Lung adenocarcinoma	10
肺癌	肺癌	fèi'ái	Lung cancer	3, 10
淋巴腺	淋巴腺	línbāxiàn	Lymph node	1
黃斑病變	黄斑病变	huángbānbìngbiàn	Macular degeneration	27
全身無力	全身没力	quánshēnméilì	Malaise	16
乳房X光攝影	乳房X光摄影	rǔfáng X guāng shèyǐng	Mammogram	35
乳房攝影	乳房摄影	rǔfáng shèyǐng	Mammogram	37
躁狂	躁狂	zàokuáng	Manic	30
口罩	口罩	kǒuzhào	Mask	23
乳房切除	乳房切除	rǔfángqiēchú	Mastectomy	35
配對	配对	pèiduì	Match	7
麻疹	麻疹	mázhěn	Measles	5
疾病	疾病	jíbìng	Medical condition	3, 23
醫療決定	医疗决定	yīliáo juédìng	Medical decision	18
醫療保險	医疗保险	yīliáobǎoxiǎn	Medical insurance	1
病歷	病历	bìnglì	Medical record	3, 7, 18, 19, 24
醫學院學生	医学院学生	yīxuéyuànxuésheng	Medical Student	1
醫療團隊	医疗团队	yīliáotuánduì	Medical team	7
藥酒	药酒	yàojiǔ	Medicinal liquor	8
狗皮膏藥	狗皮膏药	gǒupígāoyào	Medicinal plaster (TCM)	22

冥想	冥想	míngxiǎng	Meditation	25
記憶	记忆	jìyì	Memory	29
記憶力減退	记忆力减退	jìyìlìjiǎntuì	Memory loss, forgetful	29
初經	初经	chūjīng	Menarche	36
腦膜炎	脑膜炎	nǎomóyán	Meningitis	25
半月板	半月板	bànyuèbǎn	Meniscus	31
停經	停经	tíngjīng	Menopause	37
月經日記	月经日记	yuèjīng rìjì	Menstrual diary	38
經痛	经痛	jīngtòng	Menstrual pain	36
月經	月经	yuèjīng	Menstrual period	34, 36
神經病	神经病	shénjīngbìng	Mental disorder	29
精神心理疾病	精神心理疾病	jīngshén xīnlǐ jíbìng	Mental disorder	30
轉移	转移	zhuǎnyí	Metastasis	15
開顱顯微手術	开颅显微手术	kāilúxiǎnwéishǒushù	Microsurgical craniotomy	26
偏頭痛	偏头痛	piāntóutòng	Migraine	25
輕微壓痛	轻微压痛	qīngwēi yātòng	Mild tenderness	14
小中風	小中风	xiǎozhòngfēng	Mini-stroke, TIA (colloquial)	26
小產	小产	xiǎo chǎn	Miscarriage	37
心情	心情	xīnqíng	Mood	29
情緒波動	情绪波动	qíngxù bōdòng	Mood swings	30
太平間	太平间	tàipíngjiān	Morgue	1
嘴	嘴	zuǐ	Mouth	1
口腔潰瘍	口腔溃疡	kǒuqiāngkuìyáng	Mouth ulcer	20
核磁共振成像	核磁共振成像	hécígòngzhèn chéngxiàng	MRI	18, 21
黏液	黏液	niányì	Mucus	13
多發性硬化症	多发性硬化症	duōfāxìng yìnghuàzhèng	Multiple Sclerosis	27
綜合維他命	综合维他命	zōnghéwéitāmìng	Multivitamin	33
市立醫院	市立医院	shìlì yīyuàn	Municipal hospital	29
肌肉	肌肉	jīròu	Muscle	1
肌肉拉傷	肌肉拉伤	jīròu lāshāng	Muscle strain	22
心肌梗塞	心肌梗塞	xīnjī gěngsè	Myocardial Infarction	12
狹窄	狭窄	xiázhǎi	Narrow	12
鼻咽癌	鼻咽癌	bíyānái	Nasopharyngeal cancer	19
鼻咽	鼻咽	bíyān	Nasopharynx	19
自然死亡	自然死亡	zìránsǐwáng	Natural death	3
噁心	恶心	ěxīn	Nausea	10, 12, 14, 23, 25, 36
近視眼	近视眼	jìnshìyǎn	Nearsightedness, myopia	27
脖子	脖子	bózi	Neck	1, 25
頸部	颈部	jǐngbù	Neck	1, 5, 19
陰性	阴性	yīnxìng	Negative (test)	15
神經學檢查	神经学检查	shénjīngxué jiǎnchá	Neurological exam	20, 26
腦神經內科	脑神经内科	nǎoshénjīngnèikē	Neurology	25
腦神經外科	脑神经外科	nǎoshénjīngwàikē	Neurosurgery	26
乳頭	乳头	rǔtóu	Nipple	35
乳頭分泌物	乳头分泌物	rǔtóu fēnmìwù	Nipple discharge	35

無壓痛	无压痛	wúyātòng	Non-tender	17
鼻子	鼻子	bízi	Nose	1
鼻咽拭子	鼻咽拭子	bíyān shìzi	Nose and throat swab	23
流鼻血	流鼻血	liúbíxuě	Nosebleed, epistaxis	19
麻木	麻木	mámù	Numbness	26
麻痹	麻痹	mábì	Numbness	22
護士	护士	hùshì	Nurse	1, 18, 29
執業護士	执业护士	zhíyè hùshi	Nurse Practitioner (NP)	1
護士站	护士站	hùshìzhàn	Nurses station	1
療養院	疗养院	liáoyǎngyuàn	Nursing home, facility	18
護理室	护理室	hùlǐshì	Nursing unit	1
營養均衡	营养均衡	yíngyǎngjūnhéng	Nutritional balance	2
觀察	观察	guānchá	Observation	6, 21
婦產科	妇产科	fùchǎnkē	Obstetrics/Gynecology	1, 33, 34
阻塞	阻塞	zǔsè	Obstruction, blockage	12, 14, 38
睡眠窒息症	睡眠窒息症	shuìmián zhìxī zhèng	Obstructive Sleep Apnea	23
藥膏	药膏	yàogāo	Ointment	20
0號	0号	línghào	On the bottom (MSM)	24
1號	1号	yīhào	On top (MSM)	24
值班醫生	值班医生	zhíbānyīshēng	On-call doctor	6
腫瘤科	肿瘤科	zhǒngliúkē	Oncology	7
灰指甲	灰指甲	huīzhǐjia	Onychomycosis	20
眼科	眼科	yǎnkē	Ophthalmology	27
眼底鏡	眼底镜	yǎndǐjìng	Ophthalmoscope	27
口服	口服	kǒufú	Oral	27
口腔	口腔	kǒuqiāng	Oral cavity	19
避孕藥	避孕药	bìyùnyào	Oral contraceptive, birth control	25, 38
口服	口服	kǒufú	Oral medication	8
口交	口交	kǒujiāo	Oral sex	38
骨科	骨科	gǔkē	Orthopedic surgery	21, 22
骨質疏鬆症	骨质疏松症	gǔzhíshūsōngzhèng	Osteoporosis	21
耳鼻喉科	耳鼻喉科	ěrbíhóukē	Otolaryngology, ENT	19
耳鏡	耳镜	ěrjìng	Otoscope	1
門診部	门诊部	ménzhěnbù	Outpatient unit	1
卵巢癌	卵巢癌	luǎncháoái	Ovarian cancer	37
卵巢囊腫破裂	卵巢囊肿破裂	luǎncháo nángzhǒng pòliè	Ovarian cyst rupture	36
卵巢儲量	卵巢储量	luǎncháo chǔliàng	Ovarian reserve	38
卵巢	卵巢	luǎncháo	Ovary	36
卵巢	卵巢	luǎncháo	Ovary	37
非處方藥	非处方药	fēi chǔfāngyào	Over the counter	22
排卵期	排卵期	páiluǎnqí	Ovulation date	38
血氧飽和度	血氧饱和度	xuěyǎng bǎohédù	Oxygen saturation	6, 9, 23
起搏器	起搏器	qǐbóqì	Pacemaker	11
止痛藥	止痛药	zhǐtòngyào	Pain medication, painkiller	14, 17, 21, 22
無痛檢查	无痛检查	wútòngjiǎnchá	Painless examination	1

繁體	简体	Pinyin	English	Page
紓緩療護	纾缓疗护	shūhuǎnliáohù	Palliative care	18
紓緩療護團隊醫生	纾缓疗护团队医生	shūhuǎnliáohù tuánduì yīshēng	Palliative care physician	18
心悸	心悸	xīnjì	Palpitations	11, 30
胰臟癌	胰脏癌	yízàngái	Pancreatic cancer	3
胰臟酵素	胰脏酵素	yízàng xiàosù	Pancreatic enzymes	14
胰臟炎	胰脏炎	yízàngyán	Pancreatitis	14
子宮頸抹片檢查	子宫颈抹片检查	zǐgōngjǐngmǒpiàn jiǎnchá	Pap smear	34, 37
癱瘓	瘫痪	tānhuàn	Paralysis	26
帕金森氏症	帕金森氏症	pàjīnsēnshìzhèng	Parkinson's disease	29
分娩	分娩	fēnmiǎn	Parturition	34
脫險	脱险	tuōxiǎn	Pass the critical period	7
病史	病史	bìngshǐ	Past Medical History	14
病理	病理	bìnglǐ	Pathology	15
病理報告	病理报告	bìnglǐ bàogào	Pathology report	15
問診	问诊	wènzhěn	Patient interview	1
掛號處	挂号处	guàhàochù	Patient registration	1
小兒科	小儿科	xiǎoérkē	Pediatrics	1, 4, 5, 7
內診	内诊	nèizhěn	Pelvic exam	34, 37
骨盆檢查	盆骨检查	péngǔ jiǎnchá	Pelvic exam	36
骨盆腔感染	骨盆腔感染	gǔpénqiāng gǎnrǎn	Pelvic Inflammatory Disease	36
盆腔超聲波	盆腔超声波	pénqiāng chāoshēngbō	Pelvic ultrasound	36
盆腔超音波	盆腔超音波	pénqiāng chāoyīnbō	Pelvic ultrasound	34
盆骨超音波	盆骨超音波	péngǔ chāoyīnbō	Pelvic ultrasound	37
盆腔	盆腔	pénqiāng	Pelvis	34
盆骨	盆骨	péngǔ	Pelvis	34, 36, 37
青黴素	青霉素	qīngméisù	Penicillin	8
筆式電筒	笔式电筒	bǐshìdiàntǒng	Penlight	1
胃潰瘍	胃溃疡	wèikuìyáng	Peptic Ulcer Disease	14
穿孔	穿孔	chuānkǒng	Perforation	14
心包水	心包水	xīnbāoshuǐ	Pericardial fluid	12
腹膜透析	腹膜透析	fùmó tòuxī	Peritoneal Hemodialysis	23
百日咳	百日咳	bǎirìké	Pertussis	5
藥局	药局	yàojú	Pharmacy	1
藥房	药房	yàofáng	Pharmacy	1
怕光	怕光	pàguāng	Photosensitivity	27
健康檢查	健康检查	jiànkāngjiǎnchá	Physical exam	1
體檢	体检	tǐjiǎn	Physical exam	14, 17, 22
醫師助理	医师助理	yīshī zhùlǐ	Physician Assistant (PA)	1
醃漬食物	腌渍食物	yānzì shíwù	Pickled food	15
青春痘	青春痘	qīngchūndòu	Pimples	25
整形外科	整形外科	zhěngxíngwàikē	Plastic Surgery	35
肺積水	肺积水	fèijīshuǐ	Pleural fluid	10
肺炎	肺炎	fèiyán	Pneumonia	8, 23

氣胸	气胸	qìxiōng	Pneumothorax	10
小兒麻痺	小儿麻痹	xiǎoérmábì	Polio	5
多囊性腎病	多囊性肾病	duōnángxìng shènbìng	Polycystic Kidney Disease (PKD)	23
多項生理睡眠檢查	多项生理睡眠检查	duōxiàng shēnglǐshuìmián jiǎnchá	Polysomnography	23
胃口不好	胃口不好	wèikǒubùhǎo	Poor appetite	5
食慾不振	食欲不振	shíyù búzhèn	Poor appetite	29
食慾很差	食欲很差	shíyù hěnchā	Poor appetite	12
陽性	阳性	yángxìng	Positive (test)	15
麻醉醒後	麻醉醒后	mázuì xǐnghòu	Post-operative	10
姿勢	姿势	zīshì	Posture	22
子癇前症	子痫前症	zǐxián qiánzhèng	Preeclampsia	34
暴露前預防性投藥	暴露前预防性投药	bàolùqián yùfángxìng tóuyào	Pre-exposure prophylaxis	24
懷孕	怀孕	huáiyùn	Pregnancy	33, 34, 36, 37, 38
妊娠	妊娠	rènshēn	Pregnancy (formal)	34
妊娠併發症	妊娠并发症	rènshēn bìngfāzhèng	Pregnancy complication	34
妊娠高血壓	妊娠高血压	rènshēn gāoxuěyā	Pregnancy induced hypertension	34
妊娠試驗	妊娠试验	rènshēn shìyàn	Pregnancy test	36
孕婦	孕妇	yùnfù	Pregnant woman	34
初診	初诊	chūzhěn	Preliminary visit, initial visit	19
早產	早产	zǎochǎn	Premature birth	34
產前檢查	产前检查	chǎnqiánjiǎnchá	Prenatal care	34
準備三餐	准备三餐	zhǔn bèi sān cān	Prepare meals (IADL)	29
老花眼	老花眼	lǎohuāyǎn	Presbyopia	27
褥瘡	褥疮	rùchuāng	Pressure ulcer	26
疾病預防檢查	疾病预防检查	jíbìngyùfángjiǎnchá	Preventive screening	1
主要照顧者	主要照顾者	zhǔyào zhàoguzhě	Primary caregiver	18
手術	手术	shǒushù	Procedure	14, 21, 25
加工過食物	加工过食物	jiāgōngguòshíwù	Processed food	2
有痰	有痰	yǒután	Productive	9
前列腺	前列腺	qiánlièxiàn	Prostate	1, 18
攝護腺	摄护腺	shèhùxiàn	Prostate	1
攝護腺活檢	摄护腺活检	shèhùxiàn huójiǎn	Prostate biopsy	18
前列腺癌	前列腺癌	qiánlièxiànái	Prostate cancer	18
直腸前列腺超音波檢查	直肠前列腺超音波检查	zhíchángqiánlièxiàn chāoyīnbōjiǎnchá	Prostate ultrasound	18
前列腺特異抗原	前列腺特异抗原	qiánlièxiàn tèyìkàngyuán	Prostate-specific antigen (PSA)	18
保護措施	保护措施	bǎohù cuòshī	Protection	24
牛皮癬	牛皮癣	niúpíxiǎn	Psoriasis	20
心理輔導	心理辅导	xīnlǐfǔdǎo	Psychiatric counseling	30
精神病	精神病	jīngshénbìng	Psychiatric illness	28

精神科	精神科	jīngshénkē	Psychiatry	28, 29, 30
心理諮詢科	心理咨询科	xīnlǐzīxúnkē	Psychological counseling	32
心理輔導員	心理辅导员	xīnlǐfǔdǎoyuán	Psychological counselor	32
肺功能檢查	肺功能检查	fèigōngnéng jiǎnchá	Pulmonary Function Test	9
呼吸內科	呼吸内科	hūxīnèikē	Pulmonology	9
胸腔內科	胸腔内科	xiōngqiāngnèikē	Pulmonology	9
脈搏	脉搏	màibó	Pulse	1
庸醫	庸医	yōngyī	Quack	29
戒酒	戒酒	jièjiǔ	Quit drinking	28
戒菸	戒烟	jièyān	Quit smoking	9, 12
蔓延	蔓延	mànyán	Radiate, spread	14, 17, 22
輻射	辐射	fúshè	Radiation	19, 20
放射治療	放射治疗	fàngshè zhìliáo	Radiation therapy	15
放射科	放射科	fàngshèkē	Radiology Room	1
疹子	疹子	zhěnzi	Rash	5, 8, 20
橫量	横量	héngliáng	Rate	17
老花眼鏡	老花眼镜	lǎohuāyǎnjìng	Reading glasses	27
接受方	接受方	jiēshòufāng	Receptive partner (MSM)	24
恢復期	恢复期	huīfùqí	Recovery period	27
直腸檢查	直肠检查	zhícháng jiǎnchá	Rectal exam	16
肛門溫度計	肛门温度计	gāngmén wēndùjì	Rectal thermometer	4
直腸	直肠	zhícháng	Rectum	13
複發	复发	fùfā	Recurrence	10, 18
紅眼症	红眼症	hóngyǎnzhèng	Red eye	5
推薦	推荐	tuījiàn	Refer	7, 21
胃食道逆流	胃食道逆流	wèishídàonìliú	Reflux, GERD	21
正常	正常	zhèngcháng	Regular	36
定期驗血追蹤	定期验血追踪	dìngqíyànxuězhuīzōng	Regular blood testing	7
健康檢查	健康检查	jiànkāng jiǎnchá	Regular checkup	4
復健	复健	fùjiàn	Rehabilitation	26
緩解壓力	缓解压力	huǎnjiěyālì	Relieve stress	2
宗教信仰	宗教信仰	zōngjiàoxìnyǎng	Religious belief	29
住院醫師	住院医师	zhùyuànyīshī	Resident	17, 36
抗藥性	抗药性	kàngyàoxìng	Resistant to antibiotics	7
視網膜剝離	视网膜剥离	shìwǎngmó bōlí	Retinal detachment	27
複診	复诊	fùzhěn	Return visit, follow-up	2
覆診	覆诊	fùzhěn	Return visit, follow-up	21
風濕熱	风湿热	fēngshīrè	Rheumatic fever	11
類風濕性關節炎	类风湿性关节炎	lèifēngshīxìng guānjiéyán	Rheumatoid Arthritis	21
肋骨	肋骨	lèigǔ	Rib	21
機率	机率	jīlǜ	Risk	2
風險	风险	fēngxiǎn	Risk	16, 21
有輪及椅助行器	有轮及椅助行器	yǒulúnjíyǐ zhùxíngqì	Rollator	26
血液常規檢查	血液常规检查	xuěyì chángguī jiǎnchá	Routine blood exam (CBC)	34, 36

例行檢查	例行检查	lìxíng jiǎnchá	Routine checkup	7
流鼻水	流鼻水	liúbíshuǐ	Runny nose	6, 25
流鼻涕	流鼻涕	liúbítì	Runny nose	5
安全計劃	安全计划	ānquán jìhuà	Safety plan	32
口水	口水	kǒushuǐ	Saliva	19
元氣大傷	元气大伤	yuánqìdàshāng	Sapped of all strength	18
精神分裂症	精神分裂症	jīngshénfēnlièzhèng	Schizophrenia	30
坐骨神經痛	坐骨神经痛	zuògǔ shénjīngtòng	Sciatica	22
篩檢	筛检	shāijiǎn	Screening	24, 34
第二意見	第二意见	dìèr yìjiàn	Second opinion	18
抽蓄	抽蓄	chōuxù	Seizure	25
精液分析	精液分析	jīngyì fēnxī	Semen analysis	38
敏感	敏感	mǐngǎn	Sensitive	25
敗血症	败血症	bàixuězhèng	Sepsis	7
重病	重病	zhòngbìng	Serious illness	18
性生活	性生活	xìng shēnghuó	Sex life	24, 38
性行為	性行为	xìngxíngwéi	Sexual intercourse	37
行房	行房	xíng fáng	Sexual intercourse	37, 38
性伴侶	性伴侣	xìngbànlǚ	Sexual partner	24, 37
性行為	性行为	xìngxíngwéi	Sexual relations	36
性關係	性关系	xìngguānxi	Sexual relations	7
維持性生活	维持性生活	wéichí xìngshēnghuó	Sexually active	37
性病	性病	xìngbìng	Sexually transmitted infection	7, 24, 34, 37, 38
尖銳的刺痛	尖锐的刺痛	jiānruìdecìtòng	Sharp pain	22
碎裂	碎裂	suìliè	Shatter	31
帶狀皰疹	带状疱疹	dàizhuàngpàozhěn	Shingles	24
蛇纏腰	蛇缠腰	shéchányāo	Shingles (colloquial)	24
出門購物	出门购物	chūmén gòuwù	Shop for groceries (IADL)	29
喘不過氣	喘不过气	chuǎnbuguò qì	Short of breath	12
呼吸急促	呼吸急促	hūxījícù	Shortness of breath, dyspnea	9, 11
肩膀	肩膀	jiānbǎng	Shoulder	1
副作用	副作用	fùzuòyòng	Side effect	30
坐浴	坐浴	zuòyù	Sitz bath	13
皮膚	皮肤	pífū	Skin	20
皮膚病	皮肤病	pífūbìng	Skin disease	27
皮贅	皮赘	pízhuì	Skin tag	13
裂隙燈顯微鏡檢查	裂隙灯显微镜检查	lièxìdēng xiǎnwēijìng jiǎnchá	Slit lamp exam	27
吸菸	吸烟	xīyān	Smoke	7, 9, 12, 14, 21, 22, 27
抽菸	抽烟	chōuyān	Smoke	10, 15, 19
熏製食物	熏制食物	xūnzhì shíwù	Smoked food	15
打噴嚏	打喷嚏	dǎpēntì	Sneeze	25, 33
社會服務	社会服务	shèhuìfúwù	Social services	1

社工	社工	shègōng	Social Worker	1, 28, 31
軟	软	ruǎn	Soft	17
喉嚨痛	喉咙痛	hóulóngtòng	Sore throat	23
酸痛	酸痛	suāntòng	Soreness, ache	22
血源	血源	xuěyuán	Source of blood	7
專科醫生	专科医生	zhuānkē yīshēng	Specialist	24
專科	专科	zhuānkē	Specialty	1, 7
鴨嘴器	鸭嘴器	yāzuǐqì	Speculum	36
鴨嘴器檢查	鸭嘴器检查	yāzuǐqì jiǎnchá	Speculum exam	36
刺激食物	刺激食物	cìjīshíwù	Spicy food	2
脊柱狹窄	脊柱狭窄	jǐzhù xiázhǎi	Spinal stenosis	22
脾臟	脾脏	pízàng	Spleen	17
自然流產	自然流产	zìránliúchǎn	Spontaneous abortion	34
運動傷害	运动伤害	yùndòngshānghài	Sports injury	22
擴散	扩散	kuòsàn	Spread	20
蔓延	蔓延	mànyán	Spread, radiate	16
痰	痰	tán	Sputum	9
鱗狀細胞癌	鳞状细胞癌	línzhuàngxìbāo ái	Squamous cell carcinoma	15
擠壓著	挤压着	jǐyāzhe	Squeezing	25
穩定	稳定	wěndìng	Stable	6
期	期	qī	Stage (cancer)	10, 18
支架	支架	zhījià	Stent	12, 14
結紮手術	结扎手术	jiézā shǒushù	Sterilization procedure	38
激素	激素	jīsù	Steroid	6
類固醇	类固醇	lèigùchún	Steroid	22
聽診器	听诊器	tīngzhěnqì	Stethoscope	1
全套性病篩檢	全套性病筛检	quántào xìngbìng shāijiǎn	STI screening	24, 34
黏	黏	nián	Stick	15
肚子	肚子	dùzi	Stomach	17, 20
胃	胃	wèi	Stomach	1
負荷式心臟超音波檢查	负荷式心脏超音波检查	fùhèshì xīnzàng chāoyīnbō jiǎnchá	Stress echocardiogram	12
喘鳴	喘鸣	chuǎnmíng	Stridor	6
中風	中风	zhòngfēng	Stroke	26
鼻塞	鼻塞	bísāi	Stuffy nose	33
亞急性復健	亚急性复健	yàjíxìng fùjiàn	Sub-acute rehabilitation (SAR)	26
皮下測試	皮下测试	píxiàcèshì	Subcutaneous test	8
突然	突然	tūrán	Suddenly	25
自殺	自杀	zìshā	Suicide	29
氧療	氧疗	yǎngliáo	Supplemental oxygen	6
氧療	氧疗	yǎngliáo	Supplemental oxygen	9
公共衛生局長	公共卫生局长	gōnggòng wèishēngjúzhǎng	Surgeon General	30
外科	外科	wàikē	Surgery	1
手術	手术	shǒushù	Surgery	15, 18, 26, 27, 35

開刀	开刀	kāidāo	Surgery	10
腫脹的痛	肿胀的痛	zhǒngzhàngdetòng	Swelling pain	13
腫	肿	zhǒng	Swollen	1
紅腫	红肿	hóngzhǒng	Swollen or flushed	8
梅毒	梅毒	méidú	Syphilis	24
紅斑性狼瘡	红斑性狼疮	hóngbānxìng lángchuāng	Systemic Lupus Erythematosus (SLE)	20
收縮壓	收缩压	shōusuōyā	Systolic blood pressure	11
尾椎	尾椎	wěizhuī	Tailbone	22
標靶治療	标靶治疗	biāobǎ zhìliáo	Targeted therapy	37
柏油一樣黑	柏油一样黑	bóyóu yīyàng hēi	Tarry and black	16
撕裂的痛	撕裂的痛	sīlièdetòng	Tearing pain	17
牙，牙齒	牙，牙齿	yáchǐ	Teeth	19
大便沒大乾淨	大便没大干净	dàbiàn méidà gànjìng	Tenesmus, incomplete emptying of bowel	13
緊張型頭痛	紧张型头痛	jǐnzhāngxíng tóutòng	Tension type headache	25
檢查報告	检查报告	jiǎnchá bàogào	Test reports, test results	18
檢驗報告	检验报告	jiǎnyàn bàogào	Test reports, test results	24
破傷風	破伤风	pòshāngfēng	Tetanus	5
紋路	纹路	wénlù	Texture	35
地中海貧血	地中海贫血	dìzhōnghǎipínxiě	Thalassemia	7
治療	治疗	zhìliáo	Therapy	30
大腿	大腿	dàtuǐ	Thigh	20, 31
胸腔外科	胸腔外科	xiōngqiāngwàikē	Thoracic Surgery	10
喉嚨	喉咙	hóulóng	Throat	1
喉嚨發炎	喉咙发炎	hóulóngfāyán	Throat infection	15
咽喉拭子	咽喉拭子	yānhóu shìzi	Throat swab	5
甲狀腺	甲状腺	jiǎzhuàngxiàn	Thyroid	20, 34
甲狀腺疾病	甲状腺疾病	jiǎzhuàngxiànjíbìng	Thyroid disease	27
甲狀腺功能	甲状腺功能	jiǎzhuàngxiàn gōngnéng	Thyroid function	20
甲狀腺功能檢查	甲状腺功能检查	jiǎzhuàngxiàn gōngnéng jiǎnchá	Thyroid function test	34
耳鳴	耳鸣	ěrmíng	Tinnitus, ringing in ears	19
累	累	lèi	Tired	20, 29
腳趾	脚趾	jiǎozhǐ	Toe	1
上廁所	上厕所	shǎngcèsuǒ	Toilet (ADL)	26
舌頭	舌头	shétóu	Tongue	1
補藥	补药	bǔyào	Tonic	8, 33
扁桃腺	扁桃腺	biǎntáoxiàn	Tonsils	19
扁桃體	扁桃体	biǎntáotǐ	Tonsils	19
外敷	外敷	wàifū	Topical	13, 27
脂肪奶	脂肪奶	zhīfángnǎi	Total Parenteral Nutrition (TPN)	18
中醫	中医	zhōngyī	Traditional Chinese Doctor/Medicine	22, 33, 38
復壁穿刺活檢	复壁穿刺活检	fùbìchuāncì huójiǎn	Transabdominal biopsy	37

短暫性腦缺血發作	短暂性脑缺血发作	duǎnzànxìng nǎoquēxuě fāzuò	Transient Ischemic Attack (TIA)	26
移植	移植	yízhí	Transplant	7
經陰道超音波	经阴道超音波	jīngyīndào chāoyīnbō	Transvaginal ultrasound	34
旅行	旅行	lǚxíng	Travel	5, 14, 23
治療	治疗	zhìliáo	Treatment	23, 26, 33
治療選項	治疗选项	zhìliáo xuǎnxiàng	Treatment option	18
診療室	诊疗室	zhěnliáoshì	Treatment Room	1
三環素	三环素	sānhuánsù	Tricyclic antidepressant	30
甘油三酸酯	甘油三酸酯	gānyóusānsuānzhī	Triglyceride	2, 3
心肌旋轉蛋白	心肌旋转蛋白	xīnjī xuánzhuǎn dànbái	Troponin	12
輸卵管結紮手術	输卵管结扎手术	shūluǎnguǎn jiézā shǒushù	Tubal sterilization	38
輸卵管卵巢膿瘍	输卵管卵巢脓疡	shūluǎnguǎn luǎncháo nóngyáng	Tubo-ovarian abscess	36
腫瘤	肿瘤	zhǒngliú	Tumor	7
特納綜合症	特纳综合症	tènà zōnghézhèng	Turner syndrome	38
泰諾	泰诺	tàinuò	Tylenol	8, 14, 22, 25
潰瘍	溃疡	kuìyáng	Ulcer	14, 21
潰瘍性結腸炎	溃疡性结肠炎	kuìyángxìngjiéchángyán	Ulcerative colitis	13
超聲波	超声波	chāoshēngbō	Ultrasound	3, 36
超音波	超音波	chāoyīnbō	Ultrasound	3, 14, 15, 18, 34, 37
無法控制	无法控制	wúfǎ kòngzhì	Uncontrollable	4
不開心	不开心	bùkāixīn	Unhappy	7
不經意的	不经意的	bùjīngyì de	Unintentionally	20
愛滋病感染情況不明	爱滋病感染情况不明	àizībìng gǎnrǎnqíngkuàng bùmíng	Unknown HIV status	24
不穩定型心絞痛	不稳定型心绞痛	bùwěndìngxíng xīnjiǎotòng	Unstable Angina	12
上消化道攝影	上消化道摄影	shǎngxiāohuàdào shèyǐng	Upper gastrointestinal series	15
上消化道內視鏡檢查	上消化道内视镜检查	Shàngxiāohuàdào nèishìjìngjiǎnchá	Upper GI Endoscopy, Esophago-gastroduodenoscopy	15
胸腔的上半部	胸腔的上半部	xiōngqiāng de shàngbànbù	Upper trunk	5
尿毒綜合症	尿毒综合症	niàodú zōnghézhèng	Uremic syndrome	23
尿道發炎	尿道发炎	niàodàofāyán	Urethritis	24
尿分析	尿分析	niàofēnxī	Urinalysis	17, 18, 34, 36
小便失禁	小便失禁	xiǎobiànshījìn	Urinary incontinence	18
尿道感染	尿道感染	niàodàogǎnrǎn	Urinary tract infection	18
尿急	尿急	niàojí	Urinary urgency	18
排尿	排尿	páiniào	Urinate	17
尿培養	尿培养	niàopéiyǎng	Urine culture	34
驗尿	验尿	yànniào	Urine test	5
尿液藥物檢查	尿液药物检查	niàoyì yàowù jiǎnchá	Urine toxicology screen	30
泌尿科	泌尿科	mìniàokē	Urology	18, 24, 38

子宮癌	子宫癌	zǐgōngái	Uterine cancer	3, 37
子宮肌瘤	子宫肌瘤	zǐgōng jīliú	Uterine fibroids	37
子宮	子宫	zǐgōng	Uterus	34, 37, 38
疫苗	疫苗	yìmiáo	Vaccine	4, 5, 25
陰道	阴道	yīndào	Vagina	34
下體出血	下体出血	xiàtǐchūxuě	Vaginal bleeding	36
陰道出血	阴道出血	yīndàochūxuě	Vaginal bleeding	37
自然產	自然产	zìránchǎn	Vaginal delivery	4
輸精管	输精管	shūjīngguǎn	Vas deferens	38
輸精管結紮手術	输精管结扎手术	shūjīngguǎn jiézā shǒushù	Vasectomy	38
植物油	植物油	zhíwùyóu	Vegetable oil	2
靜脈	静脉	jìngmài	Vein	12
兩者都有	两者都有	liǎngzhě dōuyǒu	Versatile (MSM)	24
脊椎	脊椎	jǐzhuī	Vertebrae	21
後凸成形術	后凸成形术	hòutūchéngxíng shù	Vertebroplasty	21
垂直傳染	垂直传染	chuízhí chuánrǎn	Vertical transmission	3
施暴	施暴	shībào	Violence	31
病毒性肝炎的血清學檢測	病毒性肝炎的血清学检测	bìngdúxìng gānyán de xuěqīngxué jiǎncè	Viral hepatitis serology	14
病毒基因量	病毒基因量	bìngdú jīyīn liáng	Viral load	3
病毒	病毒	bìngdú	Virus	34
就診	就诊	jiùzhěn	Visit the doctor	11
視覺上的改變	视觉上的改变	shìjuéshǎng de gǎibiàn	Visual changes	25
視力減退	视力减退	shìlì jiǎntuì	Visual loss	27
生命徵象	生命征象	shēngmìng zhēngxiàng	Vital signs	6, 17, 22, 29
維他命	维他命	wéitāmìng	Vitamin	33
維生素	维生素	wéishēngsù	Vitamin	33
維他命 D	维他命 D	wéitāmìng D	Vitamin D	21
維生素 D	维生素 D	wéishēngsù D	Vitamin D	2
聲帶	声带	shēngdài	Vocal cord	19
流量	流量	liúliàng	Volume	36
義工	义工	yìgōng	Volunteer	1
嘔吐	呕吐	ǒutù	Vomit, emesis	4, 10, 14, 23, 25, 36
腰	腰	yāo	Waist	20
腰	腰	yāo	Waist	1, 20
助行器	助行器	zhùxíngqì	Walker	26
流眼淚	流眼泪	liúyǎnlèi	Watery eyes	6, 25
癱軟無力	瘫软无力	tānruǎnwúlì	Weakness	26
武器	武器	wǔqì	Weapon	31
體重	体重	tǐzhòng	Weight	1, 4, 15, 20
體重下降	体重下降	tǐzhòng xiàjiàng	Weight loss	29
體重減少	体重减少	tǐzhòng jiǎnshǎo	Weight loss	16
體重降低	体重降低	tǐzhòng jiàngdī	Weight loss	13, 25
負重活動	负重活动	fùzhòng huódòng	Weight-bearing exercise	21

西醫	西医	xīyī	Western medicine	33
換了幾次尿布	换尿布	huànniàobù	Wet diaper	4
氣喘	气喘	qìchuǎn	Wheezing	8
哮鳴	哮鸣	xiàomíng	Wheezing (noun)	6
氣喘	气喘	qìchuǎn	Wheezing (verb)	6
全身紅腫	全身红肿	quánshēnhóngzhǒng	Whole body flushed and swollen	6
高脂牛奶	高脂牛奶	gāozhīniúnǎi	Whole milk	2
全麥食物	全麦食物	quánmàishíwù	Whole wheat food	2
遺書	遗书	yíshū	Will	29
木屑	木屑	mùxiè	Wood chips	19
工作環境	工作环境	gōngzuò huánjìng	Working environment	2
惡化	恶化	èhuà	Worsen	26
很沒用	很没用	hěnméiyòng	Worthless	29
手腕帶	手腕带	shǒuwàndài	Wrist brace	31
腕骨	腕骨	wàngǔ	Wrist, carpals	21
開藥	开药	kāiyào	Write a prescription	8
X光檢查	X光检查	X guāng jiǎnchá	X-ray	21, 31
瑜珈	瑜珈	yújiā	Yoga	25
優酪乳	优酪乳	yōulùorǔ	Yogurt	33

問診手冊

D. References
參考文獻

1. Chen, C. (2013). Medical Mandarin lecture notes. Icahn School of Medicine at Mount Sinai, New York City, NY.

2. Folstein, et al. (1979). Mini Mental Status Exam.

3. Katzenellenbogen, R. (2005). HEADSS: The "Review of Systems" for Adolescents. *Virtual Mentor.* March 2005, Volume 7, Number 3.

4. National Taiwan University Hospital 影像醫學部. Retrieved January 10, 2017, from https://www.ntuh.gov.tw/radiology/DocLib3/%E9%A6%96%E9%A0%81.aspx

5. NYU Medical Chinese. (2007). Medical Chinese. Retrieved August 1, 2014, from http://edinfo.med.nyu.edu/mc/pdx

6. 尤培成. (1979). 實用醫學英語手冊. 香港: 大光出版社.

7. 財團法人癌症希望基金會. (2012). 衛教資源. Retrieved August 1, 2014, from http://www.ecancer.org.tw/EduMaterialList01.aspx

January 2017, Version 2

Made in the USA
Las Vegas, NV
14 December 2020